国家自主创新示范区
协同发展研究

——以大连市为例

王谢勇 王 爽 孙 毅 著

中国财经出版传媒集团

经济科学出版社
Economic Science Press

图书在版编目（CIP）数据

国家自主创新示范区协同发展研究：以大连市为例/王谢勇，
王爽，孙毅著．—北京：经济科学出版社，2017.6
ISBN 978 - 7 - 5141 - 7989 - 7

Ⅰ.①国…　Ⅱ.①王…②王…③孙…　Ⅲ.①高技术开发区 –
经济发展 – 中国　Ⅳ.①F127.9

中国版本图书馆 CIP 数据核字（2017）第 095913 号

责任编辑：于海汛　李　林
责任校对：杨　海
责任印制：潘泽新

国家自主创新示范区协同发展研究

——以大连市为例

王谢勇　王　爽　孙　毅　著

经济科学出版社出版、发行　新华书店经销

社址：北京市海淀区阜成路甲 28 号　邮编：100142

总编部电话：010 - 88191217　发行部电话：010 - 88191522

网址：www. esp. com. cn

电子邮件：esp@ esp. com. cn

天猫网店：经济科学出版社旗舰店

网址：http://jjkxcbs. tmall. com

北京季蜂印刷有限公司印装

710 × 1000　16 开　13.75 印张　260000 字

2017 年 6 月第 1 版　2017 年 6 月第 1 次印刷

ISBN 978 - 7 - 5141 - 7989 - 7　定价：40.00 元

目　录

第一篇

理论研究篇

第一章 国家自主创新示范区建设理论基础

建设国家自主创新示范区对于进一步完善科技创新的体制机制，加快发展战略性新兴产业，推进创新驱动发展，加快转变经济发展方式等方面将发挥重要的引领、辐射、带动作用。建设国家自主创新示范区就是要实现创新驱动经济发展，本书从经济增长理论、区域经济发展理论、协同理论和创新理论出发，揭示建设国家自主创新示范区的理论依据，为后文的分析奠定坚实的理论基础。

一、经济增长理论

（一）古典经济增长理论

古典经济学家对经济增长的研究主要侧重于分析经济增长的决定因素。在古典经济学家中，对经济增长问题论述较多的主要有魁奈、斯密、马尔萨斯、李嘉图等人，真正具有代表性的是斯密和李嘉图所提出的增长理论。亚当·斯密在其经典著作《国民财富的性质和原因的研究》一书中，最早论述了经济增长问题。其增长理论主要有两个特点：一是引入了劳动分工，二是区分了"生产性"和"非生产性"两类劳动。他认为生产性劳动占全部劳动的比例，以及劳动分工引起的劳动生产率的提高是决定国民财富增加的主要因素。大卫·李嘉图在《政治经济学与赋税原理》中提出了经济增长的一个重要概念：报酬递减规律。他对增长理论的贡献主要有两点：一是指出经济增长最终将趋于停止，即达到所谓的"停滞状态"；二是将收入分配与经济增长联系在一起，说明了国民收入分配在经济增长中的重要作用。在土地上增加投资，得到的回报会不断减少。因此，得出一个悲观的结论：经济增长最终会停止，决定收入分配的力量同样也会导致经济增长最终走向停止①。

（二）新古典经济增长理论

新古典经济增长理论主要是探讨科学技术在经济增长中的作用，这一理论的提出者是麻省理工学院的经济学教授索洛（Solow），他于1956年2月发表了题为《对经济增长理论的贡献》的著名论文，在该文中，索洛在新古典经济学理论指出资本和劳动力是决定生产的关键因素，在此基础上，在生产函数中引入了一个除资本和劳动力之外的变量，用以反映技术进步的作用。其生产函数的一般形式是：

$$Y = F(K, L; t)$$

其中K和L分别代表资本和劳动的投入量，Y代表产出量，t是时间变量，F是可微分函数。索洛用他的模型来分析美国1909～1949年的经济增长，通过计量经济学的方法，扣除资本和劳动力的贡献之后，得到了在此期间技术进步对美国经济增长的贡献率为87.5%，这一数据虽然当时许多经济学家认为尚不可靠，但此后几乎都接受了这一观点，即技术进步对经济增长的贡献相当大。

继索洛之后，丹尼森、库兹涅茨等经济学家也对经济增长的因素进行了分析研究，肯定了技术对经济增长的巨大作用。但是新古典增长理论的缺陷是：它一方面将技术进步看作经济增长的决定因素，另一方面又假定技术进步是外生变量而将它排除在外，这就使该理论排除了影响经济增长的最重要因素②。

（三）新经济增长理论

20世纪80年代，随着知识经济的兴起，新经济增长理论是继古典增长理论、新古典增长理论之后成长起来的又一大经济增长理论，它试图从不同侧面探索经济增长的机制和源泉，并在更广层面揭示经济增长的现象。在一定意义上讲，新经济增长理论是新古典增长理论和极化理论之间的一个综合。罗默（Paul Romer）和卢卡斯（Robert Lucas）首次提出新经济增长理论，"将人力资本的概念引入经济增长理论，认为知识和人力资本是经济增长的发动机"。该理论认为知识是一种特殊的生产要素，而人力资本作为知识的载体，同知识一样，它们不仅本身具有收益递增的特点，而且会使资本和劳动等其他要素的收益递增，会改变各种要素在生产过程中的结合方式，产生一个"收益递增的增长模式"，从而保

---

① 王胜男. 古典经济增长理论对现代宏观经济学的影响 [J]. 商场现代化, 2008 (32): 391.
② 张晓莉. 科技体制创新与西部经济发展研究. 西北大学, 2011 (5): 12–13.

证长期的经济增长。卢卡斯在 1988 年发表的《经济发展的机制》一文中，"将人力资本作为独立的因素引入经济增长模式，建立宏观模型分析人力资本的形成和积累对经济增长的贡献"。罗默于 1990 年提出了"技术进步内生增长模型"，把经济增长建立在内生技术进步上，并建立包括资本、劳动、人力资本及技术进步在内的一套完整的生产函数关系式。之后，又逐渐涌现一些较有影响的理论模型，如边际收益递增模型、非趋同理论等①。

（四）新制度主义经济学理论

新制度主义经济学理论认为，制度变迁不是泛指制度的任何一种变化，而是特指一种效率更高的制度替代原有的制度。制度变迁的动力来源于作为制度变迁的主体——"经济人"的"成本—收益"计算。制度变迁包括两种方式，一是自下而上的诱致性变迁，受利益的驱使，诱致性制度变迁是指对现行制度安排的变更或替代，或者是新制度安排的创造，它由个人或一群人，在响应获利机会时自发倡导、组织和实行；二是自上而下的强制性制度变迁，它由国家强制推行，强制性制度变迁由政府命令和法律引入和实行。前者只是在现存制度不变的情况下做出制度创新，后者主要是创新主体为适应制度竞争的需要，而引进其他制度代替原制度，对原有制度进行了根本性的改变②。

二、区域经济发展理论

（一）产业区位理论

近代工业区位理论的奠基人，德国经济学家阿尔弗雷德·韦伯（Alfred Webber）在其 1909 年著作《工业区位论》中从产业集聚带来的成本节约的角度讨论了产业集群形成的动因。他把影响工业区位的决定分为区域因素和位置因素，认为费用最小的区位是最好的区位，而聚集能使企业获得成本节约。进一步探讨了特殊聚集因素和一般聚集因素。特殊集聚因素包括便利的交通、丰富的资源等，一般因素指那些因企业集聚所产生的外部经济性等。他把集聚带来的好处视为成本的节省和收益的增加，正是成本的节约促使企业产生了集聚的动因。韦伯认为产业集聚可分为两个阶段：第一阶段是自身的简单规模扩张，也是产业集聚的低

---

① 鲁继通. 京津冀区域科技创新效应与机制研究. 首都经贸大学，2016（5）：19.
② 樊在虎. 浙江省海洋科技体制创新研究. 浙江海洋学院，2013（5）：12.

级阶段，第二阶段是靠大企业以完善的组织方式集中于一地后，引发更多的同类企业集聚。在韦伯看来，产业集聚的一般因素主要有四个：技术设备的发展、劳动力组织的发展、市场化因素、经常性开支成本。

新产业区理论的研究始于 20 世纪 70 年代末 80 年代初，从企业与其所处的社会环境之间的互动关系入手研究企业集群的形成动因。在对美国硅谷、德国巴登—符腾堡、意大利爱米利亚—罗马格纳等高技术产业综合体实践的研究基础上发现，基于中小企业既竞争又合作的有效的产业网络，产生了一种强有力的内力，促进了地方经济的发展，人们把这种产业区域称为新产业区。

新产业区是基于一定的区域劳动力市场，由社会劳动分工紧密联系在一起的地方企业网络，它是依靠内源力量发展起来的经济区域。该理论认为，产业区竞争优势关键源于专业化企业间的竞争、分工与协作和区域劳动力市场网络。此后出现新产业区创新环境理论，认为产业的本地化包括提升整个社区的技术和专业化水平，提供丰富的高素质劳动力，增加辅助的贸易和专业化服务，满足众多公司的需求，为采用更加专业化的机构创造条件。企业聚集使大家可以共享单个企业无法实现的大规模生产和技术以及组织创新的好处。创新环境研究强调产业区内创新主体的集体效率，强调创新行为的协同作用，强调社会根植性[1]。

（二）产业集群理论

20 世纪 80 年代中期以后，在全球产业分工和信息技术革命条件下，出现一组在地理上靠近、具有本地生活关系网络，并且具有共性和互补性，同处或相关于一个特定产业领域的公司和关联的机构，称为产业集群。产业集群是一种新的经济地理现象或实践经验，又可看作一类新的产业空间组织，可以把它用作新的区域经济发展战略，也可以作为认识区域经济的新方法，即产业集群把区域经济视为相互依赖的企业和机构的地理集聚。

迈克·E·波特认为，产业集群是在某一特定领域内互相联系的、在地理位置上集中的公司和机构集合。产业集群包括一批对竞争起重要作用的、相互联系的产业和其他实体。产业集群经常向下延伸至销售渠道和客户，并侧面扩展到辅助性产品的制造商，以及与技能技术或投入相关的产业公司。产业集群包括提供专业化培训、教育、信息研究和技术支持的政府和其他机构。产业集群的特征表现为：空间集聚性、专业性、网络性、根植性、创新性、竞合性。不同类型的产业集群有着不同的存在方式，其形成的机理及影响因素也不尽相同。

---

① 杨竹清. 重庆旅游产业集群发展研究. 重庆工商大学，2010（6）：10 – 11.

（三）增长极理论

法国经济学家弗朗索瓦·佩鲁（F. Perrour）在 20 世纪 50 年代发表了一系列论文，论证了经济增长不是遵循均衡路径，而是发源于一个所谓的"推动型单位"。推动型单位是一个经济部门，它超过平均水平强劲增长并通过同其他部门紧密联系产生影响。增长极概念的出发点是抽象的经济空间，佩鲁认为，经济的增长不可能同时出现在所有的区域、部门、厂商，它将以不同的强度进行分散分布，在某一特定的经济空间内总会存在着若干经济中心或增长极、点，它会产生类似刺激作用的"磁力场"，呈现出"极化效应"，增长极、点快速发展之后，会通过不同的渠道向外扩散，产生"扩散效应"，对整个经济产生不同的终极影响。佩鲁所说的增长"极"指的是那些规模大、增长快、创新能力强，与其他部门具有很强关联效应又紧密联合的一组工业，具体为厂商或者工厂。20 世纪 60 年代初，罗德文（Rodwin）将佩鲁增长"极"仅为"厂商"或"工厂"的范畴扩展至抽象空间，布代维尔又将其扩展至地理空间，对增长极理论进行了补充和完善[①]。

三、创新理论

（一）创新

创新在经济和社会变迁中起到重要作用，1912 年熊彼特在其《经济发展理论》一书中第一次明确地提出"创新理论"的思想，并在之后相继在《经济周期》和《资本主义、社会主义和民主主义》等著作中加以完善和运用，形成了系统的熊彼特创新理论体系。其研究打破传统经济学的研究方法，抛弃了简单地从人口、工资、地租等经济变量的投入量的角度研究经济增长，而是强调技术进步和制度变革对经济发展的巨大作用，尤其是创新活动引起的生产力变革在经济发展和社会进步中的突出作用，他从一个不同以往的角度论释资本主义的发展进程，解释经济周期的原因，从而得出资本主义的历史进程及其最终消亡的结局。

熊彼特的创新理论打破了现代正统经济学家的研究习惯，试图分析资本主义发展历史的演进过程。其创新理论强调创新是经济发展的根本现象，创新可以解释经济发展的历史过程，促进社会进步，熊彼特创新理论的研究方法是把历史进

---

① 王燕. 区域经济发展的自主创新理论研究. 东北师范大学，2007（6）：21 - 22.

步和理论分析结合起来用以分析资本主义经济发展的历史进程。由此可见，熊彼特的创新理论对经济发展有极其重要的作用，为后来创新理论的研究奠定了理论基础。熊彼特作为西方经济学中第一个提出系统地创新理论的经济学家，其创新理论通过分析创新活动对经济发展的巨大作用，进而推导资本主义经济的演进过程，从而通过创新活动来揭示资本主义的本质特征，解释了资本主义的产生、发展和灭亡的过程，对西方经济学产生了深远的影响。简而言之，熊彼特的创新理论不仅对经济学的发展有重要意义，也对后来创新理论的研究有重要的启示意义[①]。

综合相关研究可知，创新是指人类在认识和改造客观世界和主观世界的实践中获得新知识、新方法的过程与结果。它包含了科学发现和创造、技术发明和商业化或社会价值实现的一系列活动。

（二）自主创新理论

自主创新是非常具有中国特色的一个技术创新的概念，其主要反映了一个技术后进国在综合内生性的自主创新和外部资源影响下的二次创新所带来的技术创新能力的提高。国内对自主创新也未形成一个鲜明的权威定义。国家"十二五"科技发展规划将自主创新定义为通过拥有自主知识产权的独特技术以及在此基础上实现新产品价值的过程，强调了自主知识的产权问题和新产品产生超额利益的所有权归属。不过自主创新的内涵和外延十分宽广，每个人的理解不尽相同。对自主创新的内涵和本质的理解主要有四个方面。

1. 把自主创新的内涵定位在狭义的科技创新和技术创新方面

认为科技自主创新应该包括三方面的含义：一是原始性创新，在科学技术领域努力获得更多科学发现和技术发明。二是集成创新，使各种相关技术成果融合汇聚形成具有市场竞争力的产品和产业。三是在广泛吸收全球科学成果、积极引进国外先进技术的基础上，充分进行消化吸收和再创新。

2. 把自主创新的内涵广义化

认为自主创新是与科技发明创新不是同一回事。区分了创造与创新的关系：创造是科技行为，创新是经济行为，两者并非一回事。自主创新并非从零起步，也绝不是单指技术。

3. 把自主创新的本质看成是否形成自主知识产权，并形成自主开发的能力

认为自主创新就是指通过本国自身的学习与活动，探索技术前沿，突破技术

---

① 王娜. 熊彼特创新理论评析. 河北经贸大学, 2016 (5): 7-8.

难关，研究开发具有自主知识产权的技术，形成自主开发的能力，进而拥有自己的核心技术和知识产权，突破发达国家的技术垄断，获得有利的贸易和国际地位。

4. 进一步对自主创新进行了分类，主要包括两类

第一类是渐进的自主创新，就是通过原有技术的融合或引入研究中技术来建立新的技术平台；第二类是根本的自主创新，就是通过自己的研究发明全新的技术，由此开发出全新的或新一代的产品。两者的共同点就是具有拥有自主知识产权的独特的核心技术以及在此基础上实现新产品的价值①。

四、区域创新理论

（一）国家创新体系理论

国家创新体系的研究是技术创新理论研究的一个新的发展阶段，它的提出是对科学技术和经济发展关系认识不断深化的结果。英国经济学家弗里曼在 1987 年研究日本经济时发现，日本在技术落后的情况下，以技术创新为指导，辅以组织创新和制度创新，只用了几十年的时间，便使国家的经济出现了强劲的势头，成为工业化大国。这说明国家在推动一国的技术创新中起着十分重要的作用。他认为，在人类历史上，技术领先国家从英国到德国、美国、再到日本。这种追赶、跨越，不仅是技术创新的结果，而且还有许多制度、组织的创新，从而是一种国家创新体系演变的结果。他首创了国家创新体系的概念。之后，佩特尔、帕维蒂、伦德瓦尔以及世界经合组织也都著书论述了国家创新体系理论②。

因此，可以认为国家创新体系是一个国家内部的各种要素和关系的集合，它们相互作用于新的、有用的知识产生、扩散和使用中。创新体系本质上是社会性、动态性体系，其核心行为就是互动性学习，体系中各要素在学习、创新过程中得到相互强化。

（二）新产业区理论

新产业区是指一些所属行业类似的中小型企业在一定地理区域内集聚形成的、以结网和根植性为特征既竞争又联合的一种新型产业区，它以本地结网、企

---

① 杨大伟. 自主创新理论研究—构建中国特色国家创新体系. 西南财经大学，2008（5）：21－22.
② 张晓莉. 科技体制创新与西部经济发展研究. 西北大学，2011（5）：14－16.

业的本地化、企业间的对称关系为主要内容，通过高度专业化分工或转包合同形成稳定的企业关系，呈现一种本地化的网络结构。由于新产业区的出现及其成功的发展实践，吸引了许多学者的关注，成为他们竞相研究的新产业区理论（Theory of New Industrial District）是目前国际经济地理学界较为重要的前沿研究课题。该理论是基于对近 20 年来在许多国家的一定区域内，中小企业的集聚而成功地形成成熟型产业的事例研究而出现的，例如美国硅谷高技术区域、意大利艾米利亚—罗马格纳区、德国的巴登—符腾堡州是新产业区的典型代表，也是各国争相学习的楷模。

（三）三重螺旋理论

所谓三重螺旋理论最初是用来解释高新区的发展。如果区域经济以区域创新为基础，那三重螺旋理论就对更大范围的区域经济和传统产业聚集区经济的发展具有同样的解释力。理论的核心在于，随着知识经济的出现，在区域内的科研院所与大学成为主要知识资产，具有更高的价值。在成熟的创新区域内，科研院所与大学通过其组织结构最下层的研究中心及科研小组以及个人等建立起与市场经济活动的良好接口，在区域内发挥强大的技术创新辐射作用。我们可以将三重螺旋理论理解为官、产、学三方的关系和互动。"官"是指体制，"产"是指企业，"学"是指科研院所和高校[①]。

（四）区域创新体系理论

区域创新体系理论是一个相对崭新的研究范畴，来源于国家创新系统理论和现代区域发展理论。1992 年，英国库克（Cooke）教授最早对区域创新体系理论进行较为全面的概述，他认为，区域创新产生于区域创新系统，而区域创新系统是由地理空间上相互关联与相互分工的企业、大学、科研部门等构成的区域组织体系，其主要功能是配置创新资源、促进知识生产和技术扩散、协调区域创新活动。魏格（Wiig，1995）认为，区域创新体系应包括：生产企业群、教育机构、研究机构、政府机构及创新服务机构等。奥蒂奥（Autio，1998）认为，区域创新体系是由若干子系统构成，通过各子系统及子系统内部的相互作用，推动知识流和信息流在区域内部快速传播。潘德均（2001）认为，区域创新体系是由相关创新要素、创新主体、创新制度构成，通过它们的相互作用创造和转让新知识、生产新产品、释放创新活力。之后，国内外学者对区域创新体系的研究方向更加

---

① 王燕. 区域经济发展的自主创新理论研究. 东北师范大学，2007（6）：21–22.

宽泛，涌现出一些比较有代表性的理论成果。甘希（Gansey，1998）、麦拉特（Maillat，1998）、王缉慈（2000）、盖文启（2001）和刘伟、盖文启（2003）等人对区域创新环境的演化规律、影响因素、政策评估等进行探讨①。

区域创新体系是国家创新体系的重要组成部分，也是国家创新体系建设的重要内容，但不是国家创新体系的缩影。区域创新体系体现了国家创新体系的层次性特征和创新的区域化特征，其多样性是国家创新体系的活力所在。

五、协同理论

协同理论一词来自希腊语，意指关于"合作的科学"。创始人是联邦德国理论物理学家赫尔曼·哈肯，他于 1969 年在斯图加特大学讲课时开始使用协同理论的概念，1971 年发表文章初步阐述了协同理论的基本思想和概念，1972 年举行了有关协同理论的国际学术会议，随后几年中协同理论得到了迅速进展。协同理论认为，任何一个系统都是由大量的子系统组成的，系统的整体行为取决于系统内子系统间的相互作用，当子系统间的相互作用较大，而其独立性较小时，系统的整体在宏观上显示出结构特征，这样的系统是有序的。反之，当子系统之间的相互作用较小，使子系统的独立性占主导地位时，它们便处于杂乱无章的"热运动"状态，使系统在宏观上没有一个稳定的结构，这样的系统就是无序的。在远离平衡的非线性开放系统中，当系统与外界的能量和物质交换达到一定程度后，系统便通过自组织使各子系统协同作用，从而使系统演化为具有一定有序程度的耗散结构。

可见，千差万别的系统尽管其属性不同，但在整个环境中，各个系统间存在着相互影响而又相互合作的关系。其中也包括通常的社会现象，如不同单位间的相互配合与协作，部门间关系的协调，企业间相互竞争的作用，以及系统中的相互干扰和制约等②。

---

① 鲁继通. 京津冀区域科技创新效应与机制研究. 首都经贸大学，2016（5）：19.
② 王燕. 区域经济发展的自主创新理论研究. 东北师范大学，2007（6）：21-22.

第二章　国家自主创新示范区研究文献综述

国家自主创新示范区是在推进自主创新和高技术产业发展方面先行先试、探索经验、做出示范的区域。建设国家自主创新示范区对于进一步完善科技创新的体制机制，加快发展战略性新兴产业，推进创新驱动发展，加快转变经济发展方式等方面将发挥重要的引领、辐射、带动作用。国家自主创新示范区的影响深远，因此对于国家自主创新示范区的选择尤为重要。

自从 2009 年 3 月第一个国家自主创新示范区——北京中关村示范区批复成立以来，以"先行先试"政策为主要特色的示范区得到了明显的发展。其后，2009 年 12 月批复成立了武汉东湖示范区，2011 年批复成立了上海张江示范区，2014 年深圳、苏南 2 个示范区批复成立，2015 年长株潭、天津滨海、成都、西安、杭州、珠三角 6 个示范区批复成立，2016 年批复成立了郑洛、山东半岛、沈大、福厦泉、合芜蚌和重庆 6 个示范区。截至 2016 年底，国务院一共批复成立了 17 个国家自主创新示范区。学术界对国家自主创新示范区建设也展开广泛研究，在自主创新、高新区自主创新、科技创新研究范畴上形成了一系列研究成果。纵观国家自主创新示范区的文献，主要可以梳理为以下几个层面。

一、在甄选指标与运行层面

解佳龙等（2013）采用基于载体支撑力、自主创新力、国际竞争力与集聚辐射力的"四力"甄选指标体系，按照满足优势及地域双重条件标准进行筛选，并结合各高新区"四力"强弱提出了强化示范效应的政策建议；解佳龙、胡树华（2013）设计了国家自主创新示范区"四力模型"甄选指标体系，并采用均衡判别模型和威弗组合指数构建了综合甄选模型来对国家自主创新示范区是否有承担示范重任加以评价。齐晶晶（2016）提出国家自主创新示范区创新体系效能及其评价体系，认为应从示范区创新体系的创新能力、创新效率两方面来考察示范区创新体系效能，并从知识创新、技术创新、技术扩散和产学研协同创新等四方面来设定示范区创新体系效能的评价指标体系。研究认为，国家自主创新示范区的创新能力离不开其要素的投入力度、结构优化的程度以及创新功能的发挥。提升示范区的创新能力，需要加大其科技创新的投入力度，优化示范区产业结构，促进示范区的功能效应发挥。

二、在创新驱动层面

坦恩（Tann J.，2006）首次提出高新技术区具有集群效应，高新区作为自然地理环境下的区域综合体，在企业集聚、科技成果转化、区域经济拉动等方面效果突出。最近欧洲的一些经济学家对创新驱动和区域创新战略进行了研究，指出欧洲地区的不同国家、区域的发展是不同的，实施自主创新驱动和区域创新战略是增强欧盟经济体竞争优势的必然举措。他们对自主创新驱动的政策取向、甄选程序、运行模式、创新支持的制度供给等对区域创新和竞争力发展的影响进行了研究，认为科技创新发展会促进该区域创新和竞争力的升级。刘志彪（2011）强调创新驱动与要素、投资并不对立，认为创新驱动本质是生产率驱动，是通过模仿和学习实现广义的技术进步驱动，创新驱动的源头要从技术的学习和模仿，转向自主设计、研发和发明，以及知识的生产和创造。创新驱动带来的经济增长，主要是依靠科技进步、劳动者素质提高和管理创新驱动经济增长，属于内生性增长，与外部因素（财政政策等）造成的外生性增长不同。在知识经济时代，科技创新与全球经济一体化进程加快，创新的维度也在不断扩展，从企业角度的单一的技术创新，演变为包括创新环境、制度体系的"创新生态系统"，竞争模式从单一企业竞争转换为产业链竞争，进而升级为创新生态系统竞争。刘雪芹、张贵（2016）认为，经济新常态下，创新生态系统已成为一种新的市场竞争模式和创新范式，创新驱动的本质直接体现为创新生态系统的构建和优化。创新生态系统主要由三方面组成：创新个体和组织、创新区域环境、创新主体间以及与创新环境间的互动和要素流动。

三、在人才激励层面

李月（2012）试图将生态学的研究方法引入人才学的学科体系，从人才生态学这个学科交叉研究视野出发，以东湖国家自主创新示范区为人才生态系统研究区域，对示范区人才生态系统原生态进行全面架构。陆矛（2011）围绕东湖国家自主创新示范区（以下简称东湖示范区）建设中的人才激励机制问题，从整体观、系统观的视角探讨分析了示范区人才激励机制如何得以长效运行。提出了一个全方位动态激励机制，将个人与企业、园区、政府联系在一起，并为企业、园区和政府分别提出针对性措施以实现人才激励机制的长效运行。孙凤（2013）从示范区人力资源现状入手，依次对人力资源规划、招聘、培训、测评和福利五方面描述示范区近年的环境和变化；再从示范区人力资源环境入手，依次对人力资源发展的硬环境和软环境进行阐述；通过对示范区人力资源的现状和环境发展提出示范区人力资源管理中尚待解决的问题；最后通过灰色模型等人力资源管理理论的分析结合示范区具体可优化的方案，综合提出示范区人力资源管理对策措施。李程程（2011）在研究和分析各种激励理论的基础上，特别是对东湖示范区知识型人才的个性特征和需要特征的总结和分析的基础上，通过大量的数据和案例，试图找出东湖示范区目前人力激励模式的症结所在，针对性地提出解决方案，并结合具体实际，系统地提出适合东湖示范区的高科技企业及高科技人才的激励模式的设计构建。陈媛媛（2010）从东湖国家自主创新示范区的人才激励现状着手，再进一步分析影响东湖示范区人才激励效应的正向因素和负向因素，运用评价指标对东湖示范区的人才激励效应进行实证分析，总结出东湖示范区人才激励中存在的问题，并在最后提出组建人才激励职能部门、实施人才激励发展规划、构建人才激励创新平台以及设立人才激励专项基金四点建议和措施。

四、在定量评价层面

肖相泽（2016）通过引入 RST 方法，对北京中关村、上海张江、武汉东湖、深圳、苏南、长株潭、天津滨海和合芜蚌等国家自主创新示范区 2007~2014 年科技创新投入产出要素进行了数据依赖性的探索性分析，并对投入产出要素进行了超效率 DEA 模型的分析，得出示范区的科技创新投入产出效率随时间变化的特征。重新设计出适合于评价上海张江示范区创新绩效评价的指标体系，采用 DAMP 模型和 VIKOR 模型得出了指标之间的相互影响关系，并对示范区 18 个分园的创新绩效进行了基于评价期望值、评价最大差距值和权衡评价值的测算与评价。胡振兴（2016）从创业资本供给推力、创业资本需求拉力、创业资本供求黏力 3 个方面选取 28 个指标，构建国家高新区创业资本供求能力评价指标体系。在此基础上，运用主成分分析法，对 6 个力争创建世界一流的国家自主创新示范区创业资本供求能力进行评价，根据评价结果，就各国家自主创新示范区如何提高创业资本供求能力提出了政策建议。熊曦等（2016）运用"要素—结构—功能"的分析范式,选取了反映国家自主创新示范区创新能力的要素、结构和功能指标体系,并运用因子分析法详细评价了各示范区的创新能力。研究认为,国家自主创新示范区的创新能力离不开其要素的投入力度、结构优化的程度以及创新功能的发挥,因此,提升示范区的创新能力,需要加大其科技创新的投入力度,优化示范区产业结构,促进示范区的功能效应发挥。郑宝华等(2016)选择物元可拓模型,以苏南国家自主创新示范区为例,构建"产城融合"度评价模型对构成其核心区的八个国家级高新技术产业区和苏州工业园区"产城融合"情况进行评价分析,通过分析了解苏南国家自主创新示范区的各核心区存在的"瓶颈"问题、明确发展方向。齐晶晶(2016)从知识创新能力、技术创新能力、技术扩散能力、产学研协同创新能力四个方面建立区域创新体系效能评价的指标体系,利用粒子群算法改进的径向基神经网络模型对中关村、东湖、张江、长株潭 4 个国家自主创新示范区的创新体系效能进行评价,基于评价结果对四个地区的发展优势和存在问题进行了对比分析。

五、在金融与财税层面

殷兴山(2010)提出东湖高新区要在学习借鉴中关村科技金融创新的做法,以及国内外金融支持高新技术产业发展经验的基础上,结合湖北实际,加大改革创新力度,尽快形成为东湖高新区高新企业服务的创新型科技金融体系,并以点带面,为金融服务湖北省自主创新战略和经济发展方式转变发挥支撑作用。代利娟等(2013)在分析武汉东湖国家自主创新示范区科技金融创新现状的基础上,剖析武汉东湖国家自主创新示范区科技金融创新存在的问题,借鉴其他国家自主创新示范区科技金融创新的成功经验,从信用贷款、资本市场、组织体系、制度创新 4 个方面提出完善其科技金融创新的政策建议。侯茂章等(2014)提出科技金融作为科技创新活动与金融创新活动的深度结合,是国家自主创新示范区实现技术创新和金融创新"两轮驱动的重要支撑,也是示范区先行先试的重要任务。在分析示范区战略定位及其科技金融需求基础上,剖析了武汉东湖等示范区科技金融体系建设,并对长株潭国家自主创新示范区科技金融体系发展现状、存在问题和建设对策进行了探讨,以助推长株潭国家自主创新示范区建设。张宇(2016)指出国家自主创新示范区建设对科技创新链、企业资金链和中介服务链等方面有了更高的要求,因此需大力发展科技金融体系。结合天津市实际发展情况,应当从完善科技金融政策体系、鼓励金融机构联动创新、打造全产业链的科技金融服务体系、构建完备的科技金融支撑体系等方面建设科技金融体系。冬唯

（2016）从营造金融生态环境、加大支持科技创新型企业直接融资、引导银行资本进入科技投资领域、完善科技创新的金融支撑平台、加快发展新兴金融业态引领万众创新等方面，提出了相应的对策建议。董微微（2016）提出完善的金融支持体系是国家自主创新示范区实现创新发展的关键动力。文章系统梳理了金融支持对国家自主创新示范区理论依据与国际经验，提出天津国家自主创新示范区金融支持体系的思路与实现路径，为指引天津国家自主创新示范区的实践提供参考。王晓红（2016）提出四点完善苏南示范区科技金融服务体系的对策建议：发展创业投资，加大种子期企业定向支持力度；实施联动创新，满足成长期企业融资增长需求；整合优势资源，提升科技型企业综合发展效能；完善资本市场，加快成熟期企业上市融资步伐。

张福来等（2011）指出当前支持自主创新的财税政策存在的问题：财税支持政策繁杂，没有形成系统和完善的支持体系；现有财税支持政策门槛过高且难以操作；财税政策支持的重点和环节有失偏颇；财政投入资金分散且效率不高；没有出台支持国家自主创新示范区的专项财税支持政策等。刘晓凤（2012）构建武汉建设国家自主创新示范区税收政策的因应策略有：力争共享中关村示范区的税收政策，优惠形式多样化；同心协力谋划新政策，关注创新过程；放宽条件执行新政策，优惠重点适度。

六、在示范区建设与政策层面

高冉晖（2015）提出自主创新示范区建设是"新常态"下增强自主创新能力、实施创新驱动发展的重大战略选择。苏南地区经济社会发展优势明显，建设国家自主创新示范区意义重大。但在经济发展方式、产业发展质态、企业创新能力、区域协同发展、环境资源等方面存在诸多突出难题。通过对这些问题的剖析，提出必须优化区域创新布局、增强创新型园区建设、提升企业创新主体地位、发展创新型产业集群、强化科技人才支撑、深化体制机制改革的对策建议。廖少纲（2011）指出科技非政府组织参与国家自主创新示范区建设，具有科技智力人群优势。它在加速科技成果转化、优化科技资源配置、推动企业科技创新等方面，将扮演极为重要的角色。分析了科技非政府组织参与国家自主创新示范区建设的模式，提出了建立专业分工与协作网络、搭建公共信息平台、提高人员业务水平、建立信用评价体系及完善法规建设等措施，以促进科技非政府组织在国家自主创新示范区建设中发挥更大的作用。邵永新等（2016）提出建设杭州国家自主创新示范区，需要将国家战略需求与杭州的区域特色、高新区的发展状况结合起来进行统筹思考。从杭州现状出发，分析优劣势，拟定总体思路和战略定位，探索杭州国家自主创新示范区建设并提出对策建议。赵绘存（2016）梳理国家自主创新示范区科技成果转化的政策突破点，针对天津市科技成果转化资源有限、科技成果需求强大、校企对接不畅等问题，提出从加强投入、加快操作层政策细则出台、强化部门协同和完善高校成果转化制度四大着力点，以及突破存量瓶颈、盘活存量资源、打通校企对接渠道和完善成果转化链条四大突破点入手，完善天津特色的科技成果转化政策体系，促进国家自主创新示范区建设。

郭戎等（2013）对北京中关村、武汉东湖与上海张江在股权与分红激励政策6个方面政策的着力点与执行效果进行了梳理与分析；昊坷等（2012）对上海张江应当如何用好先行先试政策进行了管理体制创新等6个方面的政策规划；代利娟等（2013）专注于武汉东湖的科技金融政策的定性分析，从信用贷款等四个方面提出了政策建议；徐顽强等（2012）专注于武汉东湖的重大科技成果产业化激励政策，定性地从财政、体制、人才、平台4个方面提出了相应建议；蒋鹏举等（2014）注意到了苏南示范区的跨国技术转移，分析了其现状及典型模型，并从管理与政策等4个方面进行了战略思考。张明喜（2014）收集了2009～2010年，国务院先后批复的北京中关村、武汉东湖和上海张江3个国家自主创新示范区，重点跟踪评价了30余项科技金融政策，这些试点政策是对现行制度的修订、调整和突破。跟踪评价和研究分析这些政策并及时总结成功经验和发现问题，提出未来完善方向和推广建议，为相关部门和地方出台支持示范区建设发展的新举措提供支撑。提出不断优化科技和金融结合的环境，搭建科技金融服务平台，加强信用体系建设，创新服务模式和产品，引导金融资本和其他社会资本加大对科技创新的投入，在创业投资、科技贷款与担保、上市融资以及科技保险等方面，进行了富有成效的探索。

综上所述，关于我国自主创新示范区的研究起步较晚，已有的成果数量有限，并且主要集中于国内及定性研究，侧重于自主创新示范区建设路径探讨或者特定类别政策的梳理与总结，尚存不足，主要表现如下。

（1）缺乏关于自主创新示范区相关理论的系统界定，比如自主创新示范区建设的理论依据有哪些？现有文献成果特征如何？自主创新示范区建设的核心内容是什么？等等问题的研究成果较少，未形成系统的、一致的观点。

（2）缺乏关于自主创新示范区理论与实践相结合研究。现有研究成果主要集中于两个层面：一是对自主创新示范区建设的宏观指导建议；二是围绕某一自主创新示范区的某一方面实践对策建议，而缺乏有效的宏观与微观统一，理论与实践相结合研究。

（3）现有成果都只关注自主创新示范区本身的建设，忽略了自主创新示范区是一项长期的、综合的工程，需要全社会共同努力，需要各区域、各领域、各行业的协同创新。

本书作为大连市科技局、金州新区科技局立项课题的阶段性成果，在系统梳理国家自主创新示范区建设的经济、区域、创新以及协同发展相关理论的基础上，采取定性与定量相结合的方法，研究将自主创新示范区建设由单一维度转变为多维度建设，由"独角戏"转变为"协奏曲"；并以大连市为例，探索自主创新示范区建设的联动效应，探讨国家自主创新示范区建设的协同发展理念，包括改革创新创业教育模式、提升科技金融创新水平、发展战略新兴产业、开拓产业创新等维度全面发力促进自主创新示范区建设的实证建议。

第三章　我国科技体制机制创新研究述评

当前，世界范围内新一轮的产业变革和科技革命正在兴起，我国也处在转变经济发展方式的关键时期。为了推动经济提质增效，我国逐渐把科技创新摆在了国家发展全局的核心位置。科技体制机制作为整个科技创新的灵魂和关键，对人才、企业和政府之间良性互动和对接起着至关重要的作用。为了掌握我国在科技体制机制研究方面的发展趋势，对科技体制机制研究已有的文献进行分析，明确研究现状并认识不足，对以后的研究提供借鉴和参考，具有十分重要的意义。

一、研究文献选取

选取中国学术期刊网络出版总库（CNKI）的中文期刊作为来源，主题设定为"科技体制机制创新"，期刊来源限定为"核心期刊"，检索时间跨度设定为2011～2015年。经检索到483篇文章，筛选得到213篇文章。该领域过去五年的研究内容主要包含科技金融体系、科技人才制度、科技服务体系、产学研合作机制、科技管理制度和国际合作机制6个方面。通过统计发现，产学研合作机制和科技服务体系领域的论文最多，占比均为22.07%（共47篇）。从科技金融维度出发的论文为44篇，占比约为20.66%。科研人才制度和科技管理体制的论文相对较少，分别占比16.43%和17.37%。国际合作机制领域的论文最少，占比为1.41%（见表3-1）。

表3-1　　　　　　　科技体制机制创新研究的论文统计分析

统计纬度	包括方面	文章数量	占比（%）
科技金融体系	中小企融资体系	21	9.86
	政府体制机制	9	4.23
	金融服务体系	10	4.69
	国际对比	4	1.88

续表

统计纬度	包括方面	文章数量	占比（%）
科研人才制度	高校人才制度	23	10.80
	企业人才制度	5	2.35
	非营利性机构人才制度	3	1.41
	国际对比	4	1.88
科技服务体系	资源平台建设	22	10.33
	成果转化体系	21	9.86
	孵化体系	4	1.88
产学研合作机制	协同创新和利益分配机制	34	15.96
	参与主体	13	6.10
科技管理体制	高校管理体制	19	8.92
	经费管理体制	12	5.63
	国际对比	6	2.82
国际合作机制	人才制度	1	0.47
	科研机构	2	0.94

资料来源：作者根据资料整理得来。

二、研究成果述评

纵观已有的研究，学者在各个领域内众说纷纭，切入角度也不尽相同。为此，我们选取具有代表性的44篇文章加以分析总结，为以后的研究提供借鉴。

（一）科技金融制度

科技金融是科技创新活动与金融活动的有机融合，是围绕科技创新成果产业化过程进行的一系列金融创新活动。学者们从中小企业融资体系、政府体制机制建设和金融服务体系的角度阐述了科技金融体系的内涵。并通过国际对比对制度建设提出了借鉴。

1. 中小企业融资体系

这些文章认为"融资难"问题持续严重影响着科技型中小企业的成长，并从不同角度对该问题提出了解决方案。

在企业层面上，陈强指出针对研发资金的短缺严重情况，企业首先要创新融资思路，采取阶段性融资策略和创新融资理念，其次要善于利用各级政府构建的科技金融良性互动机制和科技金融服务平台，与创投企业达成合作，从而取得共赢；在政府层面，陈杰英认为政府应该完善科技型中小企业融资体系，使其能够覆盖各行业科技型中小企业发展的各个阶段，并且要在市场机制的基础上加强各类融资基础性条件建设，并创新融资路径和实施金融体制性改革；在金融机构层面上，陆铭（2014）总结了金融机构针对科技型中小企业融资难、融资贵问题，创新"股权＋债权"投融资体系，并运用市场化手段和政策性引导机制助推科技型中小企业进入良性融资循环的科技金融体制改革经验，并对政策性法规障碍提出了相关政策建议，对我国进一步完善科技金融宏观体系具有重要的意义。

2. 政府体制机制建设

廖凤华（2012）在文章《科技金融创新的探索与思考》中运用案例分析法从信贷融资模式、外汇服务机制、直接融资、银保合作、风险投资5个方面详细阐述了绵阳政府近期进行的实践与探索。接着剖析了科技创新活动在管理机制，激励机制和配套服务等方面的体制机制障碍，并提出了政策建议。这些都表明目前我国科技金融发展尚处于起步阶段，面临一系列急需解决的制度障碍问题，为此政府应该进行相关体制机制创新。

3. 金融服务体系

束兰根（2012）认为在科技金融发展日盛的背景下，为了解决科技型中小企业融资难的问题，应该从制度保障机制、资源整合机制和风险防控机制三个方面打造上下贯通、运行流畅的科技金融服务体系。更好地促进科技型中小企业的创新发展。

4. 国际对比

李俊霞（2013）探讨了金融与科技融合的作用机制和经济效应，并比较分析了国际上金融与科技融合的主要模式及其演变，运用案例研究法对美国、德国、日本、新加坡、以色列和韩国等国家金融与科技融合的做法、经验进行剖析，在此基础上分析我国金融与科技融合和国外的主要差距。并指出实现金融与科技融合关键在于制度创新。

（二）科研人才制度

科技创新，人才为本。加强科技创新人才建设，对于我国建设创新型国家具有重要意义。在该领域内，根据参与主体的不同，研究主要分布在高校人才制度、企业人才制度和非营利性机构方面。学者们同样通过对比国际先进的人才制度对我国提出了借鉴。

1. 高校人才制度

李军峰（2013）指出目前大环境存在缺乏高端人才、资源整合不够、机制体制障碍和环境不理想等不足。赵海军站在教育的视角上从改革观念（育人高度）和制度（建章立制）角度提出了对策；针对高校科技人才创新激励制度的现状，王艺、薛宪方（2013）等指出现在高校科技人才的薪酬激励制度与创新环境培育制度存在问题。应当转变评价方向、建立科学合理的评价制度、转变重应用研究、轻基础研究的理念。

高校的科研人才培养离不开创新团队的建设。韩影、李三喜、陈彦超（2012）通过分析沈阳工业大学的现状，指出只有积极引进高级人才，建设和整合创新性科研队伍，才能形成高凝聚力的科研队伍。实证研究方面，冯海燕（2015）运用 PDCA 循环法分析高校创新绩效考核管理存在的问题，进而对高校创新绩效考核予以了完善。对策方面，史红兵、金钢、翁沈军（2011）提出应该通过创新用人机制、健全运行机制等途径推动创新团队健康发展。

2. 企业人才制度

该领域的论文多集中在激励体制的研究，研究方法多采用与现状结合的实证分析，姜立（2013）运用迪尔综合激励模型，从过程、完成及外在激励三个方面提出了适应烟草企业特点的创新人才激励机制。朱良华（2011）在分析了三种产权激励模式优劣的基础上，基于产权视角对该地区企业实施产权激励的模式选择给出了对策。

3. 非营利性机构人才制度

陈燕羽（2011）认为非营利性机构是开展科学研究和培养科技人才的集中营，只有完善绩效管理机制、建立多元化分配机制、形成竞争激励机制，才能培养科技人才的忠诚度和归属感，这对提高非营利性科研机构的创新水平具有重要意义。

4. 国际对比

孙悦（2014）通过对国外创新人才培养战略的角度对我国的人才培养进行借鉴之后。他指出应该提高创新者地位、打破"官本位"、发挥市场机制的作用、强化业内和同行评定。

（三）科技服务体系

科技中介服务体系主要包括科技咨询培训、科技孵化服务体系、技术创新服务体系、成果转化体系等方面。通过统计发现，学者们的研究主要集中在资源平台建设、成果转化体系和孵化体系三个方面。

1. 资源平台建设

资源平台包括共享平台和创新实验平台。关于共享平台的内涵，李莎（2013）

指出科技共享内容包括信息共享、设备及数据共享、人员流动共享和科研成果共享四类。共享形式包括知识网络平台及数据库、科技创新比赛和奖励，科技论坛和会议地区或国际间科技合作和交流。为了提高平台共享开放水平，平台建设的核心任务是建立资源共建共享机制；其次应该建立完善的社会化管理机制。在高校创新平台的层面上，闫健（2012）指出高校科技创新平台作为我国科技创新体系的核心组成部分，其功能是整合科技资源，使科技成果能够进行有效的配置和融合。陈兆夏（2013）等则基于现状阐述了高校创新机制体制、依托重点实验室和优势学科组建共享实验平台，设立专项基金为科技资源共享提供经费支持等的探索和实践。

2. 科技成果转化体系

近几年来，我国高校科技产业在促进产学研用结合、加速高校科技成果转化和产业化、深化高等教育教学改革、服务高等教育内涵发展、提升高等教育服务经济社会发展能力方面已经取得了显著成绩，但从根本上来说，我国科技成果转化体系存在的问题不是转化率问题，而是体制机制问题。经过科技体制改革，技术商业化的微观机制已经建立，但在基础研究、前沿技术研究、战略技术研究等领域，科技成果化问题仍然突出。邸晓燕（2013）指出解决科技成果转化问题需要深化宏观管理改革，最终建立以企业为主体的创新计划体系。

3. 孵化体系

宋清（2013）在其文中运用数据包络分析（DEA）方法，对科技企业孵化器的资源配置效率进行实证分析，通过分析结论，提出了构建政府引导市场驱动相关结合的孵化资源调控体系等政策建议。张芬（2012）采用案例分析与理论推演的方式，结合当地社会的发展现状与趋势，从孵化创业基地的运营模式、孵化模式和保障体系提出了思考。

（四）产学研合作机制

高校、科研院所是原始创新的主要推动力，企业是成果转化与创新应用的重要载体，有效衔接高校、科研院所与企业间的人才、技术、平台和市场等优势资源，推进产学研合作，是加快国家自主创新体系建设的重要途径。根据切入层面的不同，学者的研究可以从机制运行和参与主体两个部分来说明。

1. 协同创新和风险共担机制

薛传会（2012）指出，协同创新是指在科研系统当中，高校、科研院所、行业企业科研机构三大科研创新主体，相互配合，相互协同，围绕共同目标，共享资源信息，形成创新合力，推动创新产出的过程。在产学研合作模式方面，目前存在经费分配体制与市场需求不匹配、评价体系与产业化要求不适应、主体在创新成果利益分享关系不协调等问题。为此，政府应该明确职责，强化职能。同时建立组织保障体系和资金投入体系，并且完善利益共享和风险共担的"产学研"合作机制。

在实证研究方面，沈云慈（2014）运用贝叶斯网络法从风险分担机制形成机理和风险分担模式分析入手，提出完善科技服务和知识产权市场管理、推进风险分担机制市场化、引入风险投资、加强公共服务平台建设、创新政府财政支持体制和风险管理理念，才是产学研协同创新风险分担机制的优化路径。林莉（2015）等在其文中运用 DEA 模型研究针对行业划转院校这一特定对象进行分析研究，指出发挥政府在协同创新中的主导作用，建立健全的市场机制和有效的合作平台，加强高校内部规划部署，创新人才激励机制，建立高校稳定的合作关系才是优化行业划转院校科技资源配置的有效途径。

2. 参与主体

在院校层面上，韩影（2012）等指出地方院校在产学研合作中要有合理、科学的定位，要从强化服务意识、培养创新人才、注重市场导向等方面下功夫。在科研机构的层面上，谈力（2015）等把广东省新出现的以深圳光启、华大基因为代表的新型科研机构作为研究对象，对这些科研机构的建设模式做出了分类研究。最后指出政府应该根据科研结构模式的不同进行分类支持。在企业层面上，程金亮以企业"实验室经济"为对象，指出这种新型模式有效弥补了当前产学研不能有效衔接的缺陷，在利用科研院所高校的高端技术人才优势与面向市场需求方面都可以发挥极大的作用。并在体制机制、环境建设、政策支持力度多方面提出了优化路径。

（五）科技管理体制

科技管理的实质，是按照科学技术自身发展的规律和特点，以现代管理手段为基础，组织和运筹各项科技活动。根据统计发现，学者们的研究主要集中在以高校为代表的科研机构的科研管理体制和经费管理体制两个方面，也有一部分学者通过对国际知名大学的科技管理体制进行研究进而对我国提出借鉴。

1. 高校科研管理体制

高校科研管体体制就是要建立高校科学研究的秩序、激活高校科研队伍的理论、提高高校科学研究效率的运行机制。针对新时期高校科技工作的现状，陈兴荣（2011）指出我国高校科研管理体制中存在体制性障碍、功利化、发展不平衡、科研工作者素质不高的问题。因此，应当围绕科技队伍、围绕质量和效益来实施管理创新的理念。同时加强跨学科的协同创新，促进学科交叉。实证研究方面，韩锦标（2011）从考核评价体系、激励机制、科研组织结构、人才培养机制和分配导向机制五个方面进行了路径分析。

2. 经费管理体制

该领域的论文多采用案例分析的方法，樊轶侠（2011）针对中央科技投入管理体制，提出应当建立健全科技投入绩效评价机制和完善财政引导下以企业为主体的科技投入机制；李海涛（2013）等则从高校科研经费管理体制的角度就如何建立以政府宏观政策为主导，以科研项目承担单位为责任主体，运用第三方监督管理的经费管理体制及运行机制做出了探讨；张明喜（2014）从财政科技经费管理体制的角度将其分为分配体制、投入结构、使用方式、监管体制、会计核算、绩效考核六个方面，并指出只有从这几个方面着手改革，才能发挥财政职能作用；李雄诒（2011）等从自然科学基金管理体制的角度对问题进行界定，在分析了28个省市自然科学基金的管理机构、现行的项目资助体系及运行机制的基础上，给出了建立国家自然科学基金与省市级科学基金沟通机制、构建给予效率的自然科学基金项目评价体系等对策建议。

3. 国际对比

康旭东（2014）将美国西北大学作为对象，进行大量调研、访谈和数据分析，从科技管理理念、科技管理体系、科研组织模式、科研人员聘任考核等方面，分析西北大学的科技管理模式及其运行机制，对我国研究型大学科研管理体制机制的改革提出了借鉴。刘嘉等（2012）则从日本科研组织构成、预算、运行模式、人才管理和评价机制等方面的具体措施入手分析，对我国相关体系建设提出了借鉴。

（六）国际创新合作机制

通过对213篇文章进行分析，共计有3篇文章从国际创新合作机制的维度对科技体制机制创新进行了阐述。汪怿（2015）从建设全球科技创新中心的人才问题为出发点，分析了当前上海目前在建设中对于国际化程度、营商环境、整体说服等方面的存在的问题，提出了加大协同创新、关注小微企业和青年群体、主动嵌入全球科技创新网络的对策建议。郭松（2014）运用案例分析的手法，对中国科学院和德国马普学会40年的合作进行总结，从中分析出成功的经验，并对我国科研机构的管理理念和机制上都做出了巨大的借鉴意义。

三、研究展望与建议

为进一步加强科技体制机制创新的研究，应该从以下四个方面完善科技体制机制创新的研究。

（一）加强创新人才引进机制研究

对科研人才制度的研究结果分析可以得出，现阶段的主要研究主要集中在人才培养机制和人才激励制度上。一个完整的人才制度包括人才引进制度、人才培养制度和人才激励制度，但是目前关于创新人才引进制度的论述的文献严重匮乏。海外高科技人才通晓国际惯例和法则，具备国际之间的广阔视野，因此，研究海外创新人才的引进机制，对于提高我国的国际竞争力具有重要意义。

（二）完善孵化体系及相关中介服务体系的研究

在科技服务体系相关论文的研究中，关于孵化体系建设的文章占比只有0.94%。事实上，科技企业孵化器作为扶持创业企业成长和促进科技成果转化的一个重要社会经济组织，作为专门的创新创业服务机构，它可以提供一系列诸如法律、政策、融资的支持和经营研发场地以及通信网络办公资源，降低创业企业的创业风险和创业成本，极大提高企业的成活率。加强对孵化体系的建设对于我国加深创业教育，提高科技成果转化率具有极大的推进作用。

（三）完善国际创新合作机制研究

通过对国际创新合作机制论文的统计结果中我们可以看出，在这个领域论文存在明显数量的不足。但是随着全球化的进程逐步加深，国际之间的合作尤其是科技合作逐渐增多，如何利用国外的创新资源，在发展中实现共赢，对于促进整个国家的经济发展具有积极的意义。目前，我国创新能力发达地区，大都具备地域优势，如何利用地域优势加强国际创新合作交流，进行探索和实践将会是科技体制机制创新的一个重要发展方向。

（四）丰富研究方法

通过对213篇文章统计发现，72%的文章采取了案例分析与理论推演相结合的研究方式，23%的文章采用纯理论推演的方式。仅有8篇文章采取定量分析的研究方法。定量分析严重匮乏。在今后的研究中，应加强在个案分析基础上的定量分析。

第二篇

现状分析篇

第四章 世界著名高科技园区的
发展经验与思考

世界著名高科技园区的建设背景、建设路径、发展轨迹各有特色，积累了许多成功的经验，对我国国家自主创新示范区的建设有重要借鉴意义。本章主要介绍美国硅谷、日本筑波、印度班加罗尔和中国台湾新竹4个世界著名的高科技园区的成功经验与实践成果。

一、美国硅谷

硅谷是世界上最具活力的经济区域之一，硅谷的很多产品本身就是创新的体现，随着经济全球化的进一步推进，硅谷已突破了自我驱动的发展模式，通过吸引全球的资金和人才以及出口技术产品，形成了同全球经济高度互动的经济模式。今天的硅谷，它的机体是由几个关键元素组成的，那就是文化、科技、学术、金融、法律、人才，而最主要的是一股神秘的力量和一张有机的大网将这些元素活生生地结合起来。硅谷的成功经验主要来自于以下几方面。

（一）技术环境

根据美国的硅谷指数报告（2013年）数据显示，硅谷的企业专利申请数量逐年增长，其中计算机、数据处理、数据存储、信息传递等领域的专利申请情况好于其他领域，2012年电子信息相关领域的专利申请数量已过2000年该领域专利申请数量的2倍有余。硅谷的技术发展速度如此之快，原因主要有以下四点。

1. 学术界主导型的大学科技园

硅谷内60%~70%的企业是斯坦福大学的教师与学生创办的，硅谷与其相邻的高校和科研机构合作，共同研究新技术、开发新产品，释放大学和科研机构的创新能量，形成专业化的新型联合体，进而依靠知识密集和技术人才群聚的优势来吸引产业界加盟，在大学校园或周围形成高技术产业群。

2. 完善的孵化功能和专业化服务体系

在硅谷，围绕科技发明和高科技产品的市场化过程，形成了形形色色的专业化服务企业，进而构成了硅谷的"孵化器区域"。硅谷的服务型企业数量庞大，门类齐全，大致归为以下四类：金融服务类行业、中介服务类行业、商业服务类行业、生活服务类行业。这样，硅谷人有了新的概念，新的设计思想，不需自己劳心费力，服务型企业便可以在 1~2 周的时间内做出商品化的样机，并且提供全套的生产工艺，质量检测和成本核算资料，大大缩短了梦想变为现实的周期。

3. 健全的专利保护机制

硅谷的创业发明之所以能持续发展与企业重视专利保护分不开，硅谷的公司都认识到申请专利及对其保护的重要性，据 2006 年的一项统计表明，全美 20 个最具发明创造的城市中 13 个在加州，而其中 10 个在硅谷，平均每年约有四千多项专利申请注册，为保护这些数量庞大的专利技术，硅谷的公司与每位新来的雇员签订保密合同，当雇员离开后应遵守合同，履行保密义务，一般保密期限为该技术作为商业秘密的整个有效期。

4. 高额的政府研发投入

联邦政府研发经费对硅谷的大学、实验室、私人企业和中小企业的投入支持硅谷关键技术的发展，并促进硅谷地区的技术创新。1993~2004 年，硅谷获得了136 亿美元以上的联邦研发经费。特别是进入 21 世纪以来，联邦政府对硅谷的研发投入显著增长，其中 2003 年，联邦政府对硅谷的研发投资达到 32 亿美元，比2002 年增长了 2.2 倍。在高新技术企业技术研发方面，政府出台了很多政策，如SBIR（Small Business Innovative Research，专用于鼓励企业技术商业化），STTR（Small Business Technology Transfer，专用于鼓励大学实验室技术商业化），ATP（Advanced Technology Programmer，专用于鼓励基因工程和网络工程的研究项目），DARPA（Defense Advanced Research Projects Agency，专用于鼓励军事技术的研究项目），CRADAs（Cooperative Research and Development Agreements，专用于鼓励私营企业技术研发）等。

（二）人才环境

人才是硅谷兴盛的核心要素，硅谷堪称全世界的人才高地，截至 2009 年，硅谷已有 40 多位诺贝尔奖获得者，上千名科学院和工程院院士，20 多万来自世界各地的优秀工程师，7000 多名博士，占加州博士总数的 1/6，而加州是美国受过高等教育人士密度最大的州。

从《2014 年硅谷指数报告》中得到，截至 2013 年末，硅谷人口达到 292 万人，提供工作岗位 1423491 个，人均年收入为 107395 美元。在人才学历分布方面，在读大学生、学士、硕士学位及以上的人才比例高达 72%，这样丰富的人才资源得益于硅谷在人才培养、人才吸引和人才激励等方面做出的努力。

（三）中介机构

硅谷具有丰富中介服务资源，主要包括人力资源机构、技术转让机构、会计、税务机构、法律服务机构、咨询服务机构以及物业管理公司、保安公司等其他服务机构，其中人力资源机构、财务和法律服务机构及技术转让机构对于硅谷产业集群的发展起着尤为关键的作用。

1. 人力资源机构

在硅谷存在着许多为高科技公司寻找技术和投资人员的猎头公司，这些猎头公司的人才招聘可以说是在世界范围内选拔的，其高效的人力资源网络为企业和个人及时提供信息，促进了人才的交流和流动。

2. 法律和财务机构

在法律方面，硅谷的律师事务所为高新技术企业提供知识产权、执照法、贸易法等各类特殊服务，并且与市场调研公司和风险资本公司一样，硅谷的律师也常常起到商业桥梁作用，据不完全统计，硅谷律师的密度大约为 10 个工程师对应一个律师。在财务方面，硅谷的会计师事务所为企业提供财务核算、审计评估、资产运作以及较为复杂的税务服务（美国税务法极为复杂，极小的疏忽或失误会给企业带来大麻烦，如罚款甚至法律诉讼），据不完全统计，硅谷高级会计师数量超过律师，大约 5 个工程师对应一个会计师。

3. 技术转让服务机构

在硅谷技术转让服务机构主要是由大学的技术转让办公室（TLO）和它一些技术咨询、评估、交易机构组成，TLO 的主要工作是将大学的研究成果转移给合适的企业，同时把社会和产业界的需求信息反馈到学校，推动学校研究与企业的合作。

（四）总体政策环境

硅谷基本上都是在市场力量的作用下形成的，没有政府的事先计划和规划，没有事先的宏大规划和设想，也没有政府的财政投资和行政管理，硅谷就是在这种自由宽松的环境下兴旺发展起来。但这并不是说美国政府对硅谷无所作为，政府通过营造创业和创新的制度建设和文化氛围，调动了创业者的积极性和保护了他们的合法权利，例如建立知识产权保护和专利制度；制定法律允许大学、研究机构、非营利机构和小企业拥有利用联邦资助发明的知识产权，推进产学合作；随时根据产业发展和科学研究的需要不断修改移民法案，以吸引移植各类高科技人才；通过税收制度推进风险投资增长，激励企业创新；通过建立庞大的技术转让机构网络，使科研成果尽快进入市场等，这些政策创造了一个开放的、公平竞争的市场环境和完善的公共服务，为创新企业的出生、成长和茁壮提供适宜的产业发展环境，为硅谷的发展提供了适宜的外部环境。

二、日本筑波

1963 年日本政府在距离东京市约 60 公里处的筑波建设一个国家级科学城，此后，历经 50 余年的发展，筑波科学城成为聚集了 40 多个国家级教育和研究机构，使用了 40% 的政府财政预算研究经费的日本科学研究和技术创新的"高地"，从聚集科学研究、技术开发、教育机构的数量来看，成效颇为显著。

（一）技术资源

日本筑波科技城由日本科技局、计划局主管，并设置"筑波研究机构联络协议会"协调各方工作。筑波科技城集中了日本国立科教机构 46 所，占全国总数的 30%，其专业人员约占全国总数的 40%，年度科研经费约占全国总数的 50%，筑波本地科技和工业基础较好，同时大力引进西方先进技术，进行综合集成，优势互补，因而起点很高。

日本筑波高科技园区多从事的是基础研究而不是工业应用，政府有意通过吸引私人公司入驻来加强产学研的结合。科技人员通常在宜家国立研究机构或大公司工作到退休，独特的企业文化导致科研从立项、审批、研究、论证到成果的时间较长，科研体系存在过分垂直化的倾向，成果的产业化和商业化程度比较弱，科技转化为产业的产值并不高，科研机构和企业之间的联系较弱。

（二）人才环境

日本筑波最初的科研人员都是从东京迁移过来的，政府设法吸引科技人员和科研机构的迁入，城区规模发展较大，人员涌入较多时，又注意控制入口，由此为人才提供了良好的生活和发展环境。然而，研究人员一般由政府配备，流动率较低，各部门的大学培养人才的目的主要是为了本部门和机构补充人力，和社会、企业、产业实践有些距离。

（三）政策环境

筑波科学城建设的法规相当健全，大体上分为两类：一是专门针对高新技术园区制定的法律；二是与高新技术园区相关的国家科技、经济乃至社会方面的法律法规。第一类法律更集中有力。日本政府在资金与政策方面都采取了相应措施，如"筑波研究学园都市建设法""筑波研究学园都市建设计划大纲""高技术工业聚集地区开发促进法""计数秤促进税则""增加试验研究费税额扣除制度"等税收政策。此外，还有一些其他优惠措施，如减免税、发补助金、低息长期贷款等，有力保障和促进了科学城区的发展。为了支持技术密集型企业的发展，凡是新增设备均提供特别利息贷款制度，在新技术开发区的投资企业使用长期贷款[①]。

三、印度班加罗尔

班加罗尔软件科技园成立于 1991 年，是印度第一个计算机软件技术园区，被誉为印度的"硅谷"，是全球第五大信息科技中心。

（一）技术资源

班加罗尔是高等学校和科研机构的集中地，聚集了 10 所大学、70 所技术院校以及 28 个国家级和联邦级的研究机构，每年可输送 1.8 万名软件人才。目前，印度有 35 万名合格的计算机软件人才，有 320 万专业人才服务于计算机软件公司。其中印度科学院，是印度基础科技和应用科技领域的领头羊，它培养的科学家和工程师成为印度科技界的中坚力量。此外，它下属的各类研究中心负责沟通学术和产业，成为科技转化为生产力的桥梁。班加罗尔还有国防研发机构、遥测追踪指挥网络、人工智能和机器人开发中心、尖端科技开发中心、国家尖端技术研究机构、数学建模和计算机模拟中心和尖端计算机技术发展中心等研究机构。

在产、学、研方面，印度的高校都设有董事会，董事会里有很多大公司的成员反映企业的要求，教师队伍中也有不少来自第一线的专家，教学内容与企业的需求和实践联系十分密切。与此同时，班加罗尔地区的大学也积极鼓励和支持高校师生到该科技园中从事创新、创业活动。这种双向互动的模式，不仅实现了科

---

① 周勇，葛沪飞. 苏南国家自主创新示范区创新指数分析及其产业发展研究. 东南大学出版社，2015（12）：48 - 49.

技人才合理流动，也逐步形成了科技园良好的自我发展能力和良性循环机制，从而使产、学、研的合作更加密切。

与此同时，政府为班加罗尔提供了良好的发展体制环境，先后成立了国家信息技术与软件发展委员会和信息产业部，制定了《计算机软件出口、开发和培训政策》《软件技术园区计划》《印度 IT 行动计划》等，在税收、财政、贷款、进出口以及基础设施等方面提供优惠政策。此外，印度政府设立技术开发和应用基金，科技研发经费的 85% 由中央及各邦政府提供。

另外，为了保护软件业发展，印度政府十分重视该行业的知识产权保护，为此专门制定和修改了《信息技术法》和《版权法》等法律法规。1994 年，新修订的《版权法》对软件的保护和侵权的处罚作出明确规定。2000 年，正式颁布实施的《信息技术法》对非法入侵计算机网络和数据库，传播计算机病毒等违法行为及其惩罚作出规定，为电子文书和电子合同提供了法律依据。

（二）资金资源

班加罗尔聚集着各类金融机构，如班加罗尔证券交易所、印度工业财务公司、卡纳塔克邦小型工业企业发展公司、印度工业信贷投资公司、印度出口信贷担保公司和印度进出口银行等。这些不同类型的金融机构较好地满足了班加罗尔日益增长的投融资需求，便利了该地区的资金流通。

同时，由于高科技项目本身具有高风险、高投入、高收益等特征，政府投入和银行信贷的资金供给方式无法满足其巨大的资金需求，因此政府引导完善了风险投资体系。印度风险投资主体在地理上的集中特性并不突出，资金多来自海外，但投资的目的地却相对集中于班加罗尔。每年超过 200 万美元的风险投资注入班加罗尔，使得科技成果快速商业化、产业化，从而拉动整个集群的发展。目前印度最大的风险投资公司印度技术发展与信息有限公司以及另外两个著名的个人风险投资公司均将总部或办事处设在班加罗尔，主要投资于风险企业的成长期、后期及已上市风险企业。

（三）行业协会

班加罗尔设立了一些民间组织，大多是商业部领导下的旨在促进电子产品及软件出口的非营利性组织，如印度全国软件和服务公司协会（NASSCOM）、电子与计算机软件出口促进会（ESC）等，为班加罗尔软件产业的发展做出了重大贡献。印度全国软件和服务公司协会 NASSCOM 其成员数已经达到 1237 个，约占印度软件业收入的 95%，是印度信息产业数据的唯一来源，它的年度战略回顾提供了独一无二的最新详细数据；电子计算机软件出口促进会（ESC）吸收了国内外 2000 多家会员企业，不仅是企业与政府之间沟通的桥梁，而且还从事软件市场的信息收集、分析和研究工作，为政府和企业提供市场信息与建议，组织会员单位到国内外举办展览会，帮助企业开拓国内外市场。

这些行业协会一般先由政府提供一笔启动资金，吸收国内外在印度投资的 CIT 公司为理事单位和会员单位，再由这些单位分别出资或出力，使组织进入商业运作状态。协会的职能一般是搜集国内外电子工业及软件产业的最新信息并向会员提供，达到信息共享；组织会员公司到国外参加展览会，利用班加罗尔 ITC 产业的整体优势，为各会员单位提供商机；与国外跨国公司进行多渠道的联络，根据它们的需求介绍会员单位并与之交流合作。

四、中国台湾新竹

中国台湾新竹科学工业园始建于 1980 年，经过"技术引领、人才培训、科技生根、市场开拓、科技创新、产品创新"等多个历史阶段的发展，目前已成为台湾经济发展的重要支柱、科技产业的心脏地带和科技产业水准的象征。

（一）技术资源

中国台湾当局早在 20 世纪 70 年代就确立了发展 IC 产业的目标，当时就投资 4 亿元新台币成立工业技术研究院电子所，通过公立实验室承担引进新技术的风险。该所的试验工厂利用从美国 RCA 公司转移来的技术，生产出台湾最早的 IC 产品并投放市场，吸纳和储备了发展 IC 产业所需的尖端人才。随后，台湾工业研究院电子所还将成熟技术和人才转移到产业界，并且提供技术支持和跟踪服务。该所还对台湾 IC 产业的发展起了孵化器的作用，分别衍生出台联电，台积电、台光罩、华邦电子和华隆电子。

新竹科技园区与清华大学、交通大学、工业技术研究院相邻。其中，工业技术研究院有 7 个研究所，4 个中心，约 5400 名研究人员；交大与 35 个系所及清华有 25 个系外加 6 个研究中心，共有超过 16000 名师生。这些研究单位皆与区内厂商密切合作，共同进行研究发展的工作，为新竹科技园区内的研究与开发活动提供了丰富的知识资源。

台湾当局营造官、产、研、学一体化的科技创新网络体系，如在园区内设立行政部门，同步辐射中心、毫微米元件实验室、高速计算机中心、精密仪器发展中心、芯片系统设计中心和太空计划室六个实验室。这些机构除了为园区内厂商提供高级科技人才培训，参与高技术产品开发之外，更重要的作用是不断地辅导和衍生有竞争力的企业。此外，园区管理局每年提供创新产品奖、研发成效奖与创新技术研究发展奖助计划，以鼓励园区厂商研究开发新产品及开拓国际市场。

（二）人才资源

新竹在约 5 平方公里的土地上集中了 1000 个以上的博士和 10000 个以上的硕士。在工业园创立初期，为了吸引留学海外的人才回归台湾，当局为回归人员支付考察费用，大力营造适合人才居住和工作的环境，建立了住宅区、学校、休闲设施，以及邮局、医院、加油站、银行、关税等相关服务设施。另外，新竹规定，企业雇用本地科技人才必须占到全部科技人才的 50% 以上，为本地人才的成长提供了空间，还经常举办企业管理培训班，邀请专家介绍先进的技术和管理方法。之后，新竹逐渐成立了人力资源管理协会、科学管理学会、同业公会、企业经理协作会等团体，通过这些团体，合理配置人力资源，最大限度地满足园区内企业的人才需求。

（三）资金资源

在科技园成立之初，台湾当局设立多项科技资助基金，发展高科技产业。20世纪 90 年代，台湾开放保险、银行资金进入科技园区，而且新竹的蓬勃发展吸引了来自美国、日本、德国等国家的国际资金进入。近年来，新竹科技园逐渐完善金融体系，包括政策性金融体系、商业性金融体系和风险投资体系。台湾的创业板市场，也为活跃科技园乃至整个台湾地区的风险投资，为更多高科技企业的诞生提供了条件。

（四）行业协会

在新竹科学园内，有大量的中介服务机构，最具代表性的是科学同业协会，其在规划管理、进出口作业、金融财务管理、人力资源培训与分享等方面都有所涉及。其他为园区内企业提供专业性服务的中介机构还有律师事务所、会计师事务所、管理顾问公司、银行金融机构等。这些专业的中介机构不仅为园区内的企业提供资金、技术、人才、信息等各方面的帮助，还在企业与企业之间、企业与政府之间、企业与投资者之间的沟通协调方面发挥了积极有效的"桥梁"作用。

（五）其他经验

高新企业审查机制是指为保证园区的高科技品质，园区管理机构对进入园区的企业进行严格的审查和监控。首先，园区引进的厂商必须符合市场潜力大、产业关联效果大、高技术，高附加值、低污染，低能源密度的原则；必须有一定的投资强度；必须符合产业规划。其次，投资计划实施后，凡未按计划经营，或未经核准延期者，撤销其投资资格并迁出园区。定期检查中，对不符合要求者，限期整改，若无起色，一个月内令其迁出园区。最后，园区内的土地只租不卖，以保证园区管理局对厂商管理的主动权。

五、经验及启示

通过对世界著名的典型高科技园的比较研究，总结以下几点经验，为大连市建设国家自主创新示范区提供借鉴。

（一）推进人才保障机制

人才作为重要的战略资源，是快速发展的宝贵财富。从国外典型的园区到中国台湾新竹，均在建设过程中通过全方位、多层次的保障措施以吸引高端人才的落户。

在人才激励方面，美国硅谷和中国台湾新竹的众多高技术公司都采用股票期权的形式，使公司高级经营管理人才、研究与开发人才的利益与企业的长远利益紧密结合起来。此外，还有技术配股、职务发明收益分享等人才激励机制。

（二）完善金融要素市场

通过积极引入风险资本、完善金融市场体系、鼓励集群内企业上市、建设金融市场信用体系及推动互联网金融创新等有力措施完善金融市场，促进高科技园区建设发展。

美国是世界上风险投资规模最大的国家，硅谷吸引了全美约35%的风险资本，硅谷的风险投资机制不仅为高科技企业提供资金支持，还帮助企业进行流动资金的融资运作，帮助企业组织和改造管理团队和治理结构，为企业的经营进行咨询服务和指导，促进企业更好、更快地适应当地的金融环境，形成了一种相互促进的良性循环机制。台湾地区的风险投资业是以外资介入为主的运营模式，由多部门共同设立"种子基金"，陆续开放保险公司及民营银行等，通过政策引导，吸引了数百亿元的国际资本投入。同时，台湾的创业板市场为风险资金提供了一个退出渠道，有利于风险资金的流动，活跃科技园乃至整个台湾地区的风险投资。

（三）增强科技驱动力

通过保护知识产权、注重研发投入、建立高新企业审查机制、引导高新技术产业市场化、促进"官、产、学、研"四位一体化等措施为高科技园区提供可持续发展活力，提升创新能力。

美国联邦政府通过税收政策等鼓励中小企业进行项目研发。例如通过"中小企业技术创新法案"，利用国防、卫生、能源等部门的研发基金支持中小企业相关技术创新，满足联邦政府研究开发以及商业市场的需要；实行"研发抵税"的政策；设立小企业局为中小企业提供贷款担保，担保率为75%～80%等。

硅谷积极营造官、产、研、学一体化的科技创新网络体系。一方面，硅谷设立了"转让服务机构"将大学的研究成果转移给合适的企业，同时把社会和产业界的需求信息反馈到学校，推动学校研究与企业的合作。另一方面，硅谷与一大批高水平大学和科研机构联系紧密，大学里的课题很多来自硅谷，许多大学教员担任着企业的咨询顾问，甚至在硅谷直接开办公司。

（四）发挥中介机构作用

定量的中介服务机构，包括同业公会、律师事务所、会计事务所、管理顾问公司、银行金融机构等，这些专业的中介机构，不仅为园区内的企业提供资金、技术、人才、信息等创新要素，而且还在企业间或企业与政府间的沟通协调方面起积极作用。完善的社会中介服务体系为高技术园区的创业企业提供了健全的设施和优秀的服务。中介机构的专业化服务使创新型企业可以更加聚焦于如何提升企业的竞争力。中介服务体系的形成满足了创新网络发展所需要的社会协同网络，这样也有利于高新技术园区各自文化的形成，从而加快园区的创新。

第五章 我国自主创新示范区建设现状

新一轮产业革命正在酝酿，加强科技创新、推动信息化和工业化深度融合、发展创新型经济是包括中国在内的各新兴经济体的理性选择。自 2009 年 3 月国务院做出建设中关村国家自主创新示范区的重大战略决策以来，建设国家自主创新示范区成为我国完善科技创新体制机制、增强自主创新能力、探索区域创新发展、新思路、新模式的重要举措。党的十八大也明确提出要坚持走中国特色自主创新道路，加快实施创新驱动发展战略，以全球视野谋划和推动创新，把自主创新作为发展科学技术的战略基点，推动科技和经济紧密结合。习近平总书记多次指出，实施创新驱动发展战略是立足全局、面向未来的重大战略，决定着中华民族的前途命运。

国家自主创新示范区是经国务院批准，旨在推进国家自主创新和高新技术产业发展方面先行先试、探索经验、做出示范的区域，该区域兼具探索自主创新战略"试验地"和体制机制创新"栖息地"的双重功能。李克强总理多次强调，要注重创新驱动，增强经济增长内生动力，扩大国家自主创新示范区先行先试政策试点范围。2016 年 7 月 19 日，国务院同意重庆高新技术产业开发区建设国家自主创新示范区，区域范围为国务院有关部门公布的开发区审核公告确定的四至范围，这是我国第 17 个国家自主创新示范区。2016 年以来，仅半年多时间国家就新设了 6 个国家自主创新示范区。国家自主创新示范区，既是创新驱动发展战略的重要载体，又是科技创新和经济发展的重要支撑。对国务院批复的国家自主创新示范区的发展定位与先试先行政策进行比较，有助于探寻国家自主创新示范区建设路径，为其他地区、特别是大连国家自主创新示范区加快实施创新驱动发展战略提供启示。

一、自主创新示范区建设核心内容

目前，我国共有北京中关村、武汉东湖、上海张江、深圳、苏南、天津滨海、长株潭、成都、西安、杭州、珠三角、郑洛新、山东半岛、沈大、福厦泉、合芜蚌和重庆等 17 国家自主创新示范区，肩负着为我国探讨创新驱动发展的政策和路径，为提升国家自主创新能力发挥集聚、引领和辐射、示范作用的历史使命。根据国家自主创新示范区自批复成立以来出台的主要政策文件和试点建设内容，我们对 17 个国家自主创新示范区建设的核心内容整理如表 5 – 1、表 5 – 2、表 5 – 3 所示。

表 5 – 1   17 个国家自主创新示范区的核心政策

示范区	主要政策文件
北京中关村	《北京市关于建设中关村国家自主创新示范区行动计划（2010～2012）》《中关村国家自主创新示范区条例》《中关村国家自主创新示范区发展规划纲要（2011～2020 年）》《中关村国家自主创新示范区企业股权和分红激励实施办法》《关于中关村国家自主创新示范区建设国家科技金融创新中心的意见》《中关村国家自主创新示范区国际化发展专项资金管理办法》《工商总局关于促进中关村国家自主创新示范区创新发展的若干意见》
武汉东湖	《关于全力推进武汉东湖国家自主创新示范区建设的决定》《东湖国家自主创新示范区发展规划纲要（2011～2020 年）》《关于加快东湖国家自主创新示范区建设的若干意见（鄂发〔2010〕4 号）》《东湖国家自主创新示范区总体规划（2010～2020 年）》《东湖国家自主创新示范区条例》《关于支持武汉东湖国家自主创新示范区科技金融政策创新的实施办法》《关于促进东湖国家自主创新示范区科技成果转化体制机制创新的若干意见》
上海张江	《上海张江国家自主创新示范区发展规划纲要（2013～2020 年)》《关于推进上海张江国家自主创新示范区建设的若干意见》《上海张江国家自主创新示范区中长期发展规划纲要》（2011～2020 年）《上海张江国家自主创新示范区促进企业创新发展资助办法（试行）》《张江国家自主创新示范区企业股权和分红激励试行办法》《上海张江国家自主创新示范区专项发展资金使用和管理办法》《关于加快推进中国（上海）自由贸易试验区和上海张江国家自主创新示范区联动发展的实施方案》
深圳	《关于努力建设国家自主创新示范区，实现创新驱动发展的决定》《深圳国家自主创新示范区规划纲要（2013～2020)》《深圳建设国家自主创新示范区实施方案》《深圳经济特区国家自主创新示范区条例》《深圳国家自主创新示范区发展规划纲要（2015～2020 年)》
苏南	《省委省政府关于建设苏南国家自主创新示范区的实施意见》《关于全力打造苏南国家自主创新示范区核心区的意见》《关于大力实施创新驱动发展战略 当好苏南国家自主创新示范区建设排头兵的意见》《关于加快苏南国家自主创新示范区建设若干科技创新政策意见》《关于深入实施创新驱动发展战略 建设苏南国家自主创新示范区三年行动计划（2015～2017 年)》《关于加快苏南国家自主创新示范区建设若干科技创新政策意见实施细则》《苏南国家自主创新示范区发展规划纲要（2015～2020 年)》

示范区	主要政策文件
天津滨海	《关于加快建设天津国家自主创新示范区的若干意见》《天津市东丽区国家自主创新示范区发展规划（2013～2020）》《天津国家自主创新示范区发展规划纲要（2015～2020）》《天津国家自主创新示范区核心区空间布局规划》《天津国家自主创新示范区创业投资（新兴产业）引导基金设立工作方案》《天津国家自主创新示范区"一区二十一园"知识产权强区建设方案（2015～2020年）》
长株潭	《长株潭国家自主创新示范区发展规划纲要（2015～2025）》《关于支持长株潭国家自主创新示范区建设意见》《关于支持长株潭国家自主创新示范区建设的若干意见》《长株潭国家自主创新示范区条例》《中共湖南省委、湖南省人民政府关于建设长株潭国家自主创新示范区的若干意见》《长沙高新区建设国家自主创新示范区三年行动计划（2015～2017年）》《株洲市建设长株潭国家自主创新示范区行动方案（2015～2020年）》
成都	《支持成都高新技术产业开发区创建国家自主创新示范区十条政策》《成都高新区国家自主创新示范区发展规划（2015～2020年）》
西安	《西安高新区建设国家自主创新示范区行动方案》《西安国家自主创新示范区空间发展规划》《关于金融支持西安国家自主创新示范区发展的指导意见》《西安市推进小微企业创业创新基地城市示范工作方案（2016～2018）》
杭州	《关于进一步支持大众创新创业建设国家自主创新示范区的实施意见》《关于实施"聚焦高新、促进创新"战略支持杭州高新开发区争创国家自主创新示范区核心区的若干意见》《关于加快杭州国家自主创新示范区建设的若干意见》《杭州国家自主创新示范区发展规划纲要》
珠三角	《珠三角国家自主创新示范区建设实施方案（2016～2020年）》《东莞市推进珠三角自主创新示范区的实施意见》
郑洛新	《关于贯彻落实〈国家创新驱动发展战略纲要〉的实施意见》《关于加快推进郑洛新国家自主创新示范区建设的若干意见》《郑洛新国家自主创新示范区建设实施方案》
山东半岛	《关于加快山东半岛国家自主创新示范区建设发展的实施意见》《关于建设山东半岛国家自主创新示范区（淄博）的实施意见》《山东省科研院所法人治理结构建设实施方案》
沈大	《关于建设沈大国家自主创新示范区的实施意见》《沈阳市沈大国家自主创新示范区建设三年行动计划（2016～2018年）》《大连市沈大国家自主创新示范区建设三年行动计划（2016～2018）》
福厦泉	《福厦泉国家自主创新示范区建设实施方案》《福厦泉国家自主创新示范区发展规划纲要》
合芜蚌	《合芜蚌国家自主创新示范区建设实施方案》《合芜蚌国家自主创新示范区发展规划纲要》《合芜蚌国家自主创新示范区空间布局规划》
重庆	《重庆国家自主创新示范区建设实施方案》《重庆国家自主创新示范区发展规划纲要》《科技型企业认定办法》《九龙坡区科技型企业培育实施方案》

表 5 - 2   17 个国家自主创新示范区的发展定位

示范区	发展定位
北京中关村	全球高端人才创新创业的集聚区、世界前沿技术研发和先进标准创制的引领辐射区、国际性领军企业和高新技术产业的发展区、国家体制改革与机制创新的试验区、具有全球影响力的科技创新中心
武汉东湖	世界一流高技术园区、国家战略性新兴产业集聚区、科技创新资源辐射区和自主创新机制示范区、中部崛起增长极、武汉城市圈"两型社会"建设先行试验区
上海张江	世界一流高新区、成为具有全球影响力的科技创新中心、高端人才集聚中心、科技金融中心、技术交易中心、高新技术产业发展基地和政府管理创新示范区
深圳	建设成为创新驱动发展示范区、科技体制改革先行区、战略性新兴产业集聚区、开放创新引领区和创新创业生态区
苏南	建设成为创新驱动发展引领区、深化科技体制改革试验区、新兴产业的集聚区、区域创新一体化先行区和具有国际竞争力的创新型经济发展高地
天津滨海	努力建设具有国际影响力的产业创新中心和国家级区域创新中心,成为创新主体集聚区、产业发展先导区、转型升级引领区、开放创新示范区
长株潭	建设成为创新驱动发展引领区、科技体制改革先行区、军民融合示范区、中西部地区发展新的增长极
成都	形成以成都高新区极核引领、支撑全域成都乃至中西部创新驱动发展,并具有全球影响力的创新创业中心;力争到 2020 年基本建成"世界一流高科技园区"
西安	建设"一都四区"。即打造"一带一路"创新之都,成为我国创新驱动的引领区、创新创业的生态区、军民融合的示范区、改革开放的模范区
杭州	打造具有全球影响力的"互联网+"创新创业中心,建设成为创新驱动转型升级示范区、互联网大众创业集聚区、科技体制改革先行区、全球电子商务引领区和信息经济国际竞争先导区
珠三角	打造国际一流的创新创业中心,努力把珠三角国家高新区建设成为我国开放创新先行区、转型升级引领区、协同创新示范区、创新创业生态区
郑洛新	具有国际竞争力的中原创新创业中心,开放创新先导区、技术转移集聚区、转型升级引领区、创新创业生态区
山东半岛	建设以蓝色经济引领转型升级的自主创新示范区,建设"四区一中心"。即全球海洋科技创新中心、体制机制创新先行区、经济转型升级样板区、创新创业生态示范区和开放协同创新引领区
沈大	建设"四区一中心"。即东北老工业基地高端装备研发制造集聚区、东北老工业基地转型升级引领区、东北老工业基地创新创业生态区、东北老工业基地开放创新先导区、东北亚地区科技创新创业中心
福厦泉	科技体制改革和创新政策先行区、"海上丝绸之路"技术转移核心区、海峡两岸协同创新示范区、产业转型升级示范区
合芜蚌	科技体制改革和创新政策先行区、科技成果转化示范区、产业创新升级引领区、大众创新创业生态区

续表

示范区	发展定位
重庆	具有重要影响力的西部创新中心，创新驱动引领区、军民融合示范区、科技体制改革试验区、内陆开放先导区

表5－3　　　　　　　　　　17个国家自主创新示范区的先行先试内容

示范区	先行先试内容
北京中关村	重点在股权激励、科技金融创新、政府采购自主创新产品、高端领军人才集聚、政府服务等方面创新体制机制；成立政策先行先试工作组，推动体制机制改革试点
武汉东湖	开展股权激励和科技成果转化奖励试点、科技金融改革创新试点、政府自主创新产品采购试点、创新财政税收政策试点、高层次人才引进和培养试点以及"两型产业"发展创新试点
上海张江	在股权激励、人才聚集、财税支持、金融服务和管理创新等五个重点领域开始先行先试；探索PPP模式，建设张江科学城
深圳	开展股权激励试点；在科技金融改革创新、建设新型科研机构、深港经济科技合作新机制等方面进行积极探索；发展融合式创新"科技＋金融""科技＋文化""科技＋物流""科技＋民生""科技＋生态"等创新发展新模式
苏南	在深化科技体制改革、建设新型科研机构、科技资源开放共享、区域协同创新等方面进行积极探索
天津高新区	在推动自主创新和高新技术产业发展方面先行先试、探索经验，为建设京津冀创新共同体做出积极贡献，为全市经济社会持续健康发展增添新动力
长株潭	积极开展科技体制改革和机制创新，在科研院所转制、科技成果转化、军民融合发展、科技金融、文化科技融合、人才引进、绿色发展等方面先行先试
成都高新区	在推进创新创业、科技成果转化、人才引进、科技金融结合、知识产权运用和保护、新型创新组织培育、产城融合等方面进行积极探索
西安高新区	在科技成果转移与转化、科技金融、军民融合、统筹科技资源、知识产权运用和保护、人才聚集、土地集约利用、产城融合等方面进行积极探索
杭州高新区	积极在跨境电子商务、科技金融结合、知识产权运用和保护、人才集聚、信息化与工业化融合、互联网创新创业等方面先行先试
珠三角	在科技金融结合、新型科研机构建设、人才引进、产学研结合、国际及粤港澳合作、创新创业孵化体系建设、知识产权运用和保护等方面进行积极探索
郑洛新	加快现代农业发展，推进中原现代农业科技示范区建设，打造现代种业产业集群和食品产业集群。利用互联网提升农业生产、经营、管理和服务水平，培育一批网络化、智能化、精细化的现代"种养加"生态农业新模式
山东半岛	建立"创新券"负面清单机制；搭建示范区信息共享平台，建立区域联动机制，构建协同有序、优势互补、科学高效的区域协同发展共同体

续表

示范区	先行先试内容
沈大	先行先试改革推行的"6+4"政策，即中央级事业单位科技成果处置和收益权改革、股权激励、科研经费分配管理改革等6条创新政策和文化科技融合高新技术企业认定试点、有限合伙制创投企业法人合伙人所得税试点等4条相关的税收政策
福厦泉	加强源头创新，赋予高校、科研机构在示范区开展科研创新活动更大的自主权；加速成果转化，进一步释放创新创业潜能；加快转型升级，持续增强产业核心竞争力；优化政策供给，推动体制机制改革先行先试；深化开放融合，推动协同创新共同发展
合芜蚌	探索"产业转移+自主创新=跨越式发展"的全新路径，形成在创造区域经济竞争格局中的"安徽方程式"；推广"创投+孵化""持股孵化"新模式，建设一批低成本、便利化、全要素、开放式的科技企业孵化器和众创空间，形成"众创空间+创业苗圃+孵化器+加速器+产业基地"的梯度孵化体系
重庆	深化简政放权、放管结合、优化服务改革，积极开展科技体制改革和机制创新，在科技成果转移转化、科研项目和经费管理、军民深度融合、股权激励、科技金融结合、知识产权保护和运用、人才培养与引进、新型创新组织培育等方面探索示范

二、自主创新示范区建设分析

根据有关规定，国家自主创新示范区将获准开展股权激励、科技金融改革创新、支持创新企业的税收政策等方面先行先试的权利，各个国家自主创新示范区可以根据自身特点选择不同的路径、出台相应的地方配套政策来推进试点的开展。尽管开展体制机制创新的内容大致相同，但由于设立的时间和自身条件的不同，目前各示范区试点进展的状况也不尽相同。

（一）北京中关村国家自主创新示范区

中关村科技园区采取一系列政策措施支持建设国家自主创新示范区，主要包括：开展股权激励试点、深化科技金融改革创新试点、开展国家重大科技专项项目经费中核定列支间接费用试点、支持新型产业组织参与国家重大科技项目、实施支持创新创业的税收政策等。在直接融资方面，健全企业上市联动机制，支持企业运用中期票据、短期融资券、信托计划等方式融资。在间接融资方面，鼓励银行设立为科技型企业服务的科技支行，不断推进产品和服务模创新。

作为全国第一家国家自主创新示范区的北京中关村，不但形成了"1+6"的自主创新政策体系，并且试点工作已取得重大突破。

一是作为核心"1"的首都创新资源平台已正式开展工作，并初步实现便捷高效的政府一站式办公、一网式审批和全程办事代理制。共同推进先行先试政策，联合支持战略性新兴产业重大项目，初步形成了集中办公、主动受理、联合审批、一条龙服务的工作机制。依托中关村创新平台，北京市与科技部等 6 部委分别建立了部市会商机制，与财政部等 4 部委联合开展发展现代服务业试点，与总参谋部、总后勤部、总装备部和海军签署战略合作协议共同促进军民融合创新发展。

二是股权和分红权的激励改革试点取得重大进展，目前已有 350 多家单位申请参加试点，其中近 50 家市属单位股权激励方案已被批复通过。教育部、工业和信息化部、国务院国资委、中科院已分别制定了本系统股权激励试点方案审批实施细则，并开始实施审批。

三是在税收优惠试点政策方面，积极贯彻落实中关村示范区试点税收政策，下发《关于贯彻落实国家支持中关村科技园区建设国家自主创新示范区试点税收政策的通知》，对国家出台的三个税收政策文件进行转发，并补充了具体管理办法和工作要求，在中关村推广应用自主创新产品，支持企业的创新发展。

四是在深化科技金融试点方面，中关村初步形成了"一个基础，六项机制，十条渠道"的中关村投融资模式。"一个基础"是指以企业信用体系建设为基础，以信用促融资，以融资促发展。"六项机制"是指信用激励机制、风险补偿机制、以股权投资为核心的"投保贷"联动的机制、"银政企"多方合作机制、分阶段连续支持机制、市场选择聚焦重点机制。"十条渠道"包括天使投资、创业投资、境内外上市、代办股份转让、担保融资、企业债券和信托计划、并购重组、信用贷款、信用保险和贸易融资、小额贷款。

五是在科技经费管理改革试点和高新技术企业认定试点政策方面都已出台了相关的配套政策。支持以企业为主体实施关键技术研发和重大科技成果产业化项目，开展公开招标试点。支持创新领军人才或团队自主使用科研经费，对重大科技项目开展以科技成果产业化为评价导向的科研项目经费分阶段拨付和后补助的试点。对中关村示范区内高新技术企业认定的条件和程序进行了补充和调整，支持拥有技术秘密和注册不足一年的企业申报，完善了对企业的科技研究开发管理水平、总资产和销售额增长率等指标的市场评价，北京市制定了《中关村国家自主创新示范区技术秘密鉴定办法》等配套文件。

六是在科技成果处置和收益权改革试点方面。财政部印发了在中关村示范区开展中央级事业单位科技成果处置权和收益权改革的两个试点文件，明确了一次性处置价值在 800 万元以下的科技成果，中央级事业单位可以自主处置；科技成果处置和对外投资形成股权初次处置的收益，扣除奖励后，分段按比例留给单位，统筹用于科研及相关技术转移工作。北京市也制定了市属事业单位科技成果处置权收益权改革的试点政策和工作程序。

（二）武汉东湖国家自主创新示范区

武汉东湖示范区在全国率先开展高新区管理体制机制的改革，其最大的成果就是政策创新，而这种创新还将继续下去。2014 年，东湖全面深化改革，加快实施创新驱动与开放先导"双轮"战略，以制度创新为核心，大力开展先行先试，制定了《东湖高新区先行先试实施方案》《先行先试工作清单》及《先期启动工作清单》。2014 年，实施行政审批与服务、科技创新、科技金融和扩大开放等四方面 42 项先期启动事项，形成制度性成果 38 项。

武汉东湖示范区还建设了高新区联合办公中心，把省、市和高新区的相关职能部门集中在一起办公，实行"一站式办公，一条龙服务"，创造了变"行政管理"为"公共服务"的新做法，企业称之为"阳光下的新政"。东湖高新区还创办了我国第一个知识产权工作示范园区，实施了我国第一家央企股权激励试点，率先开展了"污染物排放交易"，出台了建设创新人才基地和"人才特区"的一系列新政策，这些创新做法被许多地方借鉴。

在政策环境方面，还围绕建设企业信用体系建立中小企业融资补贴补偿机制，实施高级人才个人所得税奖励、股权激励、政府采购、科技成果转化奖励等方面，制定出台了 18 个相关配套政策文件。

一是在股权激励和科技成果转化奖励试点方面，东湖高新区根据财政部、科技部印发的《中关村国家自主创新示范区企业股权和分红激励实施办法》的通知，结合东湖高新区实际，制定了《东湖国家自主创新示范区企业股权和分红激励试点办法》《东湖国家自主创新示范区股权激励试点工作细则》，规定了科技成果入股、科技成果折股、股权奖励、股权出售、科技成果收益分成、分红权激励和股份期权等股权激励的具体方式和比例，增加了绩效和增值权激励两种方式；初步确定了邮科院、中冶南方、华工科技等 8 家企业作为试点单位，其中部分企业已经提交股权激励初步方案。

二是在科技金融改革创新方面，完善了代办股份转让系统试点工作前期准备工作。设立光电子、生物、新能源、环保、消费电子五大产业发展基金，提出了设立光谷银行、股权投资基金具体方案。启动了中小科技企业征信评级体系建设工作，起草了《东湖国家自主创新示范区促进企业信用体系建设暂行办法》，拟定了中小科技企业信用贷款、担保、融资补偿三个具体实施办法。与国家开发银行、兴业银行等金融机构协商，推动商业银行在东湖高新区开展科技型中小企业信用贷款融资业务。高新区与光谷联合产权交易所研究制定非上市股份公司股权交易的方案。推进了部分企业开展知识产权质押融资试点工作，审核发放贷款4000万元。此外，东湖高新区出台了有关科技融资的6项融资机制，包括信用激励机制、风险分担补偿机制、多方合作机制、差异化持续融资机制、金融人才激励机制、科技金融创新与风险防范互动机制。

三是在开展鼓励创新的财政税收政策试点方面，湖北省和武汉市加大对东湖高新区的财政支持力度，决定将区内企业上缴税收省市留成部门全额返还给高新区的政策延长到2013年。同时，在财政部、国家税务总局、科技部的指导下，省市财政、税务部门多次开展了技术研发、成果转化、重大专项与新兴产业、创新人才与创业、科技金融等5个方面的税收政策专题调研，研究提出了需请国家财税部门支持的政策建议。目前，湖北省政府正准备将相关政策建议专函报送给国家有关部门研究。

四是在高层次人才引进和培养试点方面，加快推进人才政策创新，力争在激励政策上有新突破。全方位拓宽引才渠道，组团到美国等地招聘海外高层次人才，并开展"海外学人光谷行"等活动，建立完善了高层次人才信息库。抓紧实施光谷人才特区战略，通过"3551人才计划"，引进了67名高端人才，资助总额9880万元。

（三）上海张江国家自主创新示范区

上海张江国家自主创新示范区目前正加快启动政策调研工作，针对存在的突出问题，全面梳理有关政策。目前已出台《张江国家自主创新示范区企业股权和分红激励试点办法》，并积极扩大张江高新区管理范围，加快批复命名一批市级高新园区（基地）。张江示范区通过股权激励试点、科技金融改革、财税政策改革人才特区建设等一系列先试先行，实现了在政策、体制、发展模式和弘扬创新文化上的创新改革以及"前所未有"。现在的张江，已突破地名的概念，成为科技进步、产业集聚、创新发展的代名词，成为征集上海创新驱动、转型发展的发动机，成为实施创新型国家战略的示范区。张江国家自主创新示范区的体制机制创新实现了新的突破主要表现在以下四个方面。

一是简政放权、创新管理。继续推进行政审批权下放园区，16个园区参加试点，19项审批事项全部下放，不同行政审批事项的时间均大幅缩短，实现了部分审批事项园内办结。

二是部门协同，形成合力。除在张江国家自主创新示范区专项资金方面已市发展改革委、市科委、市财政局密切协作外，还建立了与其他市级部门联动机制，出台了一系列创新政策和举措，先后开展了人才服务、人才培养、科技融资服务、企业信用管理、知识产权服务和企业专利联盟等八项试点建设以及"四新"经济创新基地建设试点工作，出台了《上海市加快推进具有全球影响力科技创新中心建设的规划土地政策实施办法（试行）》，制定了《关于优化张江国家自主创新示范区交通网络的实施办法》等。

三是深化改革，先行先试。推进科技金融服务改革，制定设立民营张江科技银行的总体方案；深度参与上海股交中心科技创新板方案的制定。积极争取公安部支持，出入境管理各项创新政策先行先试得到巨大突破；落实外国留学生在上海就业的创新政策，会同市有关部门制定中关村有关新政策的实施意见，协调推进了31个单位开展股权和分红激励试点工作；开展了上市公司股权激励试点实证研究，提出推动张江示范区股权激励试点工作的意见与建议，启动了《股权激励和分配机制试行办法》的修订工作。

四是上海张江高新区制定了10项科技金融改革方面的政策，涉及科技成果转化、知识产权质押融资、科技孵化器等。构建了信用贷款、股权投融资、资本市场、科技保险融资体制，利用资本市场、创业投资、信用贷款、科技保险来支持园区发展，同时政府设立创业投资引导资金和产业投资基金构建多元化的投融资体系。

（四）深圳国家自主创新示范区

国务院同意成立由科技部牵头的部际协调小组，协调各有关部门在职责范围内支持深圳建设国家自主创新示范区，落实相关政策措施，研究解决发展中的重大问题。国务院有关部门、广东省人民政府结合各自职能，在重大项目安排、政策先行先试、体制机制创新等方面给予积极支持，发挥好深圳国家自主创新示范区的示范、辐射和带动作用。以城市为单元建设自主创新示范区，是目前我国"一区多园"示范区建设模式的升级版，将更加突出城市创新空间上的集约集聚、技术和产业创新上的协同协作、国际国内创新资源的整合集成、科技和生态文明建设上的融合互动、体制机制改革和政策创新上的优化联动，其核心就是构建起完善的综合创新生态体系，打造成为具有世界影响力的国际创新中心。这是我国实施创新驱动发展战略进入新阶段的重大探索。其体制机制创新主要表现在以下三个方面：

一是加强制度保障，不断完善创新政策体系。按照2015年7月份正式出台的《深圳国家自主创新示范区建设实施方案》，根据任务分工，积极协调各责任部门围绕《方案》确定了109项工作任务，结合自身职能和特点，对任务进行分解细化；积极推动国家自主创新示范区条例的出台，拟将有关优惠政策纳入《深圳经济特区国家自主创新示范区条例》，通过立法形式对优惠政策予以确定。

二是稳步推进科技体制改革。以财政"小资金"撬动社会"大资本"，改革科研管理体制、研发资金投入方式，引入市场力量和市场机制，建立了无偿与有偿并行，事前与事后结合，覆盖产业链、创新链全过程的多元化投入机制。

三是在科技金融方面，组织银政企合作贴息、科技保险、科技金融服务体系建设、天使投资引导和股权投资五类项目的实施，促进科技与金融的深度融合，全面撬动银行、保险、证券、创投等资本市场各种要素资源投向科技创新。目前银政企合作贴息项目已撬动了银行23亿专项贷款投向科研领域。以普惠性政策提高全社会的创新积极性。出台《深圳市科技创新券实施办法》，将科技计划覆盖到创客个人，既满足中小微企业和创客个人购买科技服务的资金和技术需求，又确保财政资金的高效、合理使用，进一步完善产学研之间紧密合作的创新机制，共同推动科技创新和成果转化。

（五）苏南国家自主创新示范区

苏南国家自主创新示范区高举第一个"城市群联合创新"的旗帜，积极优化创新创业生态，探索新体制机制和新模式，着力构建适合创新驱动发展的体制机制、加快科技体制改革步伐、加快构建有利于创新成果产业化的新机制。把握"三区一高地"的战略定位，集成推进示范区建设。一是加快转换发展动力机制，坚持把高新区作为着力点，使示范区成为创新高地，促进苏南城市群及更大区域的创新驱动，努力建设创新驱动发展引领区。二是大力推进科技与经济紧密结合，让市场真正成为配置创新资源的决定性力量，更好地发挥政府作用，创建深化科技体制改革试验区。三是坚持整体联动、特色发展，着力在"统筹"和"特色"方面下功夫，构建区域创新一体化先行区。

苏南自主创新示范区建设的政府支持也非常突出：首先，引导创新型经济成长的"领导高层化、决策民主化、管理专业化"，成立了由区域最高领导挂帅的领导体制，推行了专业化的管理模式。其次，对创新型经济进行适度干预，采取了加大财政支持自主创新力度、专项资金支持创新型企业发展、鼓励扩大科技风险投资、鼓励高新技术研发及其产业化、培育和壮大自主创新产品市场、完善自主创新科技人才激励机制等一系列政策措施。这些将给苏南自主创新示范区建设提供强劲的政策动力。

深化科技和金融结合试点省建设，促进科技资源和金融资源有效对接。强化产业链、创新链、资金链的融合，逐步建设规模为百亿元的科技金融风险补偿资金池，构建多元化、多层次、多渠道投入机制。发展以"首投"为主的创业投资。组织实施天使投资引导资金和创业投资引导资金，引导创业投资向科技创新的前端集聚。推进以"首保"为主的科技保险。设立首期 6000 万元的科技保险风险补偿资金，支持苏州高新区开展"国家科技与保险结合综合试点"，引导保险机构重点支持研发创新类险种和首次投保企业，努力将保险保障服务延伸到企业创新发展的各个环节。

（六）天津滨海高新区国家自主创新示范区

天津滨海高新区已经成为承接北京科技成果产业化最密集的区域，实现"一区五园"辐射带动，未来科技城高端引领。华苑核心区、南开、武清、塘沽等各具特点，辐射带动区县高新技术产业发展，带动全市产业升级转型。滨海高新区抓住天津金融综合配套改革的机遇，积极用好先行先试政策，在全国率先开展知识产权质押融资，积极探索金融品种创新，开办集合票据业务等金融创新探索。同时围绕服务科技型中小企业，搭建了科技金融服务中心、科技金融大厦等平台，积极探索金融品种创新，开办中小企业集合票据业务，创新性地探索出"担保换期权"融资模式，发行文化产业集合信托"滨海高新文创一号"，推出"天使贷"等 30 多项以科技型中小企业为帮助主体的特色融资业务，科技金融体系实现快速发展。

天津滨海高新区体制机制创新的重点概括起来讲就是"放权、放事、放思想"。放权就是简政放权，做服务型政府，减少不必要的审批程序，给企业创造一个宽松的创新创业环境；放事就要尽量减少不必要的事务性的工作，更多的事务性的工作交由专业机构来做，管理部门从事务性的工作中解脱出来，将主要精力放在建设有利于创新创业的生态上来。放思想就是要解放思想，破除条条框框，充分借鉴国内外的先进理念和做法，大胆地试、大胆地闯。通过自主创新，在这一区域创造一个有利于创新的环境，将海内外科技人才吸引过来。通过示范提供经验，树立样本，进而将这些成功的经验和模式进行复制，向更大的区域推广、扩散。天津滨海高新区将在"十三五"规划的开局之年，从推动科技领军企业升级、加速创新要素聚集、提升开放创新能力、优化发展环境四个方面做起，加快示范区建设相关政策的创新和落实力度。具体包括：积极推动科技成果使用、处置和收益管理改革试点；健全科技金融服务体系，设立众创空间、天使投资、创业投资三项引导基金；打造京津冀协同创新共同体，深化与中关村示范区的合作等。

（七）长株潭国家自主创新示范区

以长沙、株洲、湘潭三个国家级高新区为基础，依托长株潭城市群雄厚的实体经济基础、灵活的科技体制机制，以及世界最快的计算机等一大批先进科技成果，带动了产业的转型发展。推动建设科技体制改革先行区，如中联重科、南车时代、海利化工等一批具有国际竞争力的高新技术企业，就脱胎于科研院所。面对科技成果转化、科技人才激励、科技企业融资等制度"瓶颈"，推出一揽子计划，深化体制机制创新，优化创新创业环境，促进科技与经济深度融合。

一是在推动科技成果转化方面，开展高等学校、科研机构科技成果处置权管理改革。探索市场化的科技成果定价机制，鼓励高等院校、科研机构建立技术转移专门机构，鼓励设立技术转移经纪人岗位。

二是在激励科技人才方面，加快出台鼓励高层次人才创新创业的政策，实施创新型企业家培育计划和创业服务团队建设计划，集聚各类人才在示范区内的企业兼职或开展各种创新创业活动。支持示范区内的国有高新技术企业、院所转制企业、高校、科研机构，对做出突出贡献的科技人员和经营管理人员实施技术入股、股权奖励、期权、分红权等多种形式的激励。启动实施"长株潭高层次人才聚集工程"，未来力争每年新引进10个以上国际顶尖创新团队。

三是在推动科技金融方面，将长沙高新区国家科技与金融结合试点扩大到示范区范围，全面铺开湖南省科技成果转化创业投资基金、天使投资基金、小微企业互助担保、新三板试点、科技保险等各项试点工作。省科技厅设立了2.5亿元规模的科技成果转化投资基金，支持长沙高新区设立了科技支行、科技担保公司、中小企业合作成长基金，为科技型中小企业提供资金支持超过10亿元，开发了专利权执行保险等金融产品。

四是省政府与国防科大合作，已建立了省产业技术协同创新研究院，并建立了省校产业技术协同创新联席会议制度。省科技厅设立了军民融合创新专项资金。省创新院遴选了百余项科技成果，建立了军民融合成果转化项目库，并择优选取了20个项目予以立项支持。重点支持和推动了北斗导航应用、激光陀螺等战略性新兴产业发展。

五是在科研项目和经费管理改革试点方面，出台了《湖南省科技计划（专项）资金后补助管理办法》，探索运用后补助、设立专项引导基金、政府购买服务等投入方式，提升财政科技资金绩效。拟集中70%以上资金支持重点产业链、重大科技攻关与成果转化。科技计划管理实行"五统一"，即统一公开发布申报指南、统一集中受理、统一组织评审、统一集中决策、统一监督审查，实现了全过程公开和痕迹化管理。

（八）成都高新区国家自主创新示范区

成都高新区将通过统筹实施六大举措，加快实施创业天府高新区引领工程，建设全链条创新创业生态新体系，形成国际协作创新发展新特色，打造新兴产业发展新高地和西部地区联动发展新引擎，努力成为深化体制机制改革新典范。

注重改革成果转化制度，扩大高校、科研院所对科技成果处置的自主权，激发高校、科研院所和科技成果完成人、转化人的积极性。探索高校、科研院所技术转移和成果转化的有效途径，建立西南技术转移和成果转化中心。深化探索工商登记制度改革和负面清单管理模式，清理、减少和规范行政事业性收费和经营服务性收费，努力打造"无费区"，优化成都高新区管理和服务体系。探索社会治理新模式，加快城市管理向精细化、科学化、专业化、常态化转变，促进城市建设管理转型升级。严格执行土地管理各项制度，严把项目入口关，加强土地利用监管，不断提高土地集约节约利用水平。

（九）西安高新区国家自主创新示范区

一是重点以军民融合体制机制创新为突破口，高标准、高质量统筹推进军民融合产业园区建设。在军民产业融合发展、军民科技协同研发孵化、军地基础设施共建共享、军地人才培养使用、军队社会化保障服务等方面先试先行，全力打造全国军民融合政策高地、产业基地和示范标地，为我国军民融合发展提供示范样本。

二是强化科技与金融的结合，加大"互联网＋"等新兴产业引导资金的规模。加强技术转移和转化，建立以企业为主体、产学研协同创新的联动机制，努力成为各类高端创新要素聚集辐射的中心和战略性新兴产业策源地。

三是构建开放式创新创业生态系统将实施"特殊人才跨越计划"，依托科技金融，促进传统孵化器与新型创业服务机构的深层合作，完善"创业苗圃—众创空间—孵化器—加速器"孵化链条，构建开放式创新创业生态系统体制。

（十）杭州国家级高新区国家自主创新示范区

巩固深化杭州高新开发区的体制机制优势，支持杭州高新开发区在机构设置、人才集聚、科技金融等方面先试先行，进一步发挥改革创新试验区作用，为全市改革创新发展积累经验。

一是创新政府管理。支持杭州高新开发区围绕服务型、效能型政府建设，推进综合配套改革，加快杭州高新开发区管委会机构改革和创新，在精简规范行政审批事项、创新行政审批方式、加强电子政务建设、推行公共服务外包、推进机构设置和干部人事制度创新、建立政府雇员制度等方面率先取得突破。鼓励杭州高新开发区推进产城融合改革试点，加快区中园、园中园建设。进一步理顺杭州高新开发区江东科技园的管理体制，优化工作机制，加快推进江东科技园项目的开发建设。

二是加大财税扶持力度。积极贯彻落实国家支持科技创新和自主创新税收优惠以及结构性减税、清费减负等政策，加强对企业自主创新和科技投入的税收政策引导，激发企业创新积极性，支持高新企业转型升级和中小企业健康持续发展。加大杭州高新开发区企业提高自主创新能力和技术成果产业化的财政支持力度，对企业实施的共性技术攻关、产业链提升、重大技改、协同创新、创新源培育等项目，市财政各类扶持产业专项资金给予优先保证。实施财力倾斜政策，支持杭州高新开发区争创国家自主创新示范区核心区。

三是创新科技金融。推动科技型企业股份制改造，鼓励企业采用场外交易挂牌、证券市场上市、债券市场发债等直接融资方式，拓宽融资渠道；发挥财政资金杠杆作用，充实创投引导基金、产业母基金，积极招引和发展天使、风险、私募股权、并购等投资基金，为科技企业创业、成长、重组开辟多元化的股权投资渠道；激励银行信贷创新并支持银行与创投机构合作，鼓励探索科技小贷公司试点，增加对科创企业的贷款规模；建立、完善区域集优债、企业上市协调机制，增强创投服务中心功能，争取杭州高新开发区纳入"新三板"扩容试点，为多层次投融资体系的运作提供有效的政府服务。

四是建设人才特区。支持杭州高新开发区设立人才激励专项资金，制定实施人才激励政策，引进培养高层次创新创业人才。支持人才以科技成果、发明专利等出资入股并允许确认股权。重视解决杭州高新开发区（滨江）范围内的人才住房问题，不断优化人才服务环境，打造全市乃至全省创新创业的人才高地。

（十一）珠三角国家自主创新示范区

建立珠三角国家自主创新示范区协调推进机制。根据国务院批复精神，省政府加强组织领导，建立协调推进机制，搭建创新合作的联动平台，广东将在省全面深化改革加快实施创新驱动发展战略领导小组统一领导下，省科技厅等相关单位和珠三角各市具体参与，对珠三角国家自主创新示范区建设方案、发展规划、政策文件等重大事项进行研究和统筹。

组织做好珠三角国家自主创新示范区建设顶层设计。根据国务院批复精神，尽快制定《珠三角国家自主创新示范区实施方案》，明确 2016～2018 年珠三角国家自主创新示范区等建设的目标和重点任务。重点明确未来 10 年示范区建设的总体要求以及在自主创新、深化改革、区域一体化创新以及创新环境建设等方面的发展重点。

（十二）郑洛新国家自主创新示范区

支持河南省郑州、洛阳、新乡三个国家高新技术产业开发区建设国家自主创新示范区，是中央着眼实施创新驱动发展战略作出的一项重要决策。对引领支撑河南创新发展、促进经济转型升级、加快中原崛起河南振兴富民强省具有重大意义。

郑洛新国家自主创新示范区是河南创新驱动发展的核心载体，总体定位为具有国际竞争力的中原创新创业中心，具体定位为开放创新先导区、技术转移集聚区、转型升级引领区、创新创业生态区。

一是开放创新先导区。积极推进开放式创新，坚持"引进来"与"走出去"相结合，拓展创新合作的深度和广度，发挥后发优势，为中西部科教资源相对短缺的地区探索依靠开放合作促进创新驱动发展做出示范。

二是技术转移集聚区。建立健全技术转移转化体系，充分发挥郑洛新地区的区位和交通枢纽优势，促进创新要素合理流动，形成以国家技术转移郑州中心为枢纽的跨区域、跨领域、跨机构的技术流通新格局。

三是转型升级引领区。促进高端要素集聚，大力培育具有比较优势的战略性新兴产业，利用高新技术改造提升传统优势产业，加快发展现代服务业，加快形成三次产业协调、创新驱动主导、绿色低碳发展的新格局。

四是创新创业生态区。完善技术创新服务体系，加快建设科技企业孵化器、众创空间等各类创新创业载体，大力发展科技金融，努力打造创新要素集聚、创业载体丰富、创业服务专业、创新资源开放的创新创业生态体系，不断壮大科技型中小企业群体。

（十三）山东半岛国家自主创新示范区

国务院批复济南、青岛、淄博、潍坊、烟台、威海 6 个国家高新技术产业开发区（以下简称山东半岛国家高新区）建设示范区，示范区的总体定位是"以蓝色经济引领转型升级的自主创新示范区"，具体定位是"四区一中心"：

一是全球海洋科技创新中心。以山东半岛国家高新区为载体，汇集全球海洋科技高端资源，协同推进海洋科技创新，构建开放、协同、高效的科技创新体系，主动融入"一带一路"战略，加强与国际海洋科技领域合作与交流，把山东半岛地区打造成为具有国际水准的全球海洋科技创新中心，为贯彻实施海洋强国战略提供有力支撑。

二是体制机制创新先行区。按照科技创新与体制创新协同推进的原则，坚持以市场需求为导向，以深化高新区体制机制改革为路径，以提升自主创新能力为核心，破除体制机制障碍，进一步释放示范区创新创业活力，推动普惠性、可复制的创新政策先行先试，为推进创新驱动发展战略的全面实施作出典型示范。

三是经济转型升级样板区。强化科技创新的战略导向，立足国家科技战略和山东实际，强化企业创新主体地位，统筹布局重大科研基础设施，力争国家实验室和国家技术创新中心落地示范区，全面增强自主创新能力。积极参与国家重大科技战略，实施省级重大科技创新工程，着力突破一批"卡脖子"重大关键技术。做大做强海洋科技产业，带动新兴产业规模发展、主导产业高端发展、传统产业转型发展、现代服务业加快发展，构建具有国际竞争力的现代产业体系，为打造经济"升级版"提供样板。

四是创新创业生态示范区。促进科技与"大众创业、万众创新"深度融合，围绕区域主导产业需求，大力发展新兴科技服务业态，完善技术创新服务体系，探索构建创业要素集聚化、创业载体多元化、创业服务专业化、创业活动持续化、创业资源开放化的生态体系，为创新创业提供示范。

五是开放协同创新引领区。充分发挥人文交流在促进国际科技创新合作方面的重要作用，积极推动形成发展理念相通、要素流动畅通、科技设施联通、创新链条融通、人员交流顺通的创新共同体，探索建立科技协同、技术联合攻关、人才联合培养的创新合作机制，将示范区打造成为具有国际竞争力的开放型经济发展高地。

（十四）沈大国家自主创新示范区

建设沈大示范区作为实施创新驱动发展战略的重要载体和主要抓手，有助于增强内生发展活力和动力，更好地支撑和引领全省经济转型升级。

以推进沈大示范区创新发展为着力点和突破口，加快构建适应创新驱动发展的体制机制，大力营造有利于创新的良好条件，努力建成高端装备研发制造集聚区、转型升级引领区、创新创业生态区、开放创新先导区。采取"两核驱动、一带支撑、多点辐射"方式，引导全省高新区承接沈大示范区技术和产业转移，先行先试各类政策，形成以沈大示范区为中心，以沈大高新技术产业带为支撑，引领全省高新区创新发展的新格局。到 2020 年，沈大示范区研发经费支出占地区生产总值比重达 3%，高端装备制造业销售收入占装备制造业比重达 30%，服务业占地区生产总值比重达 55% 以上。

（十五）福厦泉国家自主创新示范区

福厦泉国家自主创新示范区建设以福州、厦门、泉州 3 个国家高新区为核心，建设科技体制改革和创新政策先行区、"海上丝绸之路"技术转移核心区、海峡两岸协同创新示范区、产业转型升级示范区。

科技体制改革和创新政策先行区全面开展科技体制机制改革创新，优化创新政策供给，探索人才、技术、资金等创新要素有效利用新模式，为全国深化科技重点领域改革提供示范。

"海上丝绸之路"技术转移核心区强化多边技术转移和辐射，拓展开放与创新政策倍增效应，在更高层次上构建开放创新机制，为区域探索开放式技术转移做出示范。

海峡两岸协同创新示范区创新两岸科技合作机制，承接台湾高端产业技术转移，培育建成宽领域、高层次、多形式的对台合作交流示范区，为推进两岸产业融合和协同创新做出示范。

产业转型升级示范区强化产学研用一体运作，大力发展引领型产业关键技术和战略产品，努力打造"中国制造 2025"的地方样板，为全国传统产业比重较大的地区转变经济发展方式做出示范。

（十六）合芜蚌国家自主创新示范区

按照"三城三区多园"的空间架构，加快形成区域创新一体化发展格局，即以合肥、芜湖、蚌埠三市为建设主体，以合芜蚌国家高新区为核心区，辐射带动合芜蚌三市各类开发园区转型升级。围绕合芜蚌国家自主创新示范区战略定位，发挥合芜蚌国家高新区产业特色优势，立足"高"，突出"新"，依托各类创新平台，建设高水平创新型园区，培育高成长性创新型企业，发展高附加值创新型产业，对接皖北，连接皖江，带动皖南，打造国际化、开放型创新高地，实现示范区产业错位、协同发展。重点要加快综合性国家科学中心建设，加快产业创新中心建设，建立科技成果加速转化新体系，增强企业创新主体地位和主导作用，加强合芜蚌人才特区建设。

（十七）重庆高新区国家自主创新示范区

根据批复文件，重庆高新区建设国家自主创新示范区，要按照党中央、国务院决策部署，贯彻落实全国科技创新大会精神，全面实施创新驱动发展战略，深入推进大众创业、万众创新，发展新经济，培育新动能。要充分发挥重庆的产业优势、体制优势和开放优势，着力建设技术创新体系、新型产业体系、制度创新体系和创新创业生态系统，激发市场主体活力，全面推进对内对外开放，打造具有重要影响力的西部创新中心，努力把重庆高新区建设成为创新驱动引领区、军民融合示范区、科技体制改革试验区、内陆开放先导区。

不断深化简政放权、放管结合、优化服务改革，积极开展科技体制改革和机制创新，在科技成果转移转化、科研项目和经费管理、军民深度融合、股权激励、科技金融结合、知识产权保护和运用、人才培养与引进、新型创新组织培育等方面探索示范。

三、自主创新示范区体制机制创新经验启示

一是注重国家牵头进行战略规划与设计。体制机制创新虽然是地方政府施行，但是从区域的规划申请到相关机制和方案的制定必须得到中央的审批认可并从宏观上布局。从已有示范区可以看出国家分别从行政管理体制、公共服务领域、区域增长领域、经济增长领域和自主创新领域进行布局，从而达到成熟一个布局另外一个，最终使实验区在全国发展并带动其他区域发展。

二是地方政府注重密切合作寻求集聚效应。体制机制创新是在发挥地方特色的基础上，联合经济文化相似度较高的城市群发展优势产业，寻求合作共赢，改变以往地方政府各自为战的封闭做法，取而代之的是地方政府之间的求同存异，创造协同效应，发挥 $1+1>2$ 的集聚优势。同时地方政府注重引导社会资金流向重点产业和重点行业，充分利用政府作为创新制度供给者的身份，采取有效的制度安排，建立健全鼓励自主创新的风险分担机制和利益补偿机制，形成推动区域创新和高技术产业发展的强大动力，建设引领式的国家科技金融创新中心。

三是注重以地方自主创新为原动力。体制机制的创新都是由各地区根据本区域发展的实际和政策创新空间，发挥地方政府创新发展区域经济的能力和实力，在不断摸索的基础上逐步形成符合发展实际的综合配套改革的总体方案和体制机制保障，调动地方政府的自主创新能力，发挥驱动力作用全面推进综合改革的发展步伐。

四是注重由单一创新到系统的改革全面推动经济发展。各示范区体制机制创新破除了原有的框架，在提升经济实力的同时，善于解决影响经济发展的体制机制问题，规避了单调粗暴的工作方法，使用系统的方法解决顶层设计的制度问

题，强调社会和谐发展和公共服务充足健全，各高新区的体制机制创新也都涵盖了决策层、运作层、执行层，有力地保障了示范区建设的健康、有序、有效地展开。

五是构建区域创新协同机制和服务体系。要建立国家、省、市、区统一的创新管理系统，增强创新资源的传递和交流，实现区域创新信息共享，打造区域协同创新共同体，推动创新集群的形成与演化。加强创新市场化，通过科技创新中介服务，提供政策咨询、技术支持等，实现从"产、学、研、管"到"产、学、研、管、介、市"等创新链的完善，促进科技创新及成果转化。

比较国家自主创新示范的建设情况，还有几个关键问题值得重视。第一，各个国家自主创新示范区的建设和发展都是基于本地区的封闭系统，彼此之间缺乏互动和交流，这不仅影响创新资源的扩散和聚集，也影响科技创新发挥规模效应。第二，国家自主创新示范区的管理上还存在多头管理、资源分散等问题，缺乏统筹协调机制。第三，大部分国家自主创新示范区不够重视创新评价。当创新评价机制缺失时，无法体现先行先试创新政策、创新制度等的可行性、有效性问题。第四，在创新资源尤其是创新高端资源稀缺的情况下，区域间创新资源的争夺较激烈，区域间创新资源面临流动性问题。

第三篇

大连市自主创新示范区建设篇

第六章 大连市自主创新示范区建设现况

"十三五"乃至今后 10 年，是全球政治经济秩序大调整、大转换的新时期。经济发展趋势总体向好，技术创新、产业革命将不断取得重大突破。在新一轮的战略整合中，中国地位作用明显上升，继续担当拉动全球经济增长的主导力量。但也必须看到，国际市场风云变幻，国内诸多矛盾不断累积，机遇和挑战并存。大连市对此必须保持头脑清醒，运筹帷幄，因势利导，把握先机，赢得新一轮发展的主动权。

一、大连自主创新示范区发展背景

（一）国际形势

全球经济进入恢复性增长阶段。今后 5～10 年，全球经济将逐步摆脱金融危机的后滞影响，通过技术创新、重归制造业、发展实体经济和创新产业形态等有效手段，实现经济稳定增长。最近，美国经济明显回升，对全球经济发生明显带动作用。据国际权威机构预测，至 2020 年发达国家的潜在产出将年均增长 1.6%，新兴市场国家将保持 5.2% 的增长。

技术创新与产业革命成为时代主题。世界各国，特别是发达国家都把应对危机，实现有效增长的根本途径转移到技术创新上来，通过发展高新技术和产业升级来抢占新一轮发展的战略制高点。新一代信息技术、生物工程技术、新能源、新材料技术不断取得重大突破，3D 打印、工业机器人、云计算和大数据等新技术、新业态日新月异，互联网产业全面渗透。新技术、新业态、新模式正在引发一场新的产业革命。

经济全球化、贸易自由化日益加深。新兴产业，特别是互联网产业成为加速经济全球化、贸易自由化的新引擎，带动高流动性的创新资源全球流动，跨国公司加速全球布局，发达国家纷纷抢占市场，国家地区之间的交流合作更加充分，新兴产业与新型业态消除了关税壁垒和物流成本，投资和贸易自由化、便利化在更广阔的领域展开，单边、多边自由贸易区建设不断推进。

国际格局、竞争秩序发生显著变化。在新一轮的国际格局调整中，单极世界的格局面临诸多挑战，多极世界的发展趋势日益明显，金砖五国等新型经济体的作用更加突显，世界经济秩序和游戏规则将作出重大调整。中国在世界经济格局中的地位作用明显提升，话语权和影响力显著增强。东北亚地区，特别是日本和韩国与中国面临许多新的矛盾和问题，不确定性因素有所增加。由于劳动力成本上升，一些外商投资企业转向东南亚地区。

(二) 国内形势

发展方式转变，由中高速增长迈向中高端发展。中国经济全面进入"新常态"，经济增长速度调整到7%以下，实现中高速增长。经济发展重心转移到提高质量和效益上来，追求中高端品质。今后5～10年的核心任务是推进经济转型升级，实现经济发展方式的根本转变。节能减排，资源环境保护，实现低碳绿色发展成为新时期的新主题。

动力转换，全面实施创新驱动战略。推动新一轮经济增长和产业升级的根本动力是创新。国家全面实施创新驱动战略，大力推广中关村建设自主创新示范区的成功经验，大众创业，万众创新全面展开。通过完善创新体系，提升创新能力，培育创新人才，加速创新成果转化，全面推动技术创新、产品创新、产业创新和商业模式创新。

体制转轨，市场化与国际化双轮推进。"十三五"时期，经济体制改革将会取得新的进展，市场经济的决定性作用得到充分体现。政府管理体制改革迈出实质性步伐，国有企业改革、金融财税等宏观管理改革将取得重大突破，市场化程度进一步提高。在改革的推动下，国内市场更加开放，中国走出去的信心更加坚定。自由贸易试验区不断完善推广，中韩自由贸易区及中日韩自由贸易区快速推进。"一带一路"建设、亚投行设立运营，开辟中国走向国际化市场的新领域，形成中国联结世界、融入世界、影响世界的新模式。

社会转型，社会建设、民生改善全面增强。"十三五"时期，社会建设将会受到空前重视，法制社会、信用社会建设全面推进，公共服务体系建设全面加强，人民群众的尊严和社会地位明显提升，生活质量得到明显改善，以人为本的发展理念得到充分体现。

（三）地区形势

新一轮东北振兴再度发力。东北地区是我国的重要工业基地，是大连的重要依托。但长期存在的发展理念滞后、体制机制僵化、产业结构老化、发展活力不足等问题依然突出。国务院出台了《关于近期支持东北振兴若干重大政策举措的意见》。习近平总书记在东北振兴座谈会上，明确要求东北地区要在体制机制创新、技术创新和产业结构调整上取得实质性进展，对东北振兴充满信心，寄予厚望。中央政治局审议通过了《关于全面振兴东北等老工业基地的若干意见》，明确要求东北地区要在重要领域和关键环节上取得重大成果，在转变经济发展方式和结构性改革上取得重大进展。最近，国家通过东北振兴"十三五"规划，国务院发布促进东北地区发展的实施意见。国家正是从推进东北地区的改革开放，促进产业转型升级，提升东北在东北亚地区的地位作用的战略高度，批准设立金普新区，为金普新区发展提供新契机，赋予金普新区引领带动东北振兴发展的新使命。

大连加快建设"两先区"。大连市目前正处于摆脱羁绊、创新驱动、转型发展的关键时期。改革开放 30 多年来大连赢得了许多发展机遇，形成了明显的发展优势，同时也面临着与东北地区相似的矛盾和问题。习近平总书记明确要求大连要做产业结构优化先导区和经济社会发展先行区，为大连走出困境，实现今后长远健康发展指明方向。为落实习总书记的讲话精神，大连市委、市政府制定出台了《关于加快建设产业结构优化的先导区和经济社会发展的先行区的意见》《进一步加快科技创新的若干意见》《支持企业创新发展政策措施》《支持高层次人才创新创业若干规定》等政策文件，提出了大连未来发展的奋斗目标和工作重点。

二、大连自主创新示范区发展现状

大连市委、市政府高度重视国家自主创新示范区建设工作，加强领导，科学谋划，确立了以破除体制机制障碍为突破口，全力构建以高新区和金普新区为核心，以大连生态科技创新城、旅顺南路软件产业带、国家农业科技园区等重点创新基地和百家众创空间为支撑的创新创业空间格局。

2014 年以来，按照国家对自主创新示范区先行先试的总体要求，大连市在申报国家自主创新示范区工作的同时，坚持边创边建，开展相关工作。积极落实非上市中小企业通过股份转让代办系统进行股权融资、科技成果处置权改革试点、研发经费加计抵扣、高新技术企业认定等中关村向全国推广的政策措施；出台了《大连市支持高层次人才创新创业若干规定》《大连市加强创业孵化平台建设进一步促进创业型人才在连创业办法》《大连市人才服务管理办法》等 5 个人才政策创新文件和 22 个实施细则，突出创新人才成长的环境建设；出台了《关于支持企业创新和发展的政策措施》，提出了 25 条有针对性的政策措施，努力破解企业创新发展的难题；依托行业领军企业组建了先进制造与智能制造、重大技术装备、新能源等十大产业技术研究院，开展产学研用协同创新改革试验；建成开通首个全市性科技创新资源综合服务平台——大连"科技指南针"，不断完善创新、创业体系。

"十二五"期间，大连市累计获 46 项国家科技奖励，位居全省首位，国家级科技企业数量位居东北各市之首。2015 年，大连市有效发明专利拥有量 8153 件，是"十一五"期末的 3 倍，每万人口有效发明专利拥有量达到 12.2 件，技术交易合同额 120.4 亿元。现有市级以上科技企业孵化器达到 39 家，科技部众创空间备案 17 家。"十三五"期间，大连市将通过创新改革试验，在体制创新、科技转化、知识产权、人才引进、开放合作、金融保障等方面，力争取得一批重大科技创新成果和可复制推广的经验。到 2018 年，大连市科技投入将占地区生产总值比重要达 5%，省级以上研发中心达到 100 家，实现技术市场交易额 160 亿元，实现高新技术产业产值 600 亿元，综合创新能力进入国家创新型城市前列。

（一）高新区聚集创新资源，打造产业集群

作为大连市的高科技产业聚集区、自主创新的核心区，经过 25 年的建设，高新技术产业蓬勃发展，汇聚了大量创新型企业、创新机构和高端人才，涌现出大量创新成果，吸引了一批国际行业领军企业项目，产业国际化水平不断提升，创新创业环境进一步优化并日趋走向成熟。尤其是在"十二五"期间，高新区适时掀起第三次创业浪潮，依托"互联网 +""大众创业、万众创新""中国制造2025"三大国家战略，科学地做出了"一个战略、两大引擎、八个方向"的发展部署，在高新技术产业发展和创新能力提升等方面取得显著成效。使高新区成为了"国家创新型特色园区""国家创新型软件产业集群""国家新型工业化示范基地""科技企业孵化链条建设示范单位""国家科技兴贸示范基地"和"海外高层次人才创新创业基地"，成为了辽宁乃至东北聚集创新资源的优势载体。

目前，高新区已组织完成了《大连国家自主创新示范区三年行动计划（2016 ~2018）》和《大连国家自主创新示范区实施方案》的编制，制定出了《大连高新区创建"2025 创新中心"战略规划》及《大连高新区创建"2025 创新中心"行动计划》，并确定了发展目标和主要任务。高新区的发展目标是，将坚持以培育提升创新主体、增强科技创新能力为发展方向，本着服从于国家总体战略部署、服务于"两先区"建设和东北振兴为原则，构建创新体系、激发创新活力、提高创新水平、推动产业升级，打造科研开发、成果转化、企业孵化三大平台，重点发展科技服务、科技金融、科技人才培养和新一代信息技术四大产业，努力形成"科技 + 金融 + 人才 + IT（互联网）"发展模式。推动服务外包产业向高端化、互联网应用产业向规模化、新兴产业向集群化发展，实现国务院提出的打造"高端装备研发制造集聚区、转型升级引领区、创新创业生态区、开放创新先导区"的目标。其主要任务是围绕已启动的建设"2025 创新中心"、打造"软件和信息服务升级版"两大引擎，加快推进智能装备技术创新中心、新材料和清洁能源技术创新中心、集成电路设计和信息安全技术创新中心、生物医疗技术创新中心"四大创新中心"建设，在集成电路、工业级 3D 打印、机器人、通信、航空航天、新能源、新材料、生命科学等领域集聚创新资源，打造产业集群。高新区确定争取到 2018 年，使高新区的高新技术产业及高端服务业总收入占全区总收入的 70% 以上，新产品、新业态收入占总收入 30% 以上，技术进步对经济增长贡献率达 65% 以上。

（二）金普新区深化体制机制改革，推动新兴产业发展

金普新区出台了《关于促进科技创新的若干措施》，从创新科技管理体制机制改革，加强创新平台、孵化载体、科技金融、知识产权建设，促进新兴产业聚集等方面提出若干措施。

促进重点产业创新发展方面，金普新区规划建设用地 46 万平方米的智能制造装备产业园项目进展顺利，投资 55 亿美元的英特尔非易失性存储器项目已于 2016 年 7 月投产，跨境电商综合试验区至 2016 年 8 月 10 日已经引进韩国 EBAY 等 430 家企业登记注册。创新创业服务载体平台建设方面，启动了金普新区创新创业服务平台——金普云创。金普云创融合了政策、孵化载体、技术、人才、金融、知识产权等 300 多个服务机构和多项服务，实现了互联网线上服务线下支撑，线上线下有机结合的创新创业服务新模式。全区新建、在建及意向建设的众创空间等新型孵化器达到 32 家，备案 18 家，初步形成了创新创业孵化集聚、创新活动活跃的崭新态势，创新创业项目、科技中介服务、社会创新资源开始向新区集聚。围绕新区具有优势的智能装备制造、生物医药、电子信息、跨境电商、IT 产业、文化创意、新材料、现代农业等产业领域，推进"双创"示范基地建

设，已有 6 家挂牌运营。组织开展了金普新区科技创业导师聘任工作，按程序聘任了具有市场营销、企业孵化、创业服务、投融资等方面经验的创业导师 23 名。

三、大连自主创新示范区发展方向

按照《国务院关于同意沈大国家高新区建设国家自主创新示范区的批复》《关于建设沈大国家自主创新示范区的实施意见》和《大连市沈大国家自主创新示范区建设三年行动计划（2016～2018）》的要求，大连必须加快推进国家自主创新示范区建设。要勇于创新体制机制，要以金普新区、高新区为核心，大胆探索，先行先试，释放发展活力，大力推进行政管理体制改革。

一是推动全面深化改革，破除束缚科技创新的体制机制障碍。推进示范区科技体制改革与经济社会等领域改革同步发力，探索系统性、整体性、协同性创新模式。重点要发展高新技术产业，紧跟新一轮科技革命和产业变革新趋势，特别在信息技术、集成电路、储能产业、智能制造、文化产业等重要领域取得新突破。

二是建立产学研合作的顺畅机制。要充分发挥企业、高校、科研院所的优势和作用，提高研发能力，加强产学研合作，推动科技成果转化。贯彻《实施〈中华人民共和国促进科技成果转化法〉若干规定》的精神，加快形成企业主导、利益共享、风险共担的产学研长效合作机制，最大限度地实现科研成果的市场价值，打通科技与经济结合的通道，促进大众创业、万众创新，推进经济提质增效升级。

三是增强金融服务实体经济的能力。积极推进金融体制改革，推进地方金融业的充分发展壮大，增强地方金融资源的反哺能力。深化金融创新服务示范区建设，加快发展科技金融专营机构、创新科技金融产品和服务、推动科技企业通过资本市场直接融资。

四是大力营造鼓励创新的政策环境和服务体系。加强政策创新，研究出台具有区域特色的先行先试政策，形成协同配套的政策保障体系，推动创新企业成长、创新人才集聚、创新要素流动、创新业态发展。还要加快科技企业孵化器建设，营造良好环境，建设创新创业基地，把科技服务业作为推动高新技术产业发展的重要基础设施，加强统筹谋划，加快形成系统性、整体性、协同性的科技服务体系。

第七章 大连科技体制机制创新政策研究

一、大连科技创新体制机制现实基础

党的十八届三中全会提出要把科技体制改革各项任务落到实处，要着力从科技体制改革和经济社会领域改革两个方面同步发力，改革国家科技创新战略规划和资源配置体制机制，完善政绩考核体系和激励政策，深化产学研合作，加快解决制约科技成果转移转化的关键问题。大连作为对外开放的先导城市，在新的形势下，必须不断创新科技体制，完善科技政策体系，为建设有大连特色的创新型城市提供不懈的动力。

（一）已经取得的成就

1. 开发开放取得突破性进展

大连综合经济实力较强，全面加速了基础设备建立，基本构成了高端产业体系，显著提升了口岸服务效能，行政管理体制革新完成了重大突破。大飞机、大机车、大造船等大项目、好项目纷繁落地，创新环境不断改善，拥有日趋成熟的产业集群。

2. 区域经济一体化进程加快

政府长期以来大力扶持大连与日韩的合作，坚持把提升自主创新能力作为立区之本、发展之基，在构建多层次技术创新体系的同时，重视加快产业技术创新联盟的建设，促进企业成为创新的主体，高新技术产业的发展潜力增强，推进全市创新发展。

3. 科技人才队伍不断壮大

大连有着丰硕的科技资源，拥有高新区、大学科技园、国家重点实验室和工程技术中心、多家科研机构，领有各类科技人员，研发投入占地域生产总值超过

3%，科技进步贡献率超过60%，还拥有国家"千人计划"人才以及各类创新型人才，并实施了创业人才推进计划。

4. 坚持改革积极探索先行先试

大连在发展过程中，大胆先行先试，坚持推动体制机制创新，提高自主创新能力，这都为大连建设国家自主创新示范区的体制机制创新提供了有益借鉴。

（二）现存的主要问题

1. 科技创新体制机制缺少突破

大连建设国家自主创新示范区科技体制机制创新相对滞后，大多科技政策尚未出台或滞后于天津、青岛等地。以往出台的科技创新政策大多局限于中关村等地已有的条款，对政策的全面考虑及结合本地实际的再创新过程不足，造成政策落实效果低下。区域内的科技创新政策态度过于审慎求稳，缺乏开拓创新精神，创新产权体系尚未成立，在与周边城市的竞争中错失发展先机。此外，缺乏对已实施政策的后续评估反馈及监管机制，科研管理制度不适应创新需求，激励作用不明显。

2. "产学研"协调创新不足

高校培养的人才学术性强，但其个性发展及创造性思维受限，与市场需求脱节；研发机构也未深入了解市场的实际需求，企业缺乏高精尖的专业人才及技术，合作项目相对零散，针对集成创新的合作较少，使得科技企业的科技成果转化率较低，脱离预期研究效果，影响科技创新能力的提高，"产学研"缺乏创新环节的整合，合作的联动机制有待进一步完善。

3. 企业的创新主体地位尚未真正确立

由于政府垄断及地方保护的影响，创新门槛高，市场机制配置科技创新资源的作用并未有效发挥。国企缺乏对创新活动的投入动力，科技型中小创新企业的融资渠道少，获利空间逐步压缩，其依赖于传统创新模式，缺乏自主创新意愿，对科技成果的消化存在障碍，难以承担科技创新的主体责任，创新主体缺乏对科技创新的投入及退出模式的探索。

4. 开放合作的创新机制待完善

在全球科技创新资源联系更为紧密的影响下，大连需要加强与东北亚国家与地区间的创新合作，但其目前的吸引与配置科技资源的能力相对不足，对外开放合作的活跃度不高，区域间的协同创新能力相对不足，尚未与周边沈阳等城市建立协同创新网络，沈大协同创新圈建设落后于国内京津冀科技协同创新圈建设。此外，区域自主创新的空间布局有待完善，缺乏开放良好的创新创业环境。

二、大连科技体制机制创新模型分析

通过模型分析大连自主创新示范区科技体制机制现状，是研究大连自主创新活动的构成要素、全面了解体制机制的优势和弱点的重要方法，也是政府对科技创新活动进行宏观调控、正确地制定科技创新规划和科技创新政策的重要依据。

（一）指标选取与模型构建

考虑到研究数据的可采集性、权威性和可比较性，本书分别从科技金融体系、政府管理体制、科技服务体系、科研人才体制四个方面测度体制机制的成效。并依据层次分析法（AHP）将体制机制评价指标体系分三层：第一层（目标层）为体制机制成效这一评估目标（A）；第二层（准则层）包括区政府管理体制（B_1）、区域自主创新支撑能力（B_2）、区域自主创新管理能力（B_3）和区域自主创新产出能力（B_4）等评价因素；第三层（指标层）共包含了科技投入占财政支出的比例（B_{11}）、产学研合作项目数（B_{12}）、优惠政策数（B_{13}）、每百万人高等学校数（B_{21}）、每万人 R&D 人员数（B_{22}）、引进海外人才数（B_{23}）、每万人专利授权数和科技论文数（B_{31}）、每万人 R&D 经费（B_{32}）、每万人孵化机构数（B_{33}）、新增科技贷款数（B_{41}）、技术交易总额（B_{42}）、科技金融的税收优惠程度（B_{43}）。构建大连科技体制机制绩效评价指标体系的层次结构模型，如表 7-1 所示。

表 7-1　　　　　　　　　　　科技体制机制绩效评价模型

目标层	二级指标	三级指标
科技体制机制绩效（A）	政府管理体制（B_1）	科技投入占财政支出的比例（B_{11}） 产学研合作项目数（B_{12}） 优惠政策数（B_{13}）
	科技人才体制（B_2）	每百万人高等学校数（B_{21}） 每万人 R&D 人员数（B_{22}） 引进海外人才数（B_{23}）
	科技转化体系（B_3）	每万人专利授权数和科技论文数（B_{31}） 每万人 R&D 经费（B_{32}） 每万人孵化机构数（B_{33}）
	科技金融体系（B_4）	新增科技贷款金额（B_{41}） 技术交易总额（B_{42}） 科技金融的税收优惠程度（B_{43}）

（二）层次排序与一致性检验

1. 构建对比矩阵

如果需要比较 n 个因子 B_1，B_2，…，B_n 对某因素 A 的影响大小，通常采取对因子进行两两比较的办法，建立成对比较矩阵。比较矩阵中的各对评价指标数值均根据调研数据、统计资料、政府报告以及专家意见综合权衡后得出（如表 7 - 2a ~ 表 7 - 2e 所示）。

表 7 - 2a 对比矩阵 A - B

A	B_1	B_2	B_3	B_4
B_1	1	3	3	1
B_2	1/3	1	2	1/2
B_3	1/3	1/2	1	1/3
B_4	1	2	3	1

表 7 - 2b 对比矩阵 B_1 - P

B_1	B_{11}	B_{12}	B_{13}
B_{11}	1	3	2
B_{12}	1/3	1	1/2
B_{13}	1/2	2	1

表 7 - 2c 对比矩阵 B_2 - P

B_2	B_{21}	B_{22}	B_{23}
B_{21}	1	2	3
B_{22}	1/2	1	2
B_{23}	1/3	1/2	1

表 7 - 2d 对比矩阵 B_3 - P

B_3	B_{31}	B_{32}	B_{33}
B_{31}	1	5	2
B_{32}	1/5	1	1/3
B_{33}	1/2	3	1

表7-2e 　　　　　　　　　　对比矩阵 $B_4 - P$

B_4	B_{41}	B_{42}	B_{43}
B_{41}	1	2	4
B_{42}	0.5	1	3
B_{43}	1/4	1/3	1

2. 权重计算和一致性检验

通过对 A，B_1，B_2，B_3，B_4，进行一致性检验，相对应的最大特征值与特征向量，CI 选取的 RI，CR 值如表7-3所示。

表7-3 　　　　　　　对比矩阵的一致性检验结果和特征向量

矩阵	λ_{max}	ω_1	ω_2	ω_3	ω_4	CI	RI	CR
A	4.0605	0.3813	0.1673	0.1069	0.3445	0.0202	0.9	0.0225
B_1	3.0091	0.5396	0.1634	0.2970		0.0046	0.58	0.0079
B_2	3.0091	0.5396	0.2970	0.1634		0.0046	0.58	0.0079
B_3	3.0036	0.5816	0.1095	0.3090		0.0018	0.58	0.0032
B_4	3.0183	0.5584	0.3196	0.1220		0.0091	0.58	0.0158

从表7-3可以看出 B_1、B_2、B_3、B_4 的 CR 值都小于0.1，故可以通过一致性检验，计算得出各指标对于总目标的层次总排序，如表7-4所示。

表7-4 　　　　　　　科技体制机制绩效各指标层次总排序

二级指标	权值	三级指标	权值
政府管理体制（B_1）	0.3813	科技投入占财政支出的比例（B_{11}） 产学研合作项目数（B_{12}） 优惠政策数（B_{13}）	0.2058 0.0623 0.1132
科技人才体制（B_2）	0.1673	每百万人高等学校数（B_{21}） 每万人 R&D 人员数（B_{22}） 引进海外人才数（B_{23}）	0.0903 0.0497 0.0273
科技转化体系（B_3）	0.1069	每万人专利授权数和科技论文数（B_{31}） 每万人 R&D 经费（B_{32}） 每万人孵化机构数（B_{33}）	0.0622 0.0117 0.0330
科技金融体系（B_4）	0.3445	新增科技贷款金额（B_{41}） 技术交易总额（B_{42}） 科技金融的税收优惠程度（B_{43}）	0.1924 0.1101 0.0420

从建模分析结果来看，政府科技管理体制（B_1）所占的权重最大，这说明政府科技管理体制在整个科技体制机制中起着主导作用，如何发挥政府的导向作用，完善政府与市场的关系对提高整个区域的自主创新能力变得尤为重要。与此同时，在科技金融体系中，新增科技贷款排到了第一位。这意味着增加并完善科技企业的融资渠道对推动创新能力增加作用明显。这就要求在宏观上需要政府充分发挥职能，明确创新导向，营造优良的创新环境，实现体制机制与其他方面的统筹协调；在中观上需要加强创新体系中各主体间的互动联系，保障政产学研用的有效结合并促进创新要素间的顺畅流动；在微观上需要搞活各类资源，促进科技创新人才充分发挥其聪明才智，获取多样化来源的创新资本，在政府管理科技、资金投入支撑、政产学研用联合、开放竞争协作、人才发展流动、科技服务经济等体制方面先行先试，全面创新构建体制机制，提高创新产出能力。

三、大连市科技体制机制创新政策建议

科技体制机制创新，在微观上要搞活，使科技人才创新才智充分发挥，创新思想相互迸发；中观上，加强创新系统中各主体的联系互动、政产学研有机结合，创新要素顺畅流动；宏观上，政府转变职能，搞好创新导向，营造良好环境，统筹协调。全面完善保障机制，系统优化政策环境，在政府管理科技、资金要素投入、政产学研联合、开放竞争协作、人才发展流动、科技改革创新、科技服务经济等体制方面先行先试，将大连建设成为体制机制自主创新示范区。

（一）完善政府管理科技的导向机制

一是建立健全有关法律法规，制定和完善有利于体制机制创新的政策支撑和法制保障体系，切实做好宣传工作，通过各级宣传部门和各类新闻媒体，在全社会范围内营造一种敢于冒险、宽容失败、勇于创新、追求成功的有利于体制机制自主创新能力建设的良好法制环境和创新文化氛围。

二是充分发挥政策的导向功能，不断加大政策的扶持力度。要研究制定灵活、开放、优惠的政策体制，特别是有利于科技资源整合、科技成果转化、经济结构调整和产业升级的投融资体制、财税体制、产业发展体制和科技人才体制，构建配套完善的政策支持和保障体系。

三是进一步营造和维护自主创新的社会环境，进一步探索适应高新技术产业发展规律的管理体制，继续转变政府职能，努力打造高效、自律、法制、服务的新型管理团队；进一步健全权责明确、行为规范、监督有效、保障有力的执法体

制和创业机制，切实形成以道德为支撑、产权为基础的社会信用制度，积极创造公平、诚信、法制的自主创新社会环境和市场经济发展环境。

四是建立健全促进企业自主创新的财税政策，建立多元化、多渠道、高效益的创新投入体制，大幅度提高创新创业企业的比较效益，充分发挥税收的调节作用，在示范区开展高新技术企业认定、科技人员股权激励、研发费用加计扣除、教育经费列支等税收政策试点。落实好现有鼓励支持自主创新的财税优惠措施，加大政策执行力度。

五是在政策层面支持企业横向或纵向一体化整合，共生共赢的创新体系，形成完善的创新链和产业集群创新网络。采取一站式服务、绿色通道等办法，提高公共部门服务效率，不断探索有利于示范区发展的公共服务模式，为产业集群提供全方位的公共服务。采取政府引导、市场化运作方式，努力办好大学科技园、创业园、创业服务中心等各类创业孵化服务机构，加强技术研发、检验检测、信息咨询等公共技术服务平台建设，建立健全包括技术市场、现代物流服务体系等的生产要素市场体系，培育和规范法律、会计、咨询、评估等专业性中介服务机构。

（二）构建资金要素投入的支撑机制

一要进一步加大政府财政对自主创新的投入力度，建立和完善有利于自主创新的投融资体系，使财政科技投入增幅明显高于财政经常性收入增幅，改善财政性科技投入的结构，重点支持基础研究、前沿技术研究和社会公益研究等。利用大连本地财政收入多的优势，加大财政投入力度，重点扶持外溢效应显著的重大自主创新项目。

二要大力发展风险投资基金和风险担保基金。要以政府投入资金为引导，以金融资本为主体，由政府提供优惠政策，广泛吸引国内外资金和社会各界资金，成立风险投资机构，建立与科技风险投资相配套的科技企业担保体系，设立风险投资基金和风险担保基金，满足科技创新型企业对资金的需要。

三要加快培育资本市场，满足科技企业吸纳资金、扩张资金的需要。逐步完善证券交易市场，为科技创新型企业提供多元化的融资渠道和利用债券融资创造条件。建立和完善产权交易市场，引导和调节资金流向，积极利用多层次资本市场体系筹集自主创新资金，鼓励在连自主创新企业通过多种渠道在海内外证券市场上市，利用大连上市公司多的优势，做大做强大连板块，支持大连企业联合发行专用于自主创新的企业债券，探索股份转让和场外交易试点，推进自主创新企业通过并购整合优化资源。

四要继续加大利用外商直接投资的力度，优化外商直接投资的行业布局和空间布局，突出外资的技术溢出效应，引导外商直接投资参与大连自主创新示范区建设，提高对示范区重点领域前沿技术和关键技术攻关项目、公共服务技术研发平台建设、基础和共性技术研究、重大科技成果的及产业化推广等方面的支持力度。

（三）创新政"产学研"联动的推进机制

一是加快建立自主创新联席会议机制。通过召开由地方政府、高等院校、科研院所和企业参加的联席会议，强化政府在联席会议机制中的主导作用、市场在科技资源配置中的基础性作用和企业、高等院校、科研院所在自主创新中的主体作用，重点支持企业加强与高等院校、科研机构的联合与协作，支持高等院校、科研机构重点建设一批高水平的科学研究和技术开发基地，充分发挥其"思想库""人才库"和科技源头作用。

二是建立"政产学研"合作体制，进一步完善有关知识产权保护的法规体系，完善对知识产权的资助和保护制度，建立知识产权保护联动机制，共同防范和打击侵害知识产权的违法犯罪行为。加强高校科研管理体制创新，改革现行的以学院条块分割为特征的树状结构，建立学科交叉融合的网状结构，由科研院所与高校科技处联合设置高校科研创新大平台，为高校自主创新提供决策咨询参考，增强高校承担国家重大工程和重大研究课题的能力，实现科研人力、物质、信息资源的有效配置。

三是建立"政产学研"运行机制，首先，完善产学研合作制度体系，支持重点领域技术创新联盟建设，制定技术标准和利益共享机制，鼓励重点领域的龙头企业与高校、科研机构共同承担重大科技攻关项目。其次，合作共建联合实验室、以大学科技园和专业孵化器为载体的产学研合作模式，支持产学研信息服务平台建设，建立科技成果对外宣传和交流机制。最后，鼓励高校和科研院所举办企业参加为主的学术交流活动，鼓励高校和科研机构的科研人员深入企业实践，企业人员为高校人才培养做顾问，定期召开产学研成果洽谈会，集中展示产学研合作成果，提高产学研合作水平。

四是优化"政产学研"合作环境，积极培育科技创新主体，引导企业成为研发投入的主体、技术创新活动的主体和创新成果应用的主体，全面提升企业的自主创新能力。大力发展民营科技企业和科技型中小企业，鼓励和支持中小企业的技术创新活动，使其尽快发展壮大成为高新技术产业发展的中坚力量。重点培育创新型领军企业，遴选一批具有较大规模优势、较强创新实力、具备发展潜质的骨干企业，建设具有世界一流技术条件和研发水平的重大创新平台，掌握一批重大原创性技术成果；另一方面，支持大中型企业普遍建立工程技术研究中心、技术中心、研究生工作站、博士后工作站、院士工作站，鼓励企业按照市场需要开展技术创新，努力实现从一般产品应用开发走向自主创新、从面向自身发展转向引领行业发展。

五是进一步整合科技资源，完善科技资源的共建共享机制。引导高校、科研院所和企业开展合作研究，对关键核心技术和重大战略性高技术进行联合攻关。在高校、科研院所和大型企业之间建立公共实验室和大型仪器设备的共享网络，选择一批与经济建设密切相关的国家级、省部级重点实验室开展共建工作，鼓励国家级、省部级重点实验室向社会开放，打破条块分割和部门界限，实现科技资源整合、资产整合、机构整合和功能整合。鼓励和引导高等学校和科研院所与企业合作承担重大科技攻关项目，加强与地方经济建设的联系，形成以高校和科研院所为主体的知识创新体系，围绕地方经济建设和社会发展的要求开展前瞻性的应用研究和技术开发，增强综合创新能力和为经济建设社会发展服务的功能。

（四）营造人才发展流动的保障机制

一是研究建立人才分布世界地图，发展国际性的人才中介服务体系，不断完善和优化人才发现机制。建立人才高地的首要前提是发现人才，从国内外经验来看，大连国家自主创新示范区要建立人才发现机制需要做好基础情况的调查工作，要针对当地发展的重点产业类型，比如网络信息、软件与计算机服务、生物医药等，建立紧缺人才专家世界分布地图等。这些信息可以供园区相关企业、事业单位使用和查询。另外，借鉴国际发达国家的经验做法，积极鼓励国际性的人才中介组织发展。积极与国内外行业协会、人才中介组织机构建立沟通机制，鼓励和引导国际人才中介机构的发展，通过市场化、国际化运作，促进以市场为主导的人才发现市场体系的逐步完善。

二是从科学遴选、科学评价、法律健全等方面建立科学的人才评价机制。建立健全以品德、能力、贡献、业绩为导向的人才评价体系，完善人才评价机制，在遴选人才、评估人才效果等方面提供支持。第一，要建立科学的人才遴选评估机制。在人才遴选评估专家团队中，大幅度增加企业专家的比例，提高企业的发言权，更多从市场的角度对人才进行评定。透明人才遴选流程，对专家团队名单、评价结果做到主动公开，对未能入选的人才要进行跟踪反馈，及时沟通。第二，要对引进人才的实际效果进行"后评估"，从其引进后所带来的产业效益、技术成果、经济贡献等多个角度，对人才效果进行评估。对不合格的人才及时予以项目资金的终止。第三，要建立健全人才引进与退出的法律制度，避免终止合同时出现法律纠纷。

三是探索试行柔性人才流动政策，完善人才流动机制。积极鼓励高校、科研院所、国有企业单位内的各类创新型人才，尤其是高层次创新型人才采取"户口不转、关系不转、双向选择、能进能出"的柔性流动方式，到大连高新区范围内的企事业单位从事科技合作、技术入股和投资兴办企业。鼓励高等院校和科研院所与其他企事业单位之间开展产学研人才合作交流，互相聘请客座教授、客座研究员。鼓励科研院所、高校、国企等单位的专业技术人员采取离岗、兼职等方式加盟张江创新创业团队，允许其退休前两年可返回原单位恢复身份，其中，团队核心成员离岗三年内可与原单位协议保留人事或劳动关系等。

四是完善人才培养机制。鼓励建立人才联合培养机制、人才培训联盟等，建立健全人才培养机制。构筑人才高地必须强化人才培养，特别是中青年专业技术人才的培养。第一，要鼓励高新区范围内各类高校、科研机构与企业建立人才联合培养机制。鼓励企业建立博士后流动站、博士、硕士、本科生实习基地，通过这些联合培养的方式，提高人才的实用性，促进人才供给与市场实际需求之间的对接。第二，鼓励高新区内职业专科、专职技术学院等专科学校的发展，鼓励这些学院与企业建立人才培训联盟，积极引导企业与这类专科院校对接，建立人才培训基地，企业提供人才需求，学校负责对口培训，既为企业招收高技能员工提供支持，又为院校生源就业提供出口。

五是建立科学规范的人才激励机制。探索人才培养、引进、管理和使用的创新机制，建立科学的人才考核制度、职称评定制度、奖励制度。为科技人才开辟绿色通道，为引进的高层次人才在子女入学、住房、生活、医疗及社会保障等方面制定专项优惠政策，营造宽松的发展氛围，提高人才自主创新的积极性、主动性、创造性，激发科技人才的创新精神，为高新区科技改革的深化提供人才保障和智力支持。示范区可在企业内大力推行多元化的薪酬分配机制，建立以服务岗位为主体并结合工作绩效、科研贡献及科研成果的薪酬分配制度。

（五）深化科技改革创新的示范体制

一要进一步加快科研机构管理体制和运行机制的转变，尽快完成应用型科研机构向科技型企业，或向中介技术服务机构的转变工作，提高面向市场、服务经济建设的能力。建立科技政策和经济政策的协调机制，坚持为经济建设服务的基本方针，以支持科技型中小企业技术创新为重点，营造有利于引导企业成为研究开发的投入主体、技术创新活动的主体、创新成果集成应用的主体的科技政策环境。

二要改革科技计划和科技经费管理方式，支持和引导企业承担研究开发项目。对于应用性强的科技项目，要逐步建立由企业牵头，由高等院校和科研院所共同参与的机制，积极支持研发能力强的企业承担国家和地方的研究开发任务。科技经费管理改革要以提高资金使用效益为核心，优化支出结构，统筹资源配置，强化监督管理。

三要深化科技评价和评估管理体系改革，建立和完善科技评价和科技奖励机制，加快推进科技评价的制度化、规范化建设。构建区域技术创新体系，建设技术交易所，努力争取承接国家科技资源和重大项目，实施"开放实验室工程"，开展"百家创新型企业试点"工作，健全科技中介服务体系。

四要开展科技金融创新，着力培育天使投资基金，缓解自主创新面临的资金、管理、治理等多种难题。一方面，建立和完善科技金融创新体系的服务运作机制，完善针对各参与主体的引导机制、协作机制、激励机制以及责任机制；另一方面，不断探索完善以高新区管委会，银行类金融机构，金融中介机构，企业为主体的沟通联系机制，加强金融界与科技产业界的合作，为企业自主创新提供资金支持。积极开展金融改革试点，筹集各方资金，组建股份制的科技发展银行，直接为科技企业提供金融服务。

五要建立股权激励和科技成果转化机制。在高等院校、科研机构和国有高新技术企业中，建立职务科技成果股权和分红权激励机制。在科研机构转制企业、国有高新技术企业和创新型企业中，对作出突出贡献的科技人员和经营管理人员实施期权、技术入股、股权奖励等多种形式股权和分红权激励。支持民营企业对做出突出贡献的科技人员和经营管理人员，开展多种形式的激励。

（六）构建科技服务经济的运行机制

一是深化改革管理体制，提高科技与经济结合的推进效率。实行市级统筹、区县主导、园区管理的三级管理体制，使园区成为承接创新要素和实现科技成果转化的实体。在健全园区管理职能的基础上，把市级行政审批权陆续赋予园区，增强园区在土地出让、项目落地、成果转化等方面的实际运作能力，实现"园内的事情园内办结"。根据园区建设管理服务的特点，把政策、项目、资金、人才等资源向园区倾斜，促成研发基地、产业集群、服务平台就地融合，形成科技成果产业化最直接、最紧密的结合通道。

二是健全利益共享机制，促进科技与经济结合的良性循环。通过建立国际销售网络、大力推动技术贸易、产品交易和科技服务，扩大创新成果和产品的市场占有率，促进创新价值实现，做大以"用"为基础的利益"蛋糕"；以提高自主创新能力为核心，采取资金支持、税收减免等实际措施，推动企业提高研发能力，使企业在不断推出新产品、产生新利润的同时，以更强的实力开展与高等院校、科研院所和社会研发机构的协同创新；通过落实事业类和生活类支持政策，形成人才、项目、产业、利润四配套的利益分配机制，促进人才在产学研用各部门之间的交流使用，用各类人才的结合，促成科技与经济的结合的良性循环。

三是优化产业培育机制，形成科技与经济结合的带动作用。把加快推进战略性新兴产业发展作为带动科技与经济结合的突破口，深化部市合作和院地合作机制，积极承接国家科技重大专项与产业攻关项目，发挥重大项目的带动作用，加快构建产业自主创新体系；强化龙头企业的集聚机制，在集中扶持战略性新兴产业领域龙头企业的同时，根据龙头企业需要，通过定向孵化、定向引进，加快中小企业集聚，形成新的产业集群；优化创新型企业的培育机制，把企业孵化向培育创业团队、加速企业发展延伸，形成以创业苗圃、孵化器、加速器为主线的"一体化"培育机制，完善培育链、增强服务链、强化产出链。

四是构建政策保障机制，强化科技与经济结合的政策导向。以应用研发创新和产业化创业为支持重点，探索股权和分红的全程激励机制，健全科技金融结合的服务机制，通过设立科技信贷风险补偿资金、融资担保资金、研发投入补偿资金和推动科技企业进入代办股份转让系统挂牌交易等实质举措，完善信贷服务体系和科技投融资体系，为科技成果的产业化提供保障。创新财政投入机制，改革上海张江示范区专项发展资金管理使用办法，在扩大资金规模的同时，聚焦重点领域、重大项目和薄弱环节，探索优质项目的多渠道发现机制和资助、投入、补偿、奖励、贴息相结合的投入机制，提高对科技成果转化的支持效益。

五是运用社会服务机制，改善科技与经济结合的服务环境。把运用社会服务机制，改善服务环境作为促进科技与经济结合的重要条件，加快公共服务能力建设，着力完善公共服务体系。通过发展共性研发平台，推进"智慧城市"建设，推进产城融合发展，形成文化、城区、产业、创新功能的配套服务机制。加快中介服务体系建设，着力构建市场化服务集群。通过政府购买服务、专项资金扶持等多种方式，加强对社会服务资源的引导，形成专业化、市场化中介服务平台。加快产业和技术联盟建设，着力提高社会服务的组织能力。

四、大连市科技体制机制创新保障体系

（一）加强服务型政府建设与组织保障

一是变向下的"便捷盖章"服务为向上的"快捷获批"服务。创新型成果的转化风险很大程度上受制于产业化速度的滞后，大连有必要抽调专门人手组建专业性的或行业性的创新成果鉴定机构以集中服务于企业创新成果的认定，实现行政上的经济和规模经济，加快创新成果产业化的速度，编创新过程的财政补贴为创新产品的政府采购，积极推行自主创新产品的政府首购和订购制度，发挥政府采购在促进自主创新中的导向功能。

二是进一步支持和鼓励资源的跨区域整合与集聚，促进要素资源的自由流动和提高产业的集聚程度，扩大配套产业的覆盖范围，通过产业链的网格化而实现示范区的大发展。打造区域资源共享服务平台，加强区域科技创新的规划、计划、管理制度等方面的对接。

三是建立完善且畅通的组织架构。首先组建由市委市政府主要领导担任主任的大连国家自主创新示范区建设指导委员会，有关区领导和一些重要部门的负责人及著名专家学者担任委员，主要任务是就大连国家自主创新示范区体制机制建设提出指导意见，把握方向。其次组建领导小组，由市长任组长，分管副市长任副组长，一些综合部门的负责人和大连各区主要负责人任成员，主要任务是研制规划，统筹协调，组织实施，解决共性的、重大的方针政策问题。再次各分区各设一个行动小组，行动小组下可设立指挥部，主要任务是负责大连国家自主创新示范区建设在本区域内的任务和事务。最后在市和各区分别设立建言献策的专家咨询委员会。

（二）整合区域创新要素以强化区域创新合力

一是加快构建大连技术创新的支持体系。引导区域内外尤其是国际高端创新要素向企业集聚，支持有条件的企业联合起来建立技术研发机构和创办海外研发机构，鼓励有条件的企业与国内外著名高校、科研院所建立技术创新战略联盟。在开放中整合区域内的研发力量，建设一批一流的研究型大学、科研机构和创新型企业，加强国家重点实验室、工程技术（研究）中心、国家重大科学工程的建设，建设开放共享的科技基础条件平台和产业共性技术研发试验平台。

二是建立梯度化多层次的大连自主创新支持体系，具体包括科技集聚战略、

中心城市带动战略和基层科技提升战略三个不同层次。强化和提升科技集聚区的科技能力，使之成为全省甚至全国科技创新的主战场，把大连培育成为国家基础研究和战略高技术研究的重要集聚区，战略新兴产业、产业共性技术平台研发和重大战略产品开发的国家级基地，使之成为全国产业结构转型与创新型经济发展的依托基地。实施中心城市科技带动战略，积极发挥大连城市科技基础较好、辐射面较广的优势，进一步依托科技，走新型工业化道路，并发挥其示范与带动效应。加强基层的基本科技服务能力、创新能力和管理能力建设，为走向现代化的农业和农村发展提供强大的科技支撑。

三是紧跟国家战略意图明确方向。大连建设国家自主创新示范区体制机制创新，首先要明确试点什么、示范什么，中央设立国家自主创新示范区，是要将当前阻碍高科技产业发展的制度"瓶颈"作为突破口，鼓励制度创新，大胆尝试，允许各示范区发挥主观能动性，先行先试，勇于探索不同的发展模式和路子。因此，大连在国家自主创新示范区先行先试的试点框架内，必须要有独具特色的试点内容，做好国家自主创新示范区创建方案的设计。结合大连自身的特色和优势，可在股权激励、深化科技金融改革创新、政府采购、财税政策改革、新型研发机构建设改革试点等方面加大先行先试的力度。

（三）打造创新服务平台以共享区域公共服务

一是建立科技成果交易服务平台。按照专业化管理、市场化运作的模式，以大连为中心，建设辽宁省技术交易中心，搭建成果信息、技术产权等成果转化服务平台，建立"发现、筛选、撮合、转化"的服务体系。建立知识产权保护平台。保护知识产权，推动重大专利技术产业化，积极探索技术和管理要素按贡献参与分配的实现形式，创新企业分配激励机制。

二是建立孵化企业公共技术服务平台。支持建设一批省市级科技企业孵化器和加速器。应根据示范区内各区经济特色与资源优势的具体情况，设立多层次、多类型的科技创业服务中心、软件产业园、大学科技园等孵化器。争取示范区内的每一个高新技术开发区和经济开发区内都建有专业性的孵化器；鼓励和引导社会资本参与孵化器的建设与发展；建设孵化企业共享的专业实验室。

三是建立科技金融公共服务平台。建立完善科技金融协调机制、科技型中小企业融资担保机制和贷款风险补偿机制，构建科技投融资体系。引导金融机构优化信贷结构，鼓励商业银行加强新型融资模式、服务手段、信贷产品和抵质押方式的研发和推广。探索设立科技型企业融资担保公司，拓宽科技型企业融资渠道，积极推动科技保险和知识产权质押贷款业务，制定专利权、商标权、著作权、植物新品种权等知识产权质押贷款担保实施办法。

四是建立科技创新企业产权交易服务平台。以信息共享为核心，以资源整合为目的，在大连设立示范区内的非上市股份公司的高新技术企业区域性场外产权交易中心。建立科技创新企业产权交易服务中心可以解决科技产业与资本市场间的"瓶颈"问题，协调、整合各种激活科技创新企业产权交易的资源条件，建立多层次资本市场，提高科技创新企业产权的流动性，发挥最大的社会效益。

（四）选好承担载体加强开放式创新

一是端正思想加强统筹协调，首先要明确做好国家自主创新示范区体制机制创新这项工作，关键不在于政策和资金，而在于思想和观念，应勇于先行先试，积极探索新模式、新机制，进一步探讨创新驱动发展的政策和路径，突破各种体制机制"瓶颈"。同时要加强统筹协调，充分利用好目前的省市协调机制，争取国务院有关部门加强对大连创建自主创新综合试验区的指导与协调。

二是从承载主体的共有特征来看，自主创新示范区都是国家级高新技术产业区，高技术产业发展水平高，而且科教资源雄厚、自主创新能力强、区域位置优越、辐射能力强，在国家创新体系中具有较大的影响力。但也都存在科教资源相对短缺、自主创新能力不强的短板。因此在今后的创建工作中，必须认真分析自身的优势和不足，找准先行先试的工作重点，破解发展短板，同时加强自身能力建设，提升大连践行国务院自主创新政策先行先试的承载能力和辐射示范能力，大幅提高自身在国家创新体系中的地位。

三是以全球视野谋划和推动开放式创新，提高集成创新和引进消化吸收再创新能力，更加注重整合协同创新。围绕主导产业转型升级，承接日韩高新技术企业转移和最新研究成果转化，打造东北科技新干线核心节点；开展国际创新链接，围绕主导产业链接国际创新资源和科研人才团队，开展合作引进和消化吸收；开展产业链协同创新，在引进合作的基础上加强创新资源整合，推动产业链上下游研发、设计、关键配套部件或设备、系统集成和工程化协同创新，探索技术研发、技术转移、创业孵化相互融合的新型服务模式，加强对内对外开放式创新。

第八章 大连科技金融政策创新发展研究

金融作为现代经济的核心，对实体经济的发展有深远影响。大连已经迈入全面振兴时代，应勇当老工业基地全面振兴排头兵，为辽宁振兴发展作出新的更大贡献。大连在创建国家自主创新示范区的背景下，发展关键在金融、突破在金融、核心在金融，必须从过去的单一实体经济发展转向以虚拟经济与实体经济协调发展为突破的全面提升，实现转型发展。科技金融政策作为创新政策的重要组成部分，近年来在促进科技兴中小企业融资、推动创新创业方面发挥了重要的作用。国家自主创新示范区的科技金融政策对确定科技金融政策发展方向具有重要的作用，以"新三板"为代表的科技金融政策已从国家自主创新示范区向全国推广，而国家自主创新示范区也在不断探索更多的科技金融政策。大连要以推进供给侧结构性改革为主线，以振兴实体经济为重点，必须实现在金融创新的跨越式发展，促进大连市形成对外开放的桥梁和纽带，增强对国际国内产业和资本的吸引力，带动整个东北地区从更大范围、更广领域、更高层次上来参与国际合作与竞争。

一、大连金融市场发展现状

根据《辽宁沿海经济带发展规划》的战略定位，大连市制定了《大连区域性金融中心建设规划（2009～2030）》和《推进大连区域性金融中心建设的实施方案》，出台了《关于促进金融业持续健康安全发展的实施意见》和《大连市促进金融业发展的政策措施》等文件，形成了科学指导、加快推进金融中心建设的规划和政策体系。"十二五"期间，大连新设和引进各类金融和融资机构257家，其中新设银行类机构10家、保险公司11家、证券类机构28家、期货类机构5家、小额贷款公司51家、股权投资机构89家、交易场所23家、融资担保机构23家、其他机构14家，新增财务公司、互联网金融、第三方支付等新兴业态。

截至 2015 年末, 全市各类机构 741 家, 其中银行、保险、证券、期货、信托等金融机构 264 家; 小额贷款、融资担保、私募基金、股权投资、融资租赁、金融中介、后台服务等融资服务类机构 477 家; 金融营业网点 3500 余个, 金融从业人员 8 万余人。作为大连区域性金融中心的龙头, 大商所发展成绩喜人, 2015 年实现成交量 11.2 亿手, 成交额 41.9 万亿元, 日均沉淀资金 963 亿元, 分别比 2010 年增长 1.8 倍、1 倍和 2.1 倍, 已形成粮食、油脂、塑料化工、能源矿产、畜产品、林产品六大品种体系, 成为全球最大的塑料、煤炭、油脂油料、铁矿石和第二大农产品期货市场; 大豆、棕榈油、塑料、铁矿石等品种的"大连价格", 成为国际市场价格形成重要因素。大连市已初步形成金融、融资及中介服务等种类齐全、功能完善的现代金融服务体系。

但在"十三五"时期, 由于受地缘因素制约, 大连金融主动融入"一带一路"国家战略、抢占新一轮金融开放制高点的优势不足, 金融开放领先优势受到挑战; 周边多个中心城市提出金融中心建设目标, 争夺金融资源的竞争日趋激烈, 对大连提升金融资源吸引力提出了更高要求; 东北腹地经济产业结构单一、持续增长乏力, 对大连区域性金融中心支撑有限; 金融体系不够全, 城乡金融二元结构尚未根本突破, 农村金融发展水平仍然偏低; 直接融资不足, 多层次资本市场尚待培育; 中小企业融资服务仍不充分, 金融功能不够强, 金融机构的核心竞争力不足, 要素集聚、对外辐射以及对周边地区的影响力有待进一步增强; 在全球性金融危机影响尚未消退、国内经济进入平稳增长的"新常态"下, 大连金融体量还不够大、体系还不够全、功能还不够强的问题仍需加大力度推进解决。

二、大连金融支持与实体经济发展关系

(一) 模型分析

由于我国对利率和汇率进行管制, 利率与汇率不是由市场决定, 所以研究采用金融结构论的理论, 对大连市金融发展与经济增长的关系进行实证分析, 利用格兰杰因果检验法检验大连市金融发展对经济增长的因果关系。

1. 指标的选取

(1) GDP 指标。为剔除物价变动因素, 选取大连市实际国内生产总值 GDP 衡量经济增长。模型分析以 2004 年为基期、以不变价 (按环比增长率) 求出大连市实际 GDP 值。

(2) 金融相关比率。金融相关比率 (FIR) 是指在某一时点金融资产总额与

国民财富的比值，由戈德史密斯（Goldsmith）于 1969 年提出用于衡量一个地区的金融发展规模与水平的指标。考虑到数据的可获取性，选取大连市金融机构存贷款总额近似金融资产总额。其中，金融机构指人民银行、政策性银行、国有独资商业银行、邮政储蓄机构、股份制商业银行、城市合作银行、农村信用社、城市信用社等。国民财富选取大连市历年的名义 GDP。

（3）金融中介效率。金融中介效率包括运行效率和配置效率。配置效率是将储蓄转化成贷款的效率。考虑到运行效率有关数据不易获取，用配置效率近似代替金融中介效率指标。金融中介效率指标（FME）由金融机构的贷款总额比上存款总额。

2. 数据来源

采用《大连市统计年鉴》和《大连统计局统计公报》提供的数据。按照上述定义给出大连市金融发展衡量指标数值，选取了 2004 ~ 2015 年数据作为分析对象。

（1）单位根检验。由于讨论序列协整关系的前提是每个序列都为平稳时间序列，因此，在进行具体的方程估计和因果关系检验之前，需对模型中的各序列进行单位根检验。表 8 - 1 是运用 EViews 6.0 对已经进行对数化处理的 lnGDP；lnFIR 和 lnFME 三大数据序列分别进行 ADF 检验得到的具体结果。

表 8 - 1   ADF 检验

变量	检验类型 (c, t, n)	ADF 检验值	置信水平			检验结果
			1%	5%	10%	
lnGDP	(c, 0, 2)	- 1.989719	- 3.808546	- 3.020686	- 2.650413	不平稳
ΔlnGDP	(c, 0, 2)	- 4.26311	- 3.886751	- 3.052169	- 2.666593	平稳
lnFIR	(c, 0, 2)	- 1.944411	- 3.808546	- 3.020686	- 2.650413	不平稳
ΔlnFIR	(c, 0, 2)	- 5.047879	- 3.886751	- 3.052169	- 2.666593	平稳
lnFME	(c, t, 2)	- 1.981999	- 4.498307	- 3.658446	- 3.268973	不平稳
ΔlnFME	(c, t, 2)	- 5.99363	- 4.616209	- 3.710482	- 3.297799	平稳

注：其中：Δ 表示一阶差分，c 表示截距，t 表示时间趋势，n 表示滞后阶数。

从表 8 - 1 可以看出，各个变量的水平序列都是不平稳的，但是经过一阶差分后在各显著性水平下通过检验，序列平稳，各个变量均为一阶单整。因此，满足协整检验的前提条件。

（2）协整检验。如果一组非平稳的时间序列存在一个平稳的线性组合，那么这组序列就是协整的，表示一种长期的均衡关系。根据协整理论，如果两个序列满足单整阶数相同且之间存在协整关系，则这两个非平稳序列之间就存在长期稳定的关系，从而可有效避免伪回归问题。本书将应用恩格尔和格兰杰（Engle and Granger，1987）提出的协整检验方法，对回归方程的残差进行单位根检验结果如表8-2所示。

表8-2 协整关系检验结果

变量	ADF 检验类型（c, t, p）	ADF 检验值	10% 显著水平
e_1	(c, 0, 2)	-4.226427	-2.650413
e_2	(c, 0, 2)	0.163702	-2.650413

e_1 代表 GDP 和 FME 回归方程的残差，e_2 代表的是 GDP 和 FIR 回归方程的残差。由表可知，e_1 的值小于 10% 显著水平下通过平稳性检验，所以 GDP 与 FME 存在协整关系。而 e_2 没有通过平稳性检验，所以 GDP 与 FIR 不存在协整关系。

（3）格兰杰因果检验。格兰杰因果关系检验在考察序列 X 是否是序列 Y 产生的原因或者序列 Y 是否是序列 X 产生的原因时采用的方法。运用 EViews 6.0 软件，选择滞后期为 2，得到检验结果（如表8-3所示）。

表8-3 格兰杰检验结果

原假设	滞后长度	F 统计量	P 值
FME does not Granger Cause GDP	2	3.31622	0.0662
GDP does not Granger Cause FME	2	0.26273	0.7727
GDP does not Granger Cause FIR	2	1.63695	0.2297
FIR does not Granger Cause GDP	2	5.59520	0.0164

注：检验结果表明，原假设"FIR does not Granger Cause GDP"概率为 0.0164，则可以认为在 5% 的显著水平下拒绝原假设，即 GDP 与 FIR 存在单向的因果关系。在 5% 的显著水平下 FME 与 GDP 不存在因果关系，但是其概率在 10% 显著水平下是拒绝原假设的"FME does not Granger Cause GDP"。则 FME 与 GDP 存在单向的因果关系。

3. 研究结论

（1）大连市金融相关比率 FIR 与经济增长率之间存在因果关系。从格兰杰检验来看，"FIR does not Granger Cause GDP"概率为 0.0164，则可以认为在 5% 的显著水平下拒绝原假设，即 GDP 与 FIR 存在单向的因果关系。因此，在一定程度上说明了大连地区可以通过发展金融规模来促进大连经济的发展。

（2）大连市金融中介效率 FME 与经济增长率之间存在因果关系。从协整检验结果来看，方程的残差在 10% 的显著性水平下通过平稳性检验，这说明了金融中介效率和经济增长存在长期稳定的关系，在一定程度上肯定了金融中介效率对 GDP 产生了较大的影响。通过格兰杰因果检验得出 FME 与 GDP 存在单向的因果关系。因此在一定程度上说明大连地区可以通过提高金融中介效率水平来促进大连经济的发展。

（二）研究建议

针对前文实证结果，研究得出大连金融支持实体经济发展的建议：第一，优化金融生存环境。建立良好的经济与金融协调发展关系，不断健全金融担保体系，净化信用环境畅通金融支持地方经济增长的梗阻。第二，提高经济吸附力。进一步发挥支柱产业的带动、深化作用，提高产学研转化能力，积极发展新兴产业，加快现代服务业的发展，增强经济对金融资源的吸引能力。第三，加强金融引导。在考虑金融发展规模、区域经济与金融结构和效率的基础上，引导区域信贷资源投向地方经济，并积极搭建金融与经济对接融合平台，逐步发展供给引导型金融。第四，加快地方金融改革和发展。积极推进金融体制改革，推进地方金融业的充分发展壮大，增强地方金融资源的反哺能力。同时，充分发挥资本市场和民间资金的作用，为地方经济增长拓宽新的融资渠道。

结合大连建设国家自主创新示范区和中国（大连）自由贸易试验区的总体规划，大连市金融业发展战略定位应立足国家战略和国际视野，落实《大连区域性金融中心建设促进条例》，推进区域性金融中心建设的全面升级，加快与大连东北亚国际航运中心、期货交易中心、物流中心和区域金融中心的互动发展，提升城市核心功能，助推东北老工业基地全面振兴和辽宁沿海经济带开发开放。要增强金融业全面发展，着力深化金融改革、扩大金融开放；要创新发展航运金融，推动金融创新，抢抓发展先机；以大商所为龙头，建设东北亚国际期货中心，以提升核心竞争力、区域影响力和金融服务水平；加快推进多层次资本市场发展，着力壮大金融总量，强化金融功能；加快金融功能区建设，聚集金融资源，着力完善金融发展环境，优化空间布局，加快金融人才培养；全力构建现代金融服务体系，完善金融体系；加快互联网金融及消费金融的发展，助力大连智慧城市建设，着力引导金融资源向科技领域和战略新兴产业配置。

三、部分国家自主创新示范区科技金融政策分析

北京中关村、武汉东湖和上海张江作为国家自主创新示范区不仅推出了一系

列创新创业的改革性政策，在探索科学政府治理、创新政策手段和提高政府效率方面也走在前面。由于深圳等国家自主创新示范区建设时间较晚，本书研究对象主要是中关村国家自主创新示范区、武汉东湖国家自主创新示范区和上海张江自主创新示范区（以下分别简称中关村、东湖和张江）。

国家自主创新示范区科技金融政策，打破了原有按照不同科技金融机构政策分类的传统方式，从政策的功能出发，强调在不同科技金融政策中，政府更加重视和认可市场在促进科技金融结合中所发挥的直接作用，因此将自身的工作重心调整到营造良好的市场环境和解决市场失灵中。此外，在整合资源过程中，政府也起到了重要的作用，改变了以往政府资金零散、社会资金分散的局面，通过公私合作模式更好的发挥各类资本协同促进创新的作用。政府在应对市场变化中也更加灵活，对市场的新变化采取积极态度，不断适应新生业态的产生和发展，在防范市场风险和促进市场发展方面发挥作用。

（一）自主创新示范区的金融政策突破点

1. 强调营造环境

科技金融生态体系具有较高的市场调节性，科技与金融的结合具有较强的市场特征，单纯增加金融供给并不能改善金融环境，影响金融供给双方实现供求平衡的关键因素是信息不对称，由于金融机构与科技型中小企业之间存在更强的信息不对称，金融机构为中小企业提供的融资服务要比大企业更少。各示范区以营造优质科技金融环境为目标，通过降低信息不对称、提高专业金融供给、创新金融供给方式等措施，改善中小企业融资环境。

第一，建立企业信用评价体系。继中关村之后，东湖和张江也分别建立了企业信用评价体系，为园区内企业提供的信用评价服务，一方面为金融机构对企业评价提供了参考；另一方面对于规范中小企业公司治理具有激励作用。此外，张江还成立了企业信用促进中心，通过设立专门机构的方式推动园区企业信用体系建设，为提高企业的信用水平、改善企业与金融机构的信息不对称问题提供基础性服务工作。

第二，吸引科技金融机构集聚。鼓励在示范区内设立科技金融支行、融资性担保公司，加大银行面向中线企业放贷规模。科技型中小企业融资难的核心问题是面向科技型中小企业的金融服务少，科技金融服务机构在空间上的集聚，会增加对科技型中小企业的金融供给，更重要的是专门的科技金融机构避免了科技型中小企业与大企业的融资竞争。

第三，丰富融资模式。政府与金融机构合作，打造专门为园区企业提供金融服务的金融生态圈，上海市科技金融信息服务平台开通，政府与金融机构发挥自身的优势，为全市科技型中小企业提供公益性融资服务；东湖通过集合贷款方式增加中小企业的融资供给。

2. 政府引导市场

政府资金在促进科技和金融结合过程中发挥引导、放大民间资本的积极作用，但实际左右资源的则是市场。示范区在提高政府资金的引导放大作用的同时，为市场创新提供相对宽松的环境，鼓励市场探索新的产品、渠道和模式，提高科技和金融结合的水平。

第一，发挥政府优势整合社会资金。东湖将已有股权投资基金进行整合后设立政府创投引导基金，发挥政府资金的引导撬动作用，吸引民间资本进入创新投资领域。通过改变资金支持的方式，将直接投资改为引导投资，更好的发挥政府资金对市场资金的引导放大作用，而直接的投资行为由市场来决定，提高投资效率。

第二，引导企业提高对市场配置资源的重视程度。示范区建立企业改制上市培训机制，成立促进企业上市办公室，减少对企业融资行为的直接干预，而是培育企业的市场意识，鼓励园区内企业通过改制上市实现融资，拓宽融资渠道。

第三，鼓励市场创新金融服务。积极与金融机构合作，鼓励传统金融业务扩展，浦发银行在张江推出"新三板"股权质押贷款，为科技型中小企业提供更丰富的融资渠道；湖北省高新技术产业投资有限公司联合申银万国投资及湖北省内外社会资本共同发起设立"新三板股权投资基金"，专门针对"新三板"挂牌及拟挂牌企业开展股权投资业务。

3. 丰富政策措施

随着市场化水平的不断提高，政府与市场配合，推动市场推出创新的科技金融产品，并适应市场的新趋势，发挥政府的积极作用。

第一，创新信贷产品。上海市搭建科技信贷架构，开发多种创新信贷产品，东湖推动中小企业集合贷款产品。

第二，加大信贷风险补偿力度。上海市对科技型中小企业信贷进行补偿，中关村将银行和保险机构合作开展保证保险小额贷款纳入小微企业信贷风险补偿支持范围。

第三，加快区域股权市场建设。上海市制定奖励企业在区域股权市场挂牌的奖励制度，支持科技型中小企业在"新三板"和区域股权市场挂牌，武汉设立"新三板股权投资基金"对"新三板"挂牌及拟挂牌企业开展股权投资，张江通过提高对挂牌企业奖励，降低中小企业挂牌成本。

第四，积极推动中小企业债券融资。示范区所在地建设的股权交易市场试点推出中小企业私募债，地方政府鼓励金融机构推进集合债券、集合贷款、集合票据、中小企业私募债券发行。

第五，鼓励互联网金融业健康发展。中关村出台了支持互联网金融健康发展的政策文件，支持互联网金融企业注册、完善相关支撑体系和信用体系建设、鼓励互联网企业开展科技与金融相结合的技术创新和商业模式创新，武汉市、上海市政府均出台了鼓励性政策。

（二）政策实施效果

1. 创业投资机构集聚

在国家和地区创业风险引导基金、创业风险投资税收政策以及落户奖、企业所得税、风险投资补贴等奖励措施驱动下，创投机构在示范区内大量集聚。2012年，东湖示范区新创立政府创投引导基金，直接推动了东湖示范区创业投资活动，创投机构数量、注册资本增长均超过200%

2. 直接融资渠道丰富

随着"新三板"扩容至全国，截至2015年12月底，"新三板"挂牌企业已超过5000家，来自全国29个省（区、市），主办券商达到85家，做市商49家，总股本达2946亿股，定向增发实施完成募集资金1273亿元。2015年新三板新增挂牌公司3557家，是2015年之前挂牌公司总和的2.3倍。挂牌公司数量，2015年是2014年的3.3倍。2015年新三板增发次数达3918次，是2014年536次的7.3倍。2015年新增预案募资金额是上年的11.6倍，实施完成的募资金额是2014年的9.8倍。截至2015年底，武汉新增风险、股权投资类机构233家，总数达529家（资本总量达373亿元）；新增1家上市公司（总数达到35家）。截至2015年底，上海股权托管交易中心挂牌企业144家，总股本35.94亿元。2015年底，北京市也建立了区域性股权交易市场，成为"新三板"的有益补充。

3. 中小企业贷款难有所缓解

截至2014年底，18家银行在中关村设立专门服务科技企业的信贷专营机构，东湖示范区设立了14家科技支行，张江示范区内集聚了21家科技支行。到2014年8月末，上海市有71家融资性担保公司，注册资本166亿元，到2014年初，融资性担保公司的再保余额达到333亿元。

（三）对大连科技金融政策的启示

一是鼓励创投机构早前期投资。目前，投资机构的投资对象主要集中在拟上市企业，处在成长后期、成熟期的企业，天使投资不足，未能有效弥补种子期、创建期、成长早期企业的资本缺口，覆盖高新技术企业全生命周期的市场选择和风险分担机制不够完善，主要原因是政府在财政、收税政策上对创投机构的引导不足，创投机构投资行为税前抵扣既限制投资主体又限制投资对象，忽略了投资行为的重要性，政策实施效果不理想。当前我国创业投资机构普遍采用有限合伙制企业，个人合伙人也无法享受相关税收优惠；对于天使投资还未出台专门政策给予支持，对于天使投资人、天使基金管理人、孵化器天使、天使投资平台等方面的激励政策和机制仍然缺失或力度不够；此外，最需要创投机构股权投资的中小企业通常是初创期企业，基本无法获得高新技术企业资格，这也使得政策的效果不佳。要对现有政策进行相关完善，使税收政策以激励初创企业的投资行为为主，不对投资者主体进行限定，取消创投机构备案的限制、取消被投资者为中小高新技术企业的限制，科技部门制定科技型中小企业划分标准，凡投资于符合该标准科技型中小企业的创业风险投资行为，建议企业所得税或个人所得税的税前扣除优惠。

二是为科技型中小企业增信。应通过建立中小企业信用体系、建立科技担保机构、贷款贴息担保等措施，提高了科技型中小企业债务融资的可能性。但是，商业银行对轻资产的科技型中小企业并未给予足够的贷款倾斜。知识产权质押贷款规模增长乏力，更多的知识产权质押贷款与传统贷款捆绑，知识产权质押仅是传统贷款的补充。其主要原因是示范区缺乏知识产权质押融资中介服务体系，商业银行无法判断知识产权的价值与风险。建议政府加快建设中小企业信用体系、知识产权评价体系，降低商业银行与中小企业信息不对称程度；政府主导吸引民间机构参与建设科技担保机构，建立中小企业贷款风险补偿机制，降低商业银行授信风险；鼓励商业银行设立科技支行，并结合中小企业贷款特点，制定针对性的风险管理体系。

三是发挥多层次资本市场作用。虽然目前已经建立了由主板、中小板、创业板、"新三板"和区域股权交易市场组合的多层次资本市场，但是科技型中小企业难以通过资本市场融资的局面并未改变，主要问题有以下几个方面：第一，科技型中小企业难以获得上市机会，虽然创业板为科技型中小企业提供了融资渠道，但是由于市场容量小，大量科技型中小企业无法通过创业板直接融资，时断时续的IPO有加速了科技型中小企业上市融资的难度。第二，"新三板"股权流动性差。"新三板"在全国扩容为科技型中小企业股权交易和创投机构股权退出提高了新的渠道，示范区科技型中小企业从挂牌中有所收益，但由于市场发展实际较短、符合条件的市场参与者较少，系统交易并不活跃，系统交易的不活跃还影响了创投机构的股权退出，导致创投机构资金无法形成循环。第三，场外交易市场融资功能弱，"新三板"和其他区域股权交易市场的融资功能属于小额融资，挂牌企业通过市场融资具有一定难度。第四，债券市场不发达。在交易所上市的公司债规模太小，能够在银行市间市场发行企业债、中期票据、短期融资券的，基本上是信用等级很高的大中型国有企业。大力发展区域股权交易市场，扩大科技型中小企业股权转让的市场；鼓励区域股权交易市场探索包括做市商在内的多种交易形式，推动区域股权交易市场的多样化发展，为科技型中小企业提供挂牌选择；取消股权交易市场的单一省市限制，允许科技型中小企业异地挂牌；允许示范区股权交易市场探索多种形式的直接融资模式，提供市场的融资功能；鼓励民间资本设立评级机构，并继续推动中小企业集合债、中小企业私募债等债券融资产品的发展。

四、大连市科技金融发展的重点领域和对策

（一）增强金融业全面发展

大力发展银行业，重点发展外汇业务，成为东北地区的外汇结算、交易中心和离岸金融中心。第一，进一步发展完善银行体系，设立和引进全国性银行机构，争取市商业银行跨区域经营，积极引进外资金融机构，加快发展外汇业务，争取开办离岸银行业务，加大信贷投放，优化信贷结构；第二，各国有、股份制商业银行要积极争取总行在贷款授权、资金拆借等方面的支持，一些大型项目争取以总行直贷的办法吸引资金，要通过改善服务、扩大经营范围和提高服务效率来提高吸收存款能力，为增加信贷投放广辟资金来源；第三，要加强系统内部资金调度，促进信贷资金加速周转，搞活短期资金市场，巩固并继续扩大票据贴现和融资代理两个市场，逐步扩大拆借覆盖范围，实现拆借票据化、融通规范化，推动资金拆借市场向更高层次发展，适应经济发展的资金需求。

加速发展保险业，充分借助大连保险业在东北地区最为发达和入世后大连保险业率先对外开放的优势，依托东北腹地经济，成为中国北方保险业最为发达、辐射功能最强的城市。第一，加强风险保障、社会管理和资金运用，全市保险公司要抓住年内大连保监局正式设立和大连被中国保监会定为全国保险业创新发展试点城市的有利条件，拓宽工作思路，加大工作力度，创新保险品种，改善保险服务，规范自身行为，努力开拓保险市场；第二，要积极筹建总部设在大连的保险公司，要充分利用相关金融政策，研究保险资金在大连市经济发展中的有效运

用，增加社会可支配资金；第三，要结合市场需求，不断创新保险品种和营销方式，积极探索商业保险发挥社会管理职能的有效方式，拓宽保险领域，加大保险深度和密度。

稳步发展证券业，使大连成为东北地区证券机构众多、证券业务齐全、证券交易活跃的城市。有关部门要充分利用自身的网络、信息、专业、政策优势，帮助企业改组改制，推进企业上市融资、后续融资和发行债券，利用资本市场加大直接融资。第一，全力推进发展前景良好的大型国有企业改制上市和发行可转债，解决其自有资金不足、过度依赖银行贷款、财务负担重和管理体制、机制落后的问题，实现两个根本转变；第二，鼓励和引导信息、环保和高新技术企业上市融资，实现跨越式发展；扶持民营企业在国内外资本市场尤其是香港、新加坡和美国纳斯达克等海外市场上市融资，快速做大；第三，关注已上市公司的发展，切实提升核心竞争力，加大专业服务和政策引导，提高上市公司的经营效益，提升其后续融资能力，推动上市公司做大做强。

加快大商所国际化步伐。助推大商所开展期货商品保税交割业务，做强做大具有国际影响力的期货交易品种，逐步扩大夜盘交易品种覆盖范围，吸引国际交易商参与市场交易。支持大商所与国际期货交易机构建立合作机制，共同开发交易品种，推进结算价授权、交叉挂牌等多模式合作，提升国际融合发展水平。争取政策突破，允许境外投资者直接参与大商所期货交易。鼓励国际期货经营机构和国际期货交易机构在连投资兴业，围绕大商所品种国际化开展相关业务。

（二）推进多层次资本市场发展

大力发展股权投资和债券融资，实现融资渠道多元化。第一，实施股权投资业发展计划，积极引导金融资本、社会资金和海外资本前来设立产业投资、创业投资、风险投资等各类股权投资机构；第二，充分发挥引导基金作用，重点支持大连港口、物流、装备制造业、高新技术等领域的股权投资基金和股权投资企业；第三，大力推进债券融资，鼓励运用地方债、公司债、企业债、集合债、短期融资券和中期融资票据等，拓宽直接融资渠道，鼓励银行、证券、信托等金融机构开展债券发行、承销和结算业务。

加强国有投资主体建设，增强资本运营能力。坚持以政府推动为基础，以平台公司为载体，以市场化运作为手段，整合国有经营性股权、有效资产和可利用土地资源，增强资产重组、资源整合和资本经营能力。通过推动上市，发行债券，组建产业基金，设立财务公司、保理公司、融资租赁公司等，联合银行和资产管理公司，盘活存量，吸引增量，放大融资规模，发挥整体优势，推进大项目建设，支持实体经济发展。

积极发展场外交易市场，大力培育创新体系。充分运用"新三板"市场。以全国股转系统建立转板机制和挂牌公司分层为契机，支持"新三板"挂牌企业转板升板；按照分层标准及实施程序，加快推进50家以上符合条件的企业挂牌交易。严格执行信息披露等管理规定，提高大连市"新三板"挂牌企业的整体质量和形象，打造"新三板"大连板块，促进股权交易。支持"新三板"挂牌企业利用债券、优先股、资产支持证券等融资，积极参与挂牌股票质押式回购业务试点。

加强证券机构建设，扩大证券市场规模。支持大通证券增强资本实力，健全内控机制，拓展业务领域，发展异地分支机构，加强国际交流合作，不断提升公司实力、核心竞争力和在全国同行业中的位次，争取公开发行上市。支持在大连的证券机构健康发展，积极引进有实力的证券机构，不断扩大证券市场规模，提升证券业服务水平。

着力发展股权投资市场。建立引导和扶持机制，发挥引导基金作用，鼓励金融资本、社会资金和海外资本进入大连设立产业投资、建设投资、风险投资、创业投资、创新投资等各类基金及股权投资机构，提高股权投资能力，拓宽直接融资渠道。鼓励发展各类私募基金和私募投资产品。鼓励各类投资公司在大连市注册并投资中小企业、高新企业。鼓励证券机构、投资公司、产权交易所开发直接投资产品，支持保险机构开展股权投资业务。

（三）完善金融服务实体经济效能

围绕大连市经济结构调整和产业转型升级，深化供给侧结构性改革，实施产业金融、科技金融、航运金融、绿色金融、农村金融、小微金融、互联网金融、普惠金融等金融服务"八项工程"，加快投融资体制改革，引导金融要素资源向实体经济有效流动配置，为推动经济持续健康发展提供可靠的金融支持。

创新投融资体制机制。有效利用棚改贷款、国开发展基金、农发基金等国家政策性基金和各金融总部基金，在城市基础设施建设、环境综合治理等领域积极推广PPP等政府和社会资本合作模式，鼓励和吸引社会资本加大重点领域投资。鼓励社保资金、保险资金等通过股权、债权等方式投资基础设施和基础产业项目。发挥引导基金作用，鼓励社会资本发起设立产业投资基金和创业投资基金，营造平等投资环境。

积极培育中介服务体系，完善市场服务功能。形成各类金融服务中介机构集聚、功能完善的金融中介服务体系。大力培育和发展具有市场竞争力和影响力的信用评级机构，加快发展资产评估、会计审计和法律服务机构，规范发展证券、期货等投资咨询服务机构，鼓励发展各类投资、理财机构，探索推进金融资讯信息服务平台建设，培育具有国际竞争力的金融资讯信息服务机构。

发展直接投资体系。第一，大力发展产业金融，搭建创业创新投融资平台，鼓励各类资本发起设立创业创新金融专项基金，发挥融资平台作用，实现产业与资本融合，促进重点产业发展；第二，建立引导和扶持机制，鼓励社会资金和海外资本进入大连发展基金投资、创业投资、风险投资等各类股权投资，拓宽直接融资渠道；第三，鼓励各类投资公司在大连注册并投资中小企业、高新企业，鼓励保险机构、证券机构、投资公司、产权交易所开发直接投资产品，支持创新型企业发展。

（四）提升互联网金融发展

互联网金融是未来金融业的竞争焦点，抢占该领域的制高点，已成为国内各金融中心城市新的逐鹿场。大连市应该整合各界资源，在更深的领域和更高的层次，加快构建完善互联网的金融政策体系，培育发展特色明显、竞争力强的互联网金融企业，提升本市金融的引导和辐射功能。推动互联网和金融产业融合发展，一是引导传统金融机构依托互联网进行转型升级，培育衍生新型的金融业态，提升金融服务的广度和深度；二是拓宽互联网企业进入金融领域的渠道，利用新一代的互联网、移动通信和大数据处理等现代技术手段，创新资金流通和支付结算业务。拓展互联网金融业务模式和融资渠道，一是引导传统金融机构、新兴金融业态在符合法规和监管的前提下，与互联网金融企业深入开展业务合作，实现商业模式的创新；二是加大互联网金融企业的上市、并购的支持力度，拓宽资金的来源渠道；三是鼓励金融机构、互联网金融企业和创业投资、产业基金深度合作，发展互联网金融产业链联盟。

五、大连市加快科技金融发展的保障措施

（一）加强政府组织领导

作为区域经济战略的决策者，政府要进一步提高金融业在大连市的地位。当前迫切需要在建设国家新区层面对有关部门的相关机构加以整合，并在市内建立专门的领导机构，安排专业人员参加，负责金融服务的协调、沟通。并研究收集国内外主要金融中心城市的相关的政策措施，研究制定包括税收、土地、人才、

资金、信息等方面等"一揽子"政策体系，切实构建有效的金融市场发展政策体系，从而为大连的金融市场发展创造良好的政策条件。

加大对金融工作的考核力度。完善对金融机构的考核激励体系，进一步发挥银行系统民主评议行风活动的作用，将金融机构对地方经济发展贡献和政府对金融机构支持力度相挂钩，切实发挥考核奖惩作用。

政府要积极推进财税管理体制改革。实行税收优惠政策，对注册在保税港区内的航运企业从事海上国际航运业务取得的收入，免征营业税；对注册在保税港区内的仓储、物流等服务企业从事货物运输、仓储、装卸搬运业务取得的收入，免征营业税；对注册在新区内的保险企业从事国际航运保险业务取得的收入，免征营业税。设立新区建设发展专项资金，并争取各金融机构的配套，专项用于新区重大或标志性基础设施和公共服务项目建设。

（二）积极争取国家扶持政策

积极争取国家金融综合改革试验区政策，鼓励市场、机构、产品、服务创新，为航运金融发展创造良好的政策环境。对注册在大连市的保险企业从事国际航运保险业务取得的收入，积极争取相关税收优惠政策。以大窑湾保税港区为载体，结合申办自由贸易区，争取保税交割、人民币资本项目可兑换、离岸金融、外汇管理和外债管理方式改革试点，以及更为灵活的海关及质检政策，实现贸易投资和跨境融资便利化。争取设立社会资本出资、以港航服务为特色的银行、金融租赁、保险机构等。鼓励各类金融机构从航运业务入手整合各类金融资源，开展创新试点。

在金融机构建设、金融服务体系完善方面，国家给予六大新区不少的优惠政策。大连在争取国家新区的过程中，金融机构虽然具有一定规模，但发展还是比较缓慢，在金融发展的过程中，无论是税收方面还是金融要素市场设置、金融服务体系完善上都有待于国家层面的大力支持；在设立产业基金，扩大融资渠道上，国家给予六大新区特殊的倾斜和优惠政策，允许新区在产业投资基金、创业风险投资、金融业综合经营、多种所有制金融企业等方面进行改革试验；国家给予六大新区特别是浦东、滨海和南沙新区在开展离岸金融、建立金融自由港、设立港澳合作平台等方面较大的自主权。

（三）加强人才引进和培养

实施金融人才战略。坚持培养、引进和使用并举的方针，创造吸引人才、用好人才和培养人才的体制机制和良好环境。根据金融人才特点，研究制定金融人才队伍建设规划和配套措施，建立金融人才储备库，使大连成为吸引、汇集各类金融人才的高地。

引进高端金融人才。建立激励机制，完善配套措施，加大对金融业紧缺人才特别是高层次人才的引进力度。实施海外金融人才引进规划，支持金融总部和区域性总部未来 5~10 年引进 10 名以上具有丰富金融管理或资本运作经验，在业界具有重要影响力的金融高端人才。积极为各类金融高级人才在连工作、生活提供落户、居住、子女教育、医疗、出入境等便利服务，对符合条件的金融总部、区域性管理总部的高级管理人员、高端专业人才给予专项补贴。

加强金融人才培养。充分利用大连财经、金融类院校、培训机构集中的优势，鼓励高校和培训机构有针对性地加强金融人才的培养，通过学历教育、专业讲座、业务培训、国内外金融专家专题授课等多种形式，为金融从业人员提供继续深造的机会，提高金融人才队伍的专业素质。加强高校、科研院所与金融机构的合作，大力培养复合型、实用型金融人才。

建设金融人才培育基地。支持在连各金融院校的发展，支持国际货币基金组织培训基地、东北亚金融研究院、大连商品交易所和大连银行博士后流动站发展，争取在大连设立中国期货学院和全国性专业人才培训机构。鼓励金融机构在大连设立培训中心、实习基地。

（四）加强金融发展的环境建设

优化金融发展政策环境。学习借鉴上海、天津等地促进金融发展的经验和做法，全面实施《大连区域性金融中心建设促进条例》，使区域性金融中心建设的各项政策措施长效化、规范化。制定鼓励金融招商、鼓励信贷投放、鼓励金融创新、扶持期货业发展、扶持中小企业融资、扶持农村金融、支持保险业创新、推动企业上市、扶持引导股权投资、支持发展金融总部、鼓励引进金融人才等各项政策措施，切实加大对金融中心建设的政策支持。

加强社会信用环境建设。继续实施"金融信用体系建设工程"，依托人民银行征信中心，完善征信系统功能，探索建立综合社会信用信息系统，拓展征信服务应用领域，加快征信产品创新，促进信用信息共享。积极支持和推动中小企业信用、农村信用体系建设，切实加强信用管理，形成信用约束机制，培育和规范多元化信用主体。

（五）深化金融改革创新与开放

深化金融改革。强化市场机制在推进大连区域性金融中心建设中的作用，积极争取金融改革试点政策，在体制机制、市场监管、机构设置、金融产品和业务创新等方面进一步改革创新，先行先试，积累经验，在辽宁沿海经济带开发开放和老工业基地振兴过程中发挥示范作用和带动作用。

推进金融创新。更新发展理念，激发创新活力，完善金融创新政策，建立支持金融企业开拓业务和自主创新的激励机制，形成以市场需求为导向、以金融企业为主体的金融创新机制。大力推进金融体制和机制、组织体系和发展模式、金融产品和服务、监管手段和方式的创新，借助金融创新促进市经济发展和创新体系建设。支持金融机构在有效防控风险的基础上积极开展金融产品和业务创新，鼓励银企、银证、银保、银信合作，研发组合型金融服务产品。

扩大金融开放。加大金融招商引资力度，坚持内引外联，不断拓展大连区域性金融中心对外影响力和辐射力。以重点功能园区为载体，面向国际、国内两个市场，利用两种资源，以日韩、中国香港、新加坡、欧美为重点，广泛吸引各类金融机构、后台服务机构及中介机构来连落户。积极推进在连金融机构与境外金融机构的战略合作，注重引入国际先进的管理经验、市场开发手段、业务运作模式及国际金融人才，不断提高国际竞争力。加强金融监管。支持金融监管机构完善监管手段，加强金融监管，建立政府部门和金融监管机构协调机制，形成良性互动、贴近市场、促进创新、信息共享、风险可控的综合监管体系，增强金融监管的系统性、连续性，保障金融业持续、健康、安全发展。

第九章 大连地方高校创新创业教育模式研究与实践

——以大连大学为例

高等学校创新创业教育兴起于 20 世纪 90 年代末。进入 21 世纪，在政府政策的推动下，高校将创新创业教育纳入人才培养体系之中，并在创新创业教育体系或模式等方面展开探索与实践。高等学校如何培养出适应社会发展需要的、具有创新创业精神、思维与能力的人才，已成为全社会的热点问题。2016 年，辽宁省政府公布《关于建设沈大国家自主创新示范区的实施意见》，提出把建设沈大示范区作为实施创新驱动发展战略的重要载体和集聚创新智力的"人才特区"，要加大人才的培养、使用和引进力度，不断完善人才发展机制；大连市提出通过创新体制机制、建设创业创新平台、支持科研人员等举措，推动政府、企业、高校的产、学、研、资、用紧密结合，促进高校培养符合地方经济发展需要的创新创业人才。大连大学作为一所地方应用型高校，肩负着服务地方的使命，创新创业教育起步较早，人才创新活力较强，因此具有很好的代表性，对大连大学的研究，能为我国其他应用型高校构建创新创业教育模式提供有益的借鉴与参考。大连大学立足社会需求和自身优势，在创新创业教育模式等方面不断地进行探索与实践，将创新创业教育贯穿于人才培养的全过程，构建了"三层次、四平台"的创新创业教育模式，创新创业教育取得了良好效果。

一、创新创业教育内涵

2010 年教育部颁发《关于大力推进高等学校创新创业教育和大学生自主创业工作的意见》，首次明确地将创新创业教育定义为"适应经济社会和国家发展战略需要而产生的一种教学理念与模式"。2015 年国务院出台《关于深化高等学校创新创业教育改革的实施意见》，从国家层面全面部署创新创业教育改革工作。政府提出创新创业教育理念，体现出新时期高等学校人才培养目标的重大转变，明确高等学校今后教育教学改革的方向。

　　高等学校要结合学校的自身条件，将创新创业教育落实到位。大连大学依据国家和地方产业布局和经济结构调整升级，以及知识经济社会发展对人才能力需求的要素分析，选择市场差异化竞争的方法，提出具有自身特色的应用型人才为主的培养目标定位：培养面向经济和社会发展第一线需要的，"会做人、能做事、会学习、能创新"的应用型人才。大连大学把创新创业教育作为工作重点纳入学校"十三五"发展规划，并制定《大连大学创新创业教育实施方案》（如图 9 - 1 所示）。大学从学校办学定位、人才培养目标定位出发，对创新创业教育进行顶层设计，明确学校创新创业教育主要任务。

　　一要加强创新创业政策、体制与机制研究。以国家政策为导向，结合大学实际制定深化我校创新创业教育改革的实施方案，及时调整我们的体制、机制，促进人才培养与经济社会发展、创业与就业需求的紧密对接。

　　二要建好创新创业教育的师资队伍、管理队伍。明确教师创新创业教育的责任，加强对教师创新创业教育能力的考核评价。配齐、配强具有创新创业教育与创业就业指导能力的专职教师队伍，聘请企业家校友、创业成功者、风险投资人、创业导师等各行各业优秀人才，担任专业课、创新创业课授课或指导教师，并制定兼职教师管理规范。加快完善科技成果处置和收益分配机制，支持教师以对外转让、合作转化、作价入股、自主创业等形式将科技成果产业化。

　　三要不断完善人才培养方案，建立健全创新创业教育课程体系。结合大学办学定位、服务领域和创新创业教育目标要求，制定专业教学质量标准，修订人才培养方案，将创新创业教育有机地融合到课程体系之中。

　　四要充分利用创新创业教育实践的物化平台。学校加大专业实验室、虚拟仿真实验室、创业实验室和训练中心建设力度，利用新技术、新方式，整合创新创业教育要素与资源，建设更多更好的孵化基地，办好创新创业学院等。

　　五要实现创新创业服务体系的延伸。良好的生态环境建设需要坚持开放合作、全员参与，探索建立校校、校企、校所、校地以及国际合作等多样合作育人的新机制。学校要和国家及地方的组织、企业密切合作建立健全学生创业指导服务专门机构，对自主创业学生实行持续帮扶、全程指导、一站式服务。

　　六要创新创业文化建设作为大学文化建设的重要内容。学校将鼓励学生参加全国大学生创新创业大赛，支持学生成立创新创业协会、创业俱乐部等社团，举办各类科技创新、创意设计、创业计划等专题竞赛，举办创新创业讲座论坛，开展创新创业实践。学校要通过多种形式打造校园创新创业文化，更新师生的思想观念，形成一个助推创新创业教育的良好氛围。

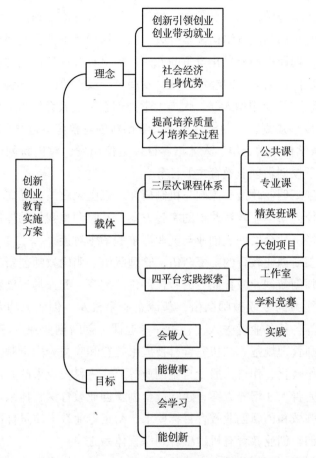

图 9 - 1 大连大学创新创业教育实施方案框架

二、构建创新创业教育模式

大连大学在多年的创新创业教育实践基础上，现已形成创新创业教育"三层次、四平台"课程体系与实践体系（如图 9 - 2 所示）。

（一）"三层次"课程体系建设

大学生创新创业课程体系是制定大学生创业人才培养计划的主要依托。课程体系是创新创业教育的重要载体，也是创新创业教育实施的重点和难点。学校充分利用综合性大学教学资源，倡导创新创业教育与综合素质教育和专业教育相融合，建设依次递进、有机衔接、科学合理的创新创业教育"三层次"课程体系：

即全校课层次、专业课层次、精英实践课层次。

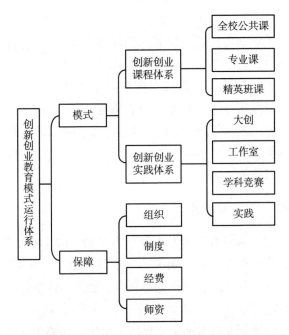

图 9 – 2　大连大学创新创业教育模式运行体系

1. 全校公共课层次

自 2012 年起学校面向全体学生开设创业基础、就业创业指导等方面的必修课和开设科学研究方法，学科前沿等选修课，纳入学分管理。现已面向全校本科生开设必修《大学生创新创业与就业指导》及《创新教育》课程。同时学校重点完善创新创业选修课程体系，现已开设 31 门相关课程，其中包括《创新工程实践》《创业启蒙与案例分享》等网络开放课程。学校加快创新创业教育优质课程信息化建设，鼓励学生选修资源共享的慕课、视频公开课等在线开放课程，建立在线开放课程学习认证和学分认定制度。

2. 专业课层次

学校要求各专业至少开设一门与创新创业教育相关的专业课外，同时要求各专业要将创新创业教育与专业教育相结合，在专业课教学中加入创新创业教育模块。学校要求各专业面向高年级学生开设顶峰课程，教师通过研讨、项目研究等方式，与学生交流学科前沿知识、创新性思维和创业思想与方法等，提高学生的专业水平，鼓励教师开设创新创业教育课程，并列入综合素质类课程。

3. 精英班课程层次

学校早在 2001 年开始试行创新实验班尝试，现已经开设创业实践班、机电实践班、数学建模班和互联网商务实践班。创新类实践班的目标在于挖掘学生创新潜能、强化大学生创新实践能力培养，为优秀人才脱颖而出创造更好的机会。创业类实践班采用"3 + 4 + X"培训模式，"3"即"三阶段实战式培养体系"，分别在创意激发阶段、创业实训阶段、培育孵化阶段三个阶段开展针对性的培训，学生完成前一阶段班级学习且经考核合格后，即可进入后一阶段班级学习；"4"即"四平台拓展性创业实训项目"，学生参加创业讲座、创业沙龙、创业大赛及创业路演等四类创业实践活动；"X"即学生自主创业实践运营，学生正式工商注册，在学校政策的支持下开始公司经营管理活动。

（二）"四平台"实践体系建设

学校以"大学生创新教育百千万工程"为牵动，以省级大学生创新创业实践教育基地为依托，搭建创新创业"四平台"实践体系：大学生创新工作室平台、大学生创新创业训练计划平台、学科竞赛平台、创业实践平台。

1. 工作室平台

工作室是开展创新创业教育的主要场所，由研究兴趣相同的专业教师和大学生组成，围绕即定内容开展学术研究、技术开发、产品制作和学习训练等创新创业实践活动。构建大学生创新工作室主要目的是服务于专业建设和创新创业人才培养的选拔和管理机制，促进各类专业实验室、实训教学资源共享与合理利用。目前有 131 个工作室，覆盖 56 个本科专业，指导教师近 200 名，年均接纳 3000多名学生。

2. 大学生创新创业训练计划平台

2012 年学校实施《大学生创新创业训练计划项目实施方案》。依据"分级组织、兴趣驱动、注重过程、培育成果"的原则，实施院、校、省和国家级四级项目的管理模式。设立大学生创新教育基金，对符合条件的项目提供科研指导，实验场地和配套资金等全方位支持。学校秉承"做中学"的教学理念开展"大创计划"项目，让学生在"自主完成既定目标的综合实践活动"中，学习创新创业基本知识与技能，获得发现问题、分析问题与解决问题的思想与方法，完成课题研究、能力训练与成果培育等任务。

3. 学科竞赛平台

学校本着"兼顾级别、重点优先、支持专业、保留特色"的原则，每年支持50 余项由重大综合竞赛、重要专业竞赛和学校特色竞赛组成的年度竞赛计划。

通过竞赛计划引导师生充分利用现有资源有目的开展实践活动，有重点地培训与培养学生，有针对性地进行作品制作、课题研究和成果培育。通过参赛，让学生在竞争中比较自身的综合能力、团队协作意识和创新精神，展示实践成果，并借助竞赛平台使优秀人才脱颖而出。

4. 创业实践平台

学校充分利用学校现有资源和社会资源优势，打造拥有大学生创新创业孵化实践平台。首先，利用学校的国家大学生文化素质教育基地和省级大学生创新创业实践教育基地，为大学生搭建创业实践平台。其次，学校加强各类专业实验室和实验中心共建合作创新平台，制定搭建创业竞赛、创业实训、创业沙盘、虚拟公司等各种创业实训平台的支撑政策，为创新创业项目提供系统的、完整的、全程的训练过程，形成"大创项目－项目选育－成果转化－项目孵化"一站式服务功能的管理模式运行体系。最后，学校加强与企事业单位合作，建好大学生校外实践教育基地。学校先后与多家企业签订合作协议，使之成为创新创业孵化基地，以及创新创业教育实践基地。如学校与大连阿尔滨集团有限公司等企业建立了国家级、省级实践教学基地，对相关专业学生开展专项创新创业教育。

三、创新创业教育实践与成效

1. 制度建设

学校先后出台了《大连大学大学生创新教育"百千万"工程》《大连大学本科生创新创业学分管理办法》《大连大学大学生创新创业训练计划项目实施方案》《大连大学大学生创新创业奖励办法》等制度。包括建立创新创业档案和成绩单；优先支持参与创新创业成绩优秀的学生转入相关专业学习；允许学生调整学业进程、保留学籍休学创新创业。在各专业人才培养方案中设置了"创新创业学分"，学生修满规定的创新创业学分方可毕业。学校还为教师指导学生参加各类创新创业项目制定了教学工作量和科研工作量计算办法等。通过制度建设使师生明确创新创业教育工作的内容、范围、程序及管理方法，引导创新创业教育工作规范化开展和体系化推进。学校为促进创业教育工作广泛、深入地开展，陆续出台了相应的激励政策，鼓励师生参与创新创业教育的积极性和勇于改革的精神。学校设立大学生创新创业奖励基金、大学生创业资金，"大创计划"项目和"学科竞赛"、大学生创新工作室等专项经费，在资金上对创新创业教育给予支持，保障了创新创业教育模式的有效运行。

2. 队伍建设

学校通过参加培训、课程建设、教改项目、教材建设的方式，培养校内的创业导师队伍；对接政府部门和企业组建校外的创业导师队伍，聘请杰出校友、创业成功者、企业家、风险投资人等各行各业优秀人才，担任专业课、创新创业课授课或指导教师，实现校内外导师教学资源共享。

目前，学校参与创新创业教育工作的兼职教师近 300 人，由 40 余名骨干教师和 200 多名教师、实验技术人员等组成，其中具有高级技术职称的占 57%，具有博士学位的占 48%，师资队伍结构良好、水平较高。同时，学校聘请了校外具有实践经验的工程师，担任创新创业指导教师。

3. 主要成果

学校经过几年的创新创业教育实践，现已初见成效。学校成为国家地方院校"大创项目"立项单位、是辽宁省 A 类"大创项目"立项单位；学校是中国高等教育学会大学素质教育研究分会副理事长单位，是大连市创业联合会的理事单位；2015 年获批辽宁省大学生创新创业教育实践基地，2016 年荣获大连金普新区颁发的大学生创新创业示范基地和辽宁省首批深化创新创业教育改革示范高校。

学校积极开展创新创业教育研究。先后有"地方院校应用型人才创新教育实施途径的探索与实践"获省级教学成果一等奖，"构建以工作室为代表的创新与实践教育载体，培养高素质应用型人才"获省级教学成果二等奖。学校还着重开展教学方法和考试方法改革研究，针对创新创业教育课程需求和特点，广泛开展启发式、讨论式、参与式教学，如引入北京大学知名的中国式慕课《创新工程实践》课程，采用远程直播互动、在线视频自学、现场操作指导、团队项目实战等混合式课程教学模式，积极探索网络优质资源的合理高效利用途径。充分利用虚拟仿真实训平台，把企业搬进学校，开展学生角色扮演、实战演练式的创业实训教学。创新创业实践班等均采用小班化教学，理论实践相结合，学生受益良多。改革创新创业教育课程考核内容和方式，注重过程性评价，结合采用调研报告、实训总结、创业计划书、路演等方式进行考核。2016 年度，学校已有专项创新创业教学改革省级立项 15 项、校级立项 12 项，为创新创业教育的有效实施提供理论与实践基础。近年来，学生累计获得国家级大学生创新创业训练计划项目159 项、省级 390 项。大学生共取得国家级奖 140 余项、省级奖 1020 余项。如获全国大学生节能减排社会实践与科技竞赛一等奖、大学生电子设计竞赛全国一等奖、大学生飞思卡尔智能汽车竞赛全国一等奖、数学建模全国一等奖等；在 2015 ~ 2016 中国"互联网＋"大学生创新创业大赛中，学校共获得国家三等奖 3 项，省金奖 3 项、银奖 3 项、铜奖 9 项；现有 15 家在校学生的创业公司正式工商注册、在学校孵化运营；有 3 名自主创业的毕业生获"2015～2016 年度辽宁省大学生创新创业标兵"称号。

建立校企联盟，促进产学研协同创新。学校积极建立校企联盟，推动科技成果创新转化。智慧航运与物流网络技术国家地方联合工程实验室以学校通信与网络重点实验室为基础支撑，联合中国航天科技集团、中国科学院、东北大学、大连港集团共同建设，形成了智慧航运与物流网络技术的具有国内一流水平的研究团队。学校的辽宁省通信网络与信息处理重点实验室、辽宁省化工环保工程中心和辽宁省制冷机械工程技术研究中心分别与金普新区电子信息产业集群、长兴岛石油化工产业集群和金普新区装备制造产业集群的对接平台。在科技创新、成果转化和重大关键技术攻关等方面取得了一定的成绩，对促进产学研协同创新发展发挥了积极作用。学校的大连市海洋微生物工程重点实验室、现代农业技术研究院、土木工程技术开发中心等分别与大连医诺生物技术有限公司、金普新区国家农业产业示范园区、大连市地震局等单位建立了校企联盟，发挥了学校技术和人才优势，为地方产业创新发展提供了重要技术支撑。

四、创新创业教育展望

"十三五"期间，学校将全面贯彻落实《国务院办公厅关于深化高等学校创新创业教育改革的实施意见》《辽宁省深化普通高等学校创新创业教育改革实施方案》和《大连市人民政府关于优化大众创业、万众创新环境政策措施的意见》等系列文件精神，将创新创业教育融入人才培养全过程，开展赋予创新创业教育内涵的专业、课程、教材及师资队伍建设等工作，切实提高创新人才培养质量。学校将继续强化创新创业工作领导小组的作用、发挥创新创业学院的职能，做到"机构、人员、场地、经费"四到位，使创新创业教育做到科学化、规范化、制度化，完善"一站式"服务功能。进一步丰富创新创业教育"三层次、四平台"课程体系和实践能力培训体系，实现大学生创新教育和专业教育的有效结合、专业教育与创业教育的有效融合、创业教育与创业实践的无缝汇合，在创新创业教育与创业项目孵化之间搭建对接的桥梁，为大学生创办企业提供有力政策支持和条件保障，促进学校创新创业教育整体水平的不断提高，达到创新带动创业、创业引领就业的良好效果。

第四篇

金普新区自主创新示范区建设篇

第十章 金普新区建设自主创新示范区政策研究

一、建设自主创新示范区的现实基础

2014 年 6 月 23 日，国务院下发了《关于同意设立大连金普新区的批复》，同意设立大连金普新区，为我国第 10 个国家级新区。金普新区位于大连市中南部，包括金州区全部行政区域和普兰店市部分地区，总面积约 2299 平方公里，2013 年常住人口达 158 万人。区位优势明显，开放环境优越，产业和科技基础雄厚，海陆空交通发达，生态环境优良。

(一) 金普新区的战略定位

国务院同意设立大连金普新区之后，《大连金普新区总体方案》也被国务院批准同意，《方案》指出该新区将构筑起我国面向东北亚区域开放合作的战略高地，引领东北地区全面振兴的重要增长极，老工业基地转变发展方式的先导区，体制机制创新与自主创新的示范区，新型城镇化和城乡统筹的先行区。《方案》明确提出，到 2020 年，大连金普新区要基本建立起与定位相适应的开发建设和运行管理体制，初步形成与国际接轨的开放合作和自主创新政策环境。

2016 年 4 月，国务院同意沈阳、大连两个国家高新技术产业开发区（统称沈大国家高新区）建设国家自主创新示范区，由大连市的高新园区、金普新区会同沈阳高新园区、经开区共同作为核心区创建国家自主创新示范区，金普新区赫然在列，批复中要求各地结合自身特点，积极开展科技体制改革和机制创新，建设成为创新创业生态区、开放创新先导区。

目前金普新区肩负着建设国家级新区与国家自主创新示范区的双重使命，任务更艰巨，挑战更大，但二者并不是矛盾的，而是相辅相成、相互促进的。首先二者的战略目标是统一的，都是要通过全面深化改革，构建支持创新的政策措施体系，努力建设具有国际影响力的科技创新创业区域中心和促进老工业基地的全面振兴；其次二者的战略定位是统一的，都是以创新驱动发展和全面振兴东北老工业基地的国家战略为指引，以国家赋予新区"一地一极三区两中心"的战略定位为使命，以提升新区自主创新能力为核心，以传统产业升级和新兴产业加速发展为重点；最后二者需要协同发展，建好金普新区，有必要进一步提升新区科技创新能力，推进金普新区建设国家自主创新示范区，为创新型城市建设夯实基础，而建好国家自主创新示范区需要国家级新区的政策支持与平台创新，也能促进国家级新区内在创新机制大力提升。

（二）建设自主创新示范区的比较优势

金普新区地理区位优越，战略地位突出，经济基础雄厚，产业结构合理。近年来，经济社会事业均取得了明显进展，为自主创新示范区建设打下了良好的基础。

1. 区位和交通优势突出

从宏观来看，金普新区地处东北亚国际航线的要冲，坐拥大连东北亚国际航运中心的大窑湾核心港区，其服务腹地的发展可以带动金普新区港航服务、国际和国内贸易、现代物流业的发展。海上通过远近洋航线与160多个国家和地区通航，陆上通过陆桥班列运输与俄罗斯及欧洲地区相连。区内综合交通运输体系和航运服务功能完善，哈大、庄大铁路和沈大、丹大高速公路贯穿其中，是沟通大连与辽宁沿海经济带和东北内陆腹地的重要纽带。从微观来看，金普新区毗连大连市主城区，属于主城区近域拓展区，可以与大连市共享港口、机场、高速公路、高速铁路、轨道交通等大型基础设施，共享教育、科技、文化、卫生、体育、应急等重大社会事业服务设施，可以更容易地接受主城区的发展要素和产业的外溢，降低区域总体开发建设成本，降低企业建设和运营成本，吸引大量企业集聚发展。

2. 经济实力雄厚

金普新区经济总量大、人均产出高、经济增长态势良好，开放优势明显。2015年，地区生产总值2166.8亿元，年均增长9%左右，预计2020年会达到3400亿元；人均地区生产总值179073元，是全国平均水平的3.44倍，年均增长10%；一般公共预算收入106.7亿元，年均增长13.8%。[①]

近年来，金普新区发挥对外开放的先行优势，引进英特尔、固特异、大众发动机、东风日产整车制造、欧力士金融集团等一批外资项目，世界500强企业达

---

① 资料来源于金普新区相关部门的工作报告。

到 66 家。同时，加大"走出去"步伐，有效利用国际国内两个市场、两种资源，在更高水平上参与国际竞争。2015 年，金普新区外贸进出口总额 257.1 亿美元，占大连市的 46.7%、辽宁省的 26.82%；实际利用外资 3.2 亿美元，占大连市的 11.9%、辽宁省的 6.2%。[①]

3. 产业企业规模优势明显

2015 年，金普新区规模以上工业增加值 814.7 亿元，年均增长 14%，占大连市的 44%。工业集群化发展水平高，初步形成了以大机床和光洋数控为代表的高端装备制造业集群，以东风日产、奇瑞汽车和一汽大众为代表的整车及汽车零部件产业集群，以英特尔集成电路为代表的电子信息产业集群和港航物流产业集群。现代服务业加快发展，汇集了韩国友利银行总部、辉瑞财务中心、黄海轴承、中远船务等一批总部企业，总部经济初具规模。2015 年，金普新区服务业增加值 902.2 亿元，占大连市服务业增加值的 24.4%。[②]

4. 园区载体发达

围绕产业转型升级，金普新区规划建设了通用航空产业区、中东欧产业园、军民融合产业园、饮品产业园、木业产业园、生物医药产业园等特色园区。搭载国家自主创新示范区、自由贸易试验区、跨境电商综合试验区、国家级经济技术开发区、保税区、出口加工区等重大载体平台，形成了以电子信息、生物医药、高端装备制造等为主的国家创新型产业集群。

5. 社会事业发展基础较好

金普新区城镇化率超过 90%，区域综合竞争力位居全国同类城市前列，在东北地区处于综合竞争力最高水平。城镇常住居民年人均可支配收入 32172 元，城镇新增就业人数 36432 人，平均受教育年限 14.3 年，城乡居民基本养老参保率 96.7%，城乡统筹成效显著。生态环境良好，金普新区四季分明，气候宜人，空气质量全年优良天数达 300 天以上。[③] 可以说，金普新区已经进入城市化的高级阶段，虽然新区的某些指标（如三次产业结构）还不完全符合这一阶段典型特征，但从总体上看，金普新区已经进入或接近新型工业化国家的发展水平，而这一时期发展的基本特征和主要任务是由高速增长转向高质增长，由偏重经济发展转向偏重社会建设和人民福祉，具备了建设自主创新示范区的重要基础。

6. 各类支持政策力度空前

金普新区拥有国家级新区、国家自主创新示范区、自由贸易试验区、跨境电商综合试验区、国家级经济技术开发区、保税区、出口加工区、旅游度假区

---

① ② ③　资料来源于金普新区相关部门的工作报告。

等重要功能区，对外开放优势地位明显，已经成为大连、辽宁乃至东北地区对外开放的窗口和前沿。近日，辽宁省委常委会原则通过《中共辽宁省委、辽宁省人民政府关于推进大连金普新区建设发展的实施意见》。辽宁将举全省之力支持金普新区加快"一地一极三区两中心"建设，引领东北老工业基地全面振兴发展。

二、自主创新示范区建设概况

金普新区自主创新示范区建设取得重大进展，自主创新体系基本形成，创新环境明显改善。目标到 2020 年，新建市级以上创新平台 100 家以上，R&D 投入占 GDP 的比重达 3%，高新技术产业增加值占 GDP 比重达到 27%。

1. 科技创新取得重大突破

2015 年金普新区民营经济占 GDP 比重 35.6%，R&D 投入占 GDP 比重 2.3%，高新技术产业增加值占 GDP 比重 24.8%，服务业增加值占 GDP 比重 41.6%，社会活力进一步增强。金普新区 2016 年 8 月部署 102 项改革任务，65 项改革任务属于与沈大国家自主创新示范区"一体化"建设内容。截至 2016 年 7 月，金普新区共有各类研发机构 285 个，其中国家级 8 个、省级 46 个、市级 80 个、区级 151 个。累计实现研发平台投入 10.6 亿元，仪器设备总值 3.1 亿元，总收入 20.7 亿元，科技成果 1122 项，成果转化 105 项，专利申请 2220 项，专利授权 1565 项，自主创新能力明显提升。[①]

2. 积极构建"1＋N"科技创新政策体系

金普新区在建设国家自主创新示范区过程中，积极构建"1＋N"科技创新政策体系，打造东北亚科技创新协同中心。目前，金普新区已完成"1＋6"政策的制定并印发执行，明确了对创新创业平台载体建设、运营、服务等方面的支持内容，对引进创新人才、促进成果转化、吸引创新融资、提升产业创新能力等方面都加大了政策支持力度，为打造东北亚科技创新中心提供了政策保障和战略引领。

"1＋6"科技创新系列政策包括金普新区《关于促进科技创新的若干措施（试行）》《金普新区科技计划项目管理办法（试行）》及《大连金普新区加强孵化平台建设推进大众创新创业实施办法》，金普新区《关于推进大众创业万众创新的行动方案》，金普新区《众创空间备案工作指引》《大连金普新区科技创业

---

① 资料来源于金普新区相关部门的工作报告。

导师实施管理办法》及金普新区《创新创业示范基地指引》等配套政策。按照《关于促进科技创新的若干措施（试行）》的整体框架，金普新区将通过加强创新平台建设、加强孵化载体建设、加强科技金融建设、加强知识产权建设、提升产业创新能力、促进新兴产业聚集等"六条路径"和41条措施，全面提升金普新区科技创新能力。

3. 加大财政科技投入

在构建全方位的科技创新政策体系的同时，大手笔的财政科技投入，将成为撬动金普新区科技创新大发展的杠杆。在加强创新平台建设方面，新建公共研发平台最高补贴可达200万元；社会资本兴建众创空间、科技企业孵化器、大学科技园等孵化载体，最高补贴可达300万元；加强科技金融建设，探索投资机构风险补偿、知识产权质押融资登记等制度，每年最高补偿200万元；加强知识产权建设，获得发明专利每件最高补贴2万元。在提升产业竞争能力方面，提升产业创新能力，最高给予1000万元项目支持；促进新兴产业聚集，建立研发机构或并购具有核心技术的科技企业，最高可获补贴200万元。

三、建设自主创新示范区面临困难

尽管金普新区发展基础良好，但与上海浦东、天津滨海新区及广州、深圳等先进地区相比，按照国家、省、市要求及东北地区振兴的需要，新区还有许多薄弱环节，建设自主创新示范区存在很多问题。

（一）内在机制障碍

1. 发展理念相对滞后

由于受东北地区文化的影响，政府及部分企业和职工的思想观念相对保守陈旧，传统体制遗留下的思维习惯根深蒂固，对市场经济体制条件下和对外开放背景下所形成的新的发展理念反应迟钝，思想观念创新不足。

2. 体制机制不畅依然存在

尽管新区在改革方面做出许多探索，但由于受长期传统体制的影响，政府职能转换步伐较慢，甚至在一定程度上出现了体制回归。政府管的过多过细，市场机制配置资源的作用未能得到充分发挥。

（二）产业结构不尽合理

尽管经过多年的建设和调整，金普新区已经形成了比较完备的产业体系，这有利于吸纳与转化国内外各方面的资源成果，但总体上仍处于国际产业分工的中低端环节，产业研发水平还不高，对技术引进存在路径依赖，核心技术的掌控能力较弱，附加值较低，特别是具有自主知识产权的产品比重较小。截至 2013 年底，金普新区高新技术产业实现产值 1600 亿元，新区共有国家级高新技术企业 112 家，主要分布在电子信息技术、生物与新医药技术、新材料技术以及高技术改造传统产业 4 个领域，重点关注和培育的智能制造、半导体、生物医药、工业软件以及设计与创意 5 个新兴产业门类。

尽管 2015 年金普新区经济总体上保持了平稳发展的良好态势，但经济质量效益不高，产业结构调整升级仍存在一些不容忽视的问题。主要体现在各科技产业在空间上远没有形成集群优势，产业链需要进一步完善和优化。

（三）科技创新体系不完善

面对城区功能转换和产业转型升级的需要，新区的科技创新能力明显不足，缺少有实力的科研机构，科研成果产出能力不强，吸引和转化区外科技成果不多，技术进步对经济增长的贡献率亟待提高。

1. 科研成果转化率不高

截至 2013 年底，单是金州区共有各类研发机构 259 家，主要分布在光机电一体化、电子信息、生物医药、资源与环境和农业等领域。目前，研发机构共拥有从业人员 13800 人，其中研发人员总数为 7258 人，占从业总人数的 53%；2013 年完成科研项目 458 项，研发投入达到 30 亿元，专利成果转化项目 105 项，占专利授权总数 20%。[①]

从金普新区的整体情况来看，虽然每年产生大量的科研成果，但能真正转变为现实生产力的比重却很低。正是由于科研成果转化率的低下，削弱了科技创新对经济发展和社会进步的贡献。

2. 科技创新平台建设不完善

科技创新平台作为国家创新体系的重要组成部分，是区域创新体系的重要基础，是推动企业成为创新主体的重要载体，是加速转化创新成果的重要途径，是科技进步、社会发展、经济增长的重要助推器。

目前，新区共包含科技研发、科技载体、科技服务三大创新平台。科技研发平台有 52 家，依托各类机构 57 家。科技载体平台有 6 家，其中国家级孵化器 2 家，加速器 2 个，创新大厦 2 个。已建成三洋压缩机、三洋制冷、光洋科技和汉

---

① 资料来源于金普新区相关部门的工作报告。

信生物等 11 家企业博士后工作站和辽宁生物医学材料研发中心、盛辉钛业、环宇阳光、珍奥集团等 6 家博士后科研基地，博士后工作站数量位居辽宁各开发区和高新区首位。

虽然新区在基础性平台的建设上已经取得较令人满意的成绩，但远不能满足当今复杂的科技环境对创新平台的要求。比如面对创新资源分散、封闭和垄断的状况，需要积极探索新的管理体制和运行机制，搭建资源共享平台，来破除科技资源的拥有者、经营者、使用者之间的各种壁垒，促进创新要素流动、聚集和高效利用。

积极探索科技创新平台建设新模式，在已有平台建设基础上，搭建资源共享平台、专家科技咨询平台、科技成果转移平台、国内外交流与合作平台等多种新型创新平台。

3. 科技创新驱动能力不足

早在改革开放之初，邓小平就提出"科技是第一生产力"。近年来，新区不断加大科技普及、社会主义新农村建设等社会发展领域的重大科技问题的研发投入、技术引进和示范推广，有力促进了全社会科技进步。截止到 2013 年底，新区科技进步贡献率为 59%，财政科技资金投入占财政预算支出比例为 5%，但这与争取在我区设立国家自主创新示范区的目标相差甚远。

为此，在 2014 年新区启动"创新创业在新区"系列活动，成功举办了"首届金普新区科技创业大赛"，科技创新型城区建设深入推进。在 2014 年《关于近期支持东北振兴若干重大政策举措的意见》中，也围绕如何紧紧依靠创新驱动发展提出了相关的具体要求。

4. 支撑创新的投融资机制不完善

近年来，尽管新区在科技金融方面不断创新，但从现实来看，多元化的投融资体系仍没有效建立，财政资金的杠杆效应难以有效发挥，距离实现创新驱动转型发展的要求还有一定距离。主要问题体现在：一是融资体系对前端和早期科技企业发展支持力度不够，天使投资尚处于起步阶段，科技企业融资担保机制不畅、效率不高，制约了科技型中小企业成长。二是科技创新风险、投入高，且由于科技风险评估机构缺失，风险投资补偿回报机制尚未建立，在一定程度上降低了民间资本主动参与的意愿。三是科技金融创新力度不够，缺乏整体性的制度创新。

（四）科技创新体系问题分析

创新驱动发展战略的最终目标是促进国家（产业/企业）自主创新能力的提

升，进而推动社会经济发展。但创新驱动战略的成功必须基于政府、企业和相关科研机构的协同运作。结合金普新区科技创新的现实问题，我们发现作为创新主体的企业存在创新意愿不足的问题，而政府激励、保障措施不到位，引导科研机构和企业发挥其创新能动性作用还不显著，高校和科研机构也没有很好地发挥其区域创新"推动器"的作用，同时科技创新对经济社会发展的贡献率还有待提升。因此，针对金普新区科技创新体系问题分析，从企业创新意愿不足和系统创新效率偏低两个方面来探寻原因，如图 10 - 1 所示。

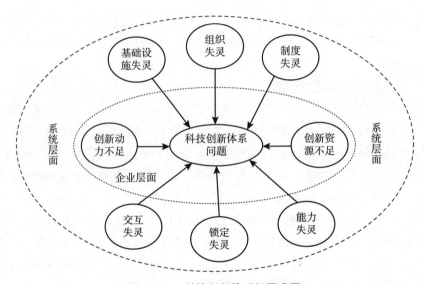

图 10 - 1 科技创新体系问题成因

1. 企业创新意愿不足的原因分析

作为创新主体的企业本应该积极发挥其创新主动性，通过自身创新能力的提升来提高其产品竞争力，进而促进社会创新能力提升。但实际情况是，金普新区不少企业仍然热衷于技术引进，对自主创新则有心无力。究其原因主要有以下两点：

（1）企业自主创新动力不足。动力不足一方面是由于创新成果的公共产品属性导致的，创新成果与收益的非独占性、不对称性、不确定性，再加上相关知识产权配套政策措施的不完善，必然会降低企业的自主创新热情；另一方面是由于创新自身的风险性导致的，外部环境、企业自身局限、创新过程的不确定性等都可能导致创新失败或偏离目标。所以，企业很难自发地承受增加转型成本去开展自主创新行为，往往会安于固有模式或等待"搭便车"。

（2）企业自主创新资源不足。一方面，技术能力累积是后发企业的基本问题，因为它们一般起步于是无竞争力状态，目前金普新区大多企业还不具备技术能力去进行原始创新或集成创新，而核心技术与先进技术的难以引进性又会让企业缺乏高水平引进技术再创新的基础；另一方面，处于全球价值链"低端锁定"的中国企业本就利润微薄，随着全球化进程的加速，劳动力、原材料及市场的一体化更使得企业赖以获利的"比较优势"丧失，绝大多数企业无力投入经费于自主创新，金普新区也存在同样问题。

2. 系统创新效率较低原因分析

目前，创新效率低下是我国自主创新战略推进中面临的重要问题，同时由于科技创新涉及政府、企业、科研院所、高等院校、国际组织、中介服务机构、社会公众等多个主体，包括人才、资金、科技基础、知识产权、制度建设、创新氛围等多个要素，是各创新主体、创新要素交互复杂作用下的一种复杂涌现现象，是一类开放的复杂巨系统。基于此，借鉴系统理论的"系统失灵"观来分析金普新区科技创新效率低下的原因。

基于创新系统理论的"系统化"政策观在创新政策理论与实践中发挥了重要影响。"系统化"创新政策观认为审视和重新设计创新系统内各部分之间的联系是创新政策的基本方面，创新政策考虑了创新系统内组织在协调、联结和解决不同需求等方面的"失灵"。在创新系统理论基础上，众多学者认为"系统失灵"是创新政策的逻辑基础。史密斯（Smith K.）等对系统失灵研究加以总结，提出了创新系统失灵的六种形式：组织失灵、基础设施失灵、制度失灵、交互失灵、能力失灵和锁定失灵。各种"系统失灵"的出现影响了创新系统的运行以及创新效率的提高进而制约了创新绩效。

（1）组织失灵。体现为创新系统的关键部分发育不良甚至缺失。即创新系统中的关键组织，如研究机构、教育设施、风险资本、专业化的供应商等未能充分发展。

科技创新行为主体大致可以分为四类：第一类是企业，包括大型企业、中小企业、初创企业和跨国公司等；第二类是知识生产机构，包括大学和科研院所等；第三类是创新需求者，包括消费者和大型采购商；第四类是与创新有关的中介服务机构，包括金融机构、风险投资公司、咨询公司和行业协会等。由于我国正处于经济转型时期，与创新有关的市场行为主体正经历着一个从无到有的过程，所以会出现创新行为主体缺位或数量不足的情况。

（2）基础设施失灵。在自主创新系统中主要是指正外部性强、投资规模大、建设周期长的科技基础设施不健全，如技术监测与信息共享平台、技术交易中介、公共实验平台、共性技术研发等方面的建设不完善，而且企业不愿也没有能力去投资建设。

（3）制度失灵。首先，体现在一些正式制度中存在不适应或阻碍自主创新的因素，一方面还未完全建立起推动自主创新的知识产权、技术标准、反垄断、研发管理等制度；另一方面还有现存制度与自主创新目标不一致、制度内部冲突的地方，如已有研究指出了税收优惠政策与现行税制不协调、政府采购政策与实施细则不一致等政策体系内的失灵问题。其次，社会文化、价值观等方面还未营造起自主创新意识与导向的浓厚氛围。

（4）交互失灵。主要体现为自主创新系统内部交互失灵与外部交互失灵两个方面。内部交互失灵是指自主创新系统内部存在的多种目标、行为上的不匹配，如基础研究与应用研究的不对接、R&D 与市场的不对接、创新分布的不协调、各类创新主体之间的不协调等等。外部交互失灵主要是指国外企业技术封锁与溢出阻断策略下的外部技术源获取困难，外部难以形成开放式的创新互动与支持。

（5）能力失灵。这里的能力失灵主要指升级或转换能力不足，即大多数企业在技术的设计、研发、检测等自主创新关键环节不具备可持续的自主实现能力，导致或是"锁定"在原有的技术平台而无法跃至新技术轨道，或是陷入"引进—创新—再引进……"的怪圈中恶性循环。

（6）锁定失灵。锁定失灵是整个创新系统层面上的失灵，是指创新系统具有惯性和路径依赖的特点，创新组织不能适应新技术、新工艺和新商业模式等技术范式的变化。如创新系统主体之间存在较强的合作关系和互信关系时，团体就表现出一定的封闭性特征，可能会排斥新主体的加入或原有主体不愿退出该团体，这会导致外界的新观点不容易引起关注，企业会被锁定在现有的技术轨道内而无法向更高的技术轨道跃迁。

四、金普新区科技体制机制创新"政策集"构建

结合前文采用"系统失灵"思想对金普新区科技创新问题的诊断，梳理金普新区科技体制机制创新政策的优化流程。这一流程以解决问题为导向，流程可分为问题识别、问题诊断和解决方案等环节，见图 10 - 2。

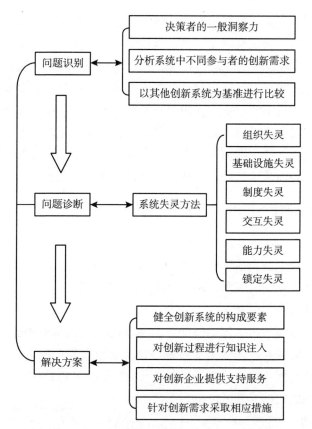

图 10 - 2　科技体制机制创新"政策集"构建流程

（一）科技体制机制创新政策问题识别和诊断

科技体制机制创新政策是引导、推动和保障全社会科技创新活动的主要手段。科技体制机制创新政策是指导地区科技创新活动的纲领，在具体实践中，由于外在环境和内在需求的变化，会导致科技体制机制创新政策与科技创新工作的不匹配。可以通过政策决策者在调研基础上的洞察力、创新系统中不同参与者的创新需求以及与其他先进地区创新系统的比较来发现、识别地区科技创新政策问题。

借鉴系统论观点运用"系统失灵"方法诊断制约创新系统高效运转的"瓶颈"。如果创新系统中的关键组织，如研究机构、教育设施、风险资本、专业化的供应商等缺位或不足，将会导致组织失灵；如果创新所需的技术监测与信息共享平台、技术交易中介、公共实验平台、共性技术研发等科技基础设施不健全，就会存在基础设施失灵；当技术标准、研发管理规章和知识产权法等法律法规体系阻碍创新时，就会出现硬制度失灵，当社会规范、价值观等非正式制度阻碍了创新时，就会发生软制度失灵，可以统称为"制度失灵"；当现有创新主体之间或与外部技术源之间在目标和行为上存在着不协调，就发生了交互失灵；如果企业缺乏管理能力、技术学习能力或相关资源，无法适应新技术或无法实现向新技术范式的转换，就会出现能力失灵；如创新组织不能适应新技术、新工艺和新商业模式等技术范式的变化则为锁定失灵。通过对创新系统症结的诊断，可以有针对性地进行完善和构建金普新区科技体制机制创新"政策集"。

（二）科技体制机制创新"政策集"构建

在找到问题所对应的系统失灵类型以后，即可给出相应的解决方案。常用的解决办法主要有健全创新系统构成要素、对创新过程注入知识、对创新企业提供支持性服务和针对创新需求采取相应措施等。

1. 健全创新系统构成要素

改革或创建创新所需组织，例如，组建新的研究机构或中介组织等；创造、改变或取消某些对创新组织或创新过程施加激励或阻碍的制度，如知识产权法、税法、研发投资规范等；通过市场机制及其他机制推进创新网络建设，促进创新过程中不同组织之间的互动式学习。

2. 对创新过程注入知识

推进有利于新知识创造，特别是基础科学方面的研发；通过教育培训、创造人力资本、培育和传播生产技能等手段，提高创新研发人员的素质与能力；鼓励建立产业技术创新联盟，提高技术创新过程中高校和科研院所的知识资源利用水平。

3. 对创新企业提供支持服务

进行创新孵化活动，对新出现的创新活动提供各种便利和支持；为创新过程提供融资支持，以促进知识的商业化及应用；为创新活动提供相关咨询服务，如技术转让、商业信息和法律咨询等。

4. 针对创新需求采取相应措施

政府各机关将研发计划委托给企业或民间科研机构；对企业在海外设立研发机构和销售组织等给予的直接或间接地支持，例如协助企业并购海外研发机构；鼓励地方政府的采购合同、国有企业的研发合同等倾向于高科技产品或企业。

以上措施作为科技体制机制创新政策制定的切入点，不同类型的创新系统可以有选择地将其应用到特定的创新环境中。本书基于金普新区科技创新体系的现实情况，拟从以下思路进行科技体制机制创新体系优化，如图 10 – 3 所示。

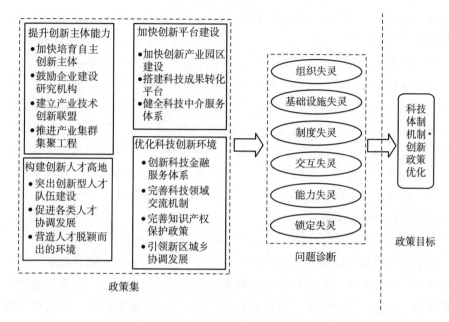

图 10 – 3　科技体制机制创新政策优化技术路线

五、金普新区科技体制机制创新政策建议

（一）提升创新主体能力

1. 加快培育自主创新主体

建立以企业为主体、市场为导向，产学研相结合的技术创新机制，引导和支持创新要素向企业集聚，促进科技成果向现实生产力转化，增强原始创新能力，尤其是增强创新和消化吸收再创新能力，是提升企业创新主体地位的重要手段和标志。

金普新区应加快组织创新主体培育工程，其中高新技术企业是区域创新主体地位提高的核心。加大高新技术企业培育力度，促进高技术产业发展，围绕新区主导产业和重点发展的战略性新兴产业，对科技企业进行梯队培育，开展区级高新技术企业认定，培育和指导区级高新技术企业尽早晋升为国家级高新技术企业。针对高新技术项目和产品的备案、认定，以高新技术企业培育为目标设置科技计划专项，围绕重点产业领域，实施项目研发和产品开发，加快企业创新能力的提升和科技成果的研发和转化。提高高新技术企业教育经费税前扣除比例，将高新技术企业职工教育经费税前扣除比例由 2.5% 提高到 8%，超过部分准予在以后纳税年度结转。

鼓励企业与高等学校、科研机构、上下游企业、行业协会等共建研发平台和科技创新战略联盟，建设产业关键共性技术创新平台，合作开展核心技术、共性技术、关键技术研发和攻关。积极引导企业围绕国家、全省和全市科技规划确立企业自身的技术战略，鼓励有条件的企业联合高校科研院所共同申报上级政府重大科技项目。参考《上海市企业自主创新专项资金管理办法》中鼓励和引导新区骨干企业开展重大技术装备的自主创新的做法，资助对于重大技术装备研制和开发项目。积极配合上级部门在东北地区启动创新企业百强试点工作，争取区内更多企业纳入创新企业百强试点。

2. 鼓励企业建设研发机构

企业研发机构是企业设立的具有自主研究开发能力的技术创新组织，是企业技术进步的主要依托力量，也是区域创新体系的重要组成部分。在吸引集聚科技创新资源，持续开发新技术、新产品、新工艺，带动行业进步和产业升级方面具有重大作用。金普新区应把企业研发机构的设立作为区域科技创新的重点，实施研发机构倍增工程，积极推动企业资金投入，提高企业核心竞争力，进一步提升新区区域创新能力。

新区应培育有条件的企业设立研发机构，并鼓励申报区级及以上部门的研发机构认定。通过合作建立研究中心、工程技术中心、公共（或企业）技术平台等多种创新主体。积极争取建设国家、省、市工程（技术）研究中心、国家、省、市工程（重点）实验室等研发平台，将我区企业项目纳入国家在东北地区组织实施的重大技术装备首台（套）示范项目。根据产业发展重点，充分利用社会现有科技资源，通过创新基础条件建设，用足用好国家科技政策对符合条件的企业技术中心、国家工程中心等制定了一系列税收、投入等优惠政策，加强企业研发机构建设，形成一批布局合理，对产业技术发展具有重要影响力和支撑作用的企业技术中心。对以政府资金实施的科技项目除基础研究项目外，应规定必须要有相应企业参加，由企业作为主要执行单位，联合高校科研院所力量共同承担，将企业的产业化能力和项目技术真正结合起来。

3. 鼓励建立产业技术创新联盟

产业技术创新战略联盟是指由企业、大学、科研机构或其他组织机构，以企业的发展需求和各方的共同利益为基础，以提升产业技术创新能力为目标，以具有法律约束力的契约为保障，形成的联合开发、优势互补、利益共享、风险共担的技术创新合作组织。新区应制定相关政策，支持依托各类工程研究（技术）中心，引导"产学研用"各方建立技术创新联盟。优先支持有条件的企业集团、创新联盟牵头承担重大科技产业化项目。新建一批国家级工程（技术）研究中心和企业技术中心、国家重点实验室，引进一批国内外具有较强实力的研发总部（分支机构），培育一批高水平的孵化器和孵化企业。围绕重大技术装备和高端智能装备、新材料、生物等我区具有优势和潜力的产业链，以国家重点工程为依托，以骨干企业为主体，以利益为纽带，整合创新资源组建若干产业技术创新战略联盟，集中实施一批重大创新工程，着力在战略性新兴产业领域开展关键技术研发和产业化应用。

鼓励并扶持科技企业提升研发、设计、检测等科技条件建设，以新区重点关注科技产业领域关键技术、共性技术环节为核心，支持企业建设支撑创新的企业技术平台。积极开展产学研用协同创新改革试验，鼓励高校和科研院所到企业设立中试基地，鼓励企业到科研院所设立专业研究院所，形成研发—中试—产业化联动的机制。引导企业与大专院校、科研院所开展合作，以企业为主体，针对产业发展共性需求，加大对研发、检测、分析等公共技术平台建设。

4. 推进产业集群集聚工程

现有优势产业是新区最重要的支撑产业，是区域竞争能力的重要体现，实施产业集群集聚提升工程，强化现有产业优化升级，努力形成集群优势，推动金普新区现有优势产业做大做强，加速形成具有国际竞争力的现代产业体系。加快落实针对重大产业的科技创新优惠政策，制定年度科技产业发展指南，有重点地支持具有本区域特色的高新技术产业。加大针对现有产业的科技创新专项资金投入，激发企业创新热情，促使企业增加研发投入，促进企业自主创新。依靠科技进步，整合各种资源，通过技术集成协同创新，提升产业集群整体创新能力。加速信息化与制造业的深度融合，通过信息技术促进企业自主品牌产品研发能力、生产制造能力和产业链协作能力的提升，提高物联网、云计算、物流信息化、电子商务等在传统企业的应用水平，推动制造业向高端发展。

新兴产业是引导未来经济社会发展的重要力量，发展新兴产业已经成为各国抢占经济科技制高点的重大战略。实施新兴产业培育工程，加快培育和发展符合金普新区特色的新兴产业，加速新区产业结构调整，培育未来新的经济增长点。研究和规划具有我区鲜明特色的新兴产业发展路径，制定年度新兴产业发展指南，重点关注半导体（LED、IC）、生物医药、智能制造装备、工业软件、设计与创意产业，积极培育航空航天等新兴产业。明确新区新兴产业的具体领域、重点产品、关键技术以及产业链延伸与配套项目。以科技招商为抓手，充分利用区位优势，集聚更多优质科技创新资源，以政策优势以及环境优势引进相关战略性新兴产业，以领军人才，创新团队引进培育为基点，扶持新兴产业创业项目，培育未来新经济增长点。

（二）加快创新平台建设

1. 加快区域创新产业园建设

以大连双 D 港新兴产业园、大连金州经济开发区、大连登沙河临港工业区、大连金州国家农业科技园区、大连先进装备制造业园区、大连冷链物流及食品加工园区等创新产业园为载体，加快引进国内外著名科研院所和重点大学研发机构、各类新技术新产品开发中心、科技成果转化和中介服务机构，实施科技载体平台建设工程，借鉴深圳经验加快推进重点培育产业的"科技产业综合体"建设，形成一批面向新兴产业方向的新科技载体形式，快速实现资源整合和集聚效应。

加大对孵化器、加速器的支持力度，力争新区各类生产制造类功能园区建设和拥有专业孵化器和加速器，形成系统化、规模化的产业培育集中场所。积极推进大学科技园建设，鼓励科技园与新区功能园区深度合作，联合社会力量合作开发建设创新创业载体和平台，实现产学研与政府的进一步合作。在金普新区和高新区基础上，积极推广中关村、张江等国家自主创新示范区的经验加快建设沈大国家自主创新示范区步伐。

2. 搭建科技成果转化平台

以促进科技成果转化和加强创新服务为重点，建立科技成果转让交易市场。加快技术经纪人事务所、资产评估事务所、会计师事务所、专利事务所、法律咨询、市场研究等技术服务保障体系配套发展，促进科技成果交易，为成果转化创造必要条件。

做好科技成果的推荐、申报、鉴定、评选以及奖励工作。设立新区科技创新奖和创办创新论坛，重点进行成果奖励、企业奖励，成果奖励侧重于新产品和新发明，企业奖励侧重于高新技术企业和科技上市企业，创新论坛由科技局和驻区大学共同举办，每年举行一次。

支持鼓励科技人员或企业以知识产权、科技成果等无形资产入股或融资。学习借鉴《中关村国家自主创新示范区条例》，通过鼓励科技人员以知识产权、科技成果等无形资产入股的方式在新区创办企业。积极借鉴中关村关于科技成果处置权、收益权、股权激励的先进做法。高等学校、科研机构科技成果转化所获收益可按不少于70％的比例，用于对科技成果完成人和为科技成果转化做出重要贡献的人员进行奖励。对科技成果1年内未实施转化的，在所有权不变更的前提下，成果完成人或者团队可自主实施成果转化，转化收益中至少70％归成果完成人或者团队所有，进一步探讨知识产权私有化的可能性。基于新区优越的高校和研究机构资源，借鉴北京经验尝试建立高等学校科技创新和成果转化项目储备制度，对入选储备库的高校研究项目择优进行支持，解决成果产业化难的问题。

3. 健全科技中介服务体系

建设社会化、网络化的科技中介服务体系，为科技成果引进、转化和推广提供服务，加速推进科技成果向现实生产力的转化。强化知识产权公共服务职能，建立面向社会的知识产权维护援助机构，鼓励知识产权中介服务机构做大做强，完善知识产权中介服务管理，构建多层次知识产权市场交易体系。

鼓励公共服务平台建设，依托驻区高校、科技企业孵化器、创新大厦和创新企业，针对我区重点发展的科技产业，构建一批具有特色的专业技术公共服务平台；建设科技公共信息服务平台，以资源共享为核心，对驻区科研机构及行业科技信息资源进行整合，形成本区科技资源最为丰富和完整的科技资源服务共享平台；推动大型企业向社会和中小企业开放研发和检验检测设备，研究给予相应优惠政策。完善鼓励科技中介组织发展机制，依托产业技术创新联盟，建设新区专利、投融资和科技成果对接与交易服务平台。

促进技术交易市场建设，搭建知识产权保护和交易体系，促进技术成果市场化，为专利技术的有效转让和实施提供有力支持。加强信息咨询服务、技术检测（测量）服务、国际科技合作服务以及高端生产性服务等科技服务机构培育。推动科技咨询服务机构规范有序的发展，推进检验检测机构市场化运营，提升专业化服务水平，完善科技中介服务门类，提高服务质量。

（三）构建创新人才高地

1. 突出创新型人才队伍建设

人才资源是第一资源，规模宏大的创新型科技人才队伍是加快科技进步和创新的根本保障。纵观国内外新兴产业核心集聚区的发展，基本都是遵循"一批高端人才——形成一批创新团队——催生一批新兴产业——培育一批经济增长点"的发展模式。

明确用人企业主体定位，转变政府在人才引进中的主导角色，调动政府和企业两方面积极性，注重对高水平成熟度团队的引进。进一步拓宽海外引才渠道，在国际上科技活动的中心地区（如硅谷、剑桥科技园、德国等）增设地方政府人才引进海外联络处，通过举办海外招聘引智活动，搭建网上人才交流平台，促进用人单位与海归科技企业领军人才的对接。

把科技人才队伍建设摆在科技工作的突出位置，以培养、引进和利用好高层次创新型科技人才为核心，完善创新人才培养体制机制，营造良好的人才成长环境，建成一支规模宏大、结构合理、素质优良的创新型科技人才队伍，为创新型城市建设提供强大的人才保障和智力支持。

2. 促进各类人才队伍协调发展

围绕全域城市化战略，大力开发经济社会领域急需的紧缺专业技术人才，打造一支自主创新能力突出的高素质专业技术人才队伍。统筹推进党政、企业经营管理、专业技术、高技能、农村实用、社会工作等各类人才队伍建设，实现人才数量充足、结构合理、整体素质和创新能力显著提升，满足经济社会发展对人才的多样化需求。

新区应积极抓住振兴东北老工业基地在国家"千人计划""万人计划"等重大人才工程对东北地区给予重点支持和对高端装备制造、国防科技等领域给予倾斜的机会，积极引进创新创业人才、战略性新兴产业领军人才，以及国外优秀人才来新区创业创新发展，形成与"千人计划"相互衔接、相互促进的高层次创新创业人才队伍开发体系。

3. 营造良好人才培育环境

大力实施人才强区战略，落实国家、省、市中长期人才发展规划，大力推广实施人才发展战略，在培养、引进人才，促进人才流动等方面采取积极措施，努力营造人才引进、培养的优良环境。

借鉴张江等新区的做法，突出发展开放人才大市场，在"不求所留，但求所流，不求所有，但求所用"等思想的指导下，积极吸引国内外创新人才采取"候鸟式、两栖式"等多种方式向新区流动，并促进技术与管理人才从科研院所向企业转移。

完善科技人才评价、奖励和选拔任用机制，鼓励科研人员以技术入股、期权激励等形式深度参与产品研发和企业创建，使人才的贡献与回报相匹配。用人单位引进高级人才的住房货币补贴、科研启动经费等费用，可以依法列入成本核算，形成有利于科技人才成长的环境。

（四）优化科技创新环境

1. 创新科技金融服务体系

建立重大科技、产业创新等引导基金。鼓励民间资本、信贷资金、风险投资对自主创新的支持。创新科技金融服务体系，扶持鼓励高科技企业多渠道融资。金普新区应积极借鉴先进地区先行先试经验，创新科技金融服务体系，实施科技型中小企业风险补偿、科技保险补助和科技贷款贴息等试点，引导社会资本积极参与科技创新。继续设立科技金融专营机构，创新科技信贷、科技保险和科技银行等科技金融专属产品。借鉴上海市经验，探讨建立专门扶持科技创新企业发展的政策性融资担保机制，设立政策性再担保公司和专项担保资金，采取政策扶持和市场化运作相结合的方式，通过银行、担保、再担保三方合作，为新区科技创新企业提供有效的融资服务。

实施权变式扶持政策，对处在初创期的科技型中小企业，强化政府资金对于"原始技术发现"的扶持功能，最大限度地弥补风险投资不足的资金断链；对于处在成长期的科技型中小企业，主要加大对技术创新活动的支持，引导企业以市场为导向，全面提高自主创新能力；对于高成长性科技型中小企业（如成立时间在 3 年以上，近 3 年年均销售增长率在 70% 以上），充分发挥创新基金的引导、示范作用，吸引更多的社会资源支持企业技术创新，建立起政府与市场两种资源无缝连接的政策机制，支持科技型中小企业做大、做强。同时在国家振兴东北老工业基地的政策指引下积极研究利用国家外汇储备资金支持企业并购国外科技型企业的具体办法。

2. 完善科技领域交流机制

对于发展中国家企业来说，国外技术转移是建立企业知识基础的主要方式，在科技全球化条件下能否有效利用全球科技资源和形成开放性技术体系，并形成与国内创新能力的良性互动，对创新能力的提升是至关重要的。面临发达国家技术出口限制及跨国企业的技术外溢阻断等形势，就更需要政府从政策的角度支持与促进企业灵活运用多种形式开放式地整合全球创新资源，既包括技术贸易、人才招纳、吸引外资等引进吸收机制，更需要创造条件开展有效的合作 R&D、海外研发机构设立、技术导向型并购等外向嵌入机制。

金普新区应继续加大政策扶持力度，鼓励支持企业设立海外研发、销售与生产网络，开展对外投资，提高国际影响力。支持和引导企业开展国际认证活动。鼓励产业技术创新战略联盟等机构吸纳国外企业或组织，参加国际合作与交流。推动国际科技合作基地、区域科技合作中心和合作示范园区建设，培育一批从事国际技术转移业务的中介服务机构。大力推进区内科技企业"走出去"，参加展览推介项目。通过合作做好科技成果对接项目和技术需求的征集与宣传，定期组织产学研项目对接洽谈会。同时支持国际学术组织、跨国公司和国外研发机构在新区建立总部或分支机构，加大人才引进力度，完善针对国际技术人才、海外留学人员等人才引进机制。

3. 完善知识产权保护政策

完善知识产权评价和奖励制度，实施知识产权推进工程，构建知识产权产业化体系，加强新区重点发展科技产业领域的专利培育力度。

加大知识产权特别是发明专利的申报工作力度。加强专利申报政策性引导和资金扶持，严格落实专利扶持政策，安排专项资金加大专利申请资助，完善专利申请奖励机制，调动专利申请人的积极性；进一步强化专利法规和专利知识，保持有效专利，加强有效专利的维护；通过提供资金以及系列服务等措施，支持重大专利成果实施转化。

借鉴北京市经验，设立企业海外知识产权预警和应急救助专项资金，用于资助企业开展海外知识产权风险预警工作，来培育和加强企业在拓展海外业务上的知识产权风险防范控制能力。

4. 引领城乡协调发展

科技进步和创新是支撑发展和引领未来的重要力量，充分调动全社会的力量，增强科技创新的共识，共同参与科技创新的实践，推动创新型城区和新农村建设，促进城乡协调发展。

新区应积极贯彻大连市"智慧城市"的发展战略，以科技创新为动力，推进"智慧新区"建设。加快推动信息化和工业化深度融合，推进信息技术与传统产业、战略新兴产业以及现代服务业融合，进一步优化产业结构；推进信息技术与社会管理融合，提高社会领域信息化发展水平。

围绕社会主义新农村建设，加快农业科技进步，增强农业科技创新能力。大力扶持农业科技产业，加强农业信息化应用，加强农业科技示范基地建设，实现科技助推新区新农村建设。积极推广实施农村科技中介服务机制，发达的农村科技中介服务体系是国家创新体系建设的重要组成部分，对推动农业科技创新具有重要意义，积极推动龙头企业、专业技术协会、科研院所（高校）参与的新型农业科技中介服务体系。

第十一章 "互联网＋"背景下
金普新区产业创新研究

2015年3月5日上午十二届全国人大三次会议上，李克强总理在政府工作报告中首次提出"互联网＋"行动计划。李克强在政府工作报告中提出：制定"互联网＋"行动计划，推动移动互联网、云计算、大数据、物联网等与现代制造业结合，促进电子商务、工业互联网和互联网金融（ITFIN）健康发展，引导互联网企业拓展国际市场。2015年7月4日，经李克强总理签批，国务院日前印发《关于积极推进"互联网＋"行动的指导意见》（以下简称《指导意见》），这是推动互联网由消费领域向生产领域拓展，加速提升产业发展水平，增强各行业创新能力，构筑经济社会发展新优势和新动能的重要举措。

金普新区具备良好的互联网产业发展基础，新区服务外包业、软件信息服务业发展势头迅猛；IT产业日益成为支柱产业，拥有先进制造、电子信息的千亿元产业，LED、生物制药的百亿元的产业；金融资本雄厚，拥有区内几十家金融机构和四家外资银行的良好资源及大连母城中国北方最大的国际结算中心，可发展金融服务产业；物流发展成熟，拥有东北亚国际航运中心的核心区、毗邻大连港和大窑湾港以及高度发达的公路；物流产业实力不断增强，大力发展供应链服务；人才优势明显，拥有大连理工大学软件学院、鲁美大连分校、沈音大连分校等人才优势，充分发展软件开发与外包、动漫与创意设计外包等服务产业。

一、"互联网＋"背景下金普新区产业创新思路与重点

以"互联网＋"政策为导向，积极围绕金普新区互联网产业发展为中心大力发展新兴技术与推进产业升级，积极服务全区各行业，推动区内经济发展。以转变经济发展方式为主线，以经济结构调整为依托，实行"技术进步驱动新产业""产业升级应用新技术"两条发展路径。具体以物联网技术、移动互联网技术、云计算、大数据、社会化媒体、3D虚拟互联网、可穿戴设备等为代表的新型互

联网技术驱动新产业发展；基于"互联网＋"的农业、制造业、医疗业、物流业、旅游业、公共服务业的产业升级，大力扶持薄弱产业及信息技术应用，让互联网产业成为推动金普新区经济和社会的全面进步发展的核心驱动力。

金普新区应从以下三方面重点推进：一是重点发展"互联网＋"技术应用推动金普新区产业。以云计算、大数据、物联网技术、移动互联网技术、社会化媒体、3D 虚拟互联网、可穿戴设备等为代表的新型技术进步驱动新产业、新技术匹配金普新区产业发展。互联网新技术在金普新区产业发展匹配规划主要集中在物流、食品、医疗、旅游、生产制造、电子商务等产业，及其城市管理、智能交通、公交控制、停车场管理，供应链管理、物流管理、汽车业、智能建筑、文物保护、数字博物馆、智能家庭、食品安全、零售、数字医疗等具体方面。二是重点发展"互联网＋"下金普新区产业互联网升级。以推动互联网产业为主题，以转变产业发展方式为主线，坚持政府引导和产业发展相结合，应用需求和技术驱动相结合，推进产业互联网发展。"互联网＋"技术推动产业发展，规划主体主要集中在金普新区双 D 港产业园区、农业科技园区、金石滩园区、先进装备制造园区、小窑湾国际商务区等为代表的一批产业园区的互联网产业发展；规划领域集中在互联网产业园区规划与发展、政策扶持、投资招商、人才培育、高科技公司发展、促进生产性服务、建立完善产业园区基础融合、传统与互联网间互助、产业多方主体协作等方面。三是重点发展"互联网＋"下"五维政府"公共服务实现全面智能覆盖。以推动公共服务发展为主题，以"互联网＋"技术推动方式为主线，坚持政府引导和服务发展相结合，提升金普新区公共服务信息化水平。"互联网＋"公共服务发展主要集中在医疗、交通、电网、社区、电子政务、智慧城市等方面。具体包含推动互联网＋医疗工程、互联网＋交通工程、互联网＋电网工程、互联网＋社区工程、互联网＋电子政务工程、互联网＋智慧城市工程。

二、"互联网＋"技术应用推动金普新区产业

以转变经济发展方式为主线，以经济结构调整为依托，坚持政府引导和产业发展相结合，应用需求和技术驱动相结合，实行"技术进步驱动新产业"发展路径。以云计算、大数据、物联网技术、移动互联网技术、社会化媒体、3D 虚拟互联网、可穿戴设备等为代表的新型互联网技术驱动新产业发展，让互联网产业成为推动金普新区经济和社会的全面进步发展的核心驱动力。

（一）云计算、大数据

1. 全面推进云计算、大数据互联网技术应用创新

强化技术应用的引导与规范，大力发展相关生产性、民生性互联网应用创新服务。增强金普新区产业的云计算与大数据运用效果，针对原有制造业企业管理、信息化架构、物流供应链架构、客户管理市场营销、金融业等方面进行提升，优化新技术带来的产业升级思路与对策。

2. 发展云计算应用示范工程

针对金普新区重点产业进行云计算应用示范工程发展，针对电子信息产业、装备制造业、石油化工产业、生物医药也、新材料产业、现代服务业、现代都市农业进行重点推进发展。加快金普新区园区产业结构转变，对大连金石滩国家旅游度假区大连"双 D 港"产业园区、大连卧龙湾国际商务区、大连金普经济开发区、大连金渤海岸现代服务业发展区、大连登沙河临港工业区、大连金普国家农业科技园区、大连先进制造业园区、大连金石国际运动中心区、大连冷链物流及食品加工园区等云计算示范工程，引领金普新区各行业新技术经济增长点。

3. 引导电子信息制造、装备制造、石油化工、新材料等重点制造业内部云计算与大数据应用

大力推进金普新区电子信息产业、装备制造业、石油化工产业、生物医药业、新材料产业在云与大数据方面的政策引导，完善企业技术规范制度，进一步深化引导制造业内部信息化架构应用。针对金普新区重点企业采取政策引导制度，推进企业采用云方案实施，继续深化引导信息化架构带来的节约采购成本、运行成本、总拥有成本等便利要素，改善云平台应用环境，提倡各个企业对云端转化，做好制造业私有云安全控制。

4. 推动物流供应链、金融等相关产业的云计算与大数据发展推动物流与供应链应用中技术应用

促进金普新区物流供应链、金融等相关产业形成新的增长点，深化小窑湾金融商务区云计算、大数据技术发展，深度商业银行、保险、外汇、证券、期货改革发展促进技术应用支撑产业发展，对电子信息、生物技术、节能环保、新能源、新材料、高端制造等新兴产业在原有要素中加大云计算与大数据技术应用投入，成为作用于物流运输总量、物流业务总收、金融服务业产值等各方面增加值的主力技术支撑要素。

（二）物联网

全面推进物联网技术应用，深化引导物联网示范工程，促进交通、城市管理、智能交通、公交控制、数字图书馆、古迹保护等各方面的应用实施。

1. 引导物联网技术示范工程

围绕金普新区物流业"一核心"大窑湾物流核心功能区；"两园"：工业物流园、城乡配送（消费品）物流园；"六物流基地"：大连双D港高技术物流基地、登沙河临港工业区物流基地、金普经济开发区物流基地、先进制造产业物流基地、农副产品物流基地、进行示范工程政策优惠与产业决策引导，推进物联网产业在金普新区的新兴地位，针对金普新区重点物联网技术进行引导制度，力争物联网将成为下一个亿元级别的信息产业。对大连食品加工园区的水产品、农副产品、速冻食品、生物医药及冷链物流进行物联网技术引导，改善食品安全问题，提升大连金普市医疗数字水平，促进医疗物联网技术发展与信息化水平提升。

2. 推动车联网技术应用发展工程

依托现有区内现有资源，加大对区内车联网产业引导与推动发展。依托区内现有先进制造、电子信息产业为基础，积极发展车联网技术应用与车联网产业发展；引导区内大众汽车、金普IT产业园、小窑湾金融商务区、政府交通管理部门等与车联网产业发展相关的主体沟通协作；对区内试点一批互联网公司引进国内车联网服务项目，发展车联网系统维护、车联网服务平台、车联网服务中心等业务；加大金普新区政府关于交通管理部门的城市交通管理、交通拥塞检测、路径规划、公路收费、公共交通管理等信息及时公布，做好与车联网服务信息沟通。

3. 深化智能交通、智能建筑领域物联网技术应用工程深化物联网技术在智能交通、智能建筑领域发展应用

加大对金普市县新（改）建道路工程的物联网技术优化。在前期渤海大道（金普大道）工程世贸连接线工程、龙港路延长线、黄海大通道工程、世贸连接线工程、龙港路延长线等工程继续深化物联网技术应用；在原有董家沟卧龙小区、金石滩、保税区南门汽车站、五彩城北门、汇金市场、金发地市场、九里、金普中心汽车站等公交枢纽站及停车场运用新型物联网技术，增进智能交通覆盖范围。

（三）移动互联网

大力发展移动互联网，针对旅游业、特色区域商务、对外贸易、移动医疗业

等重点试点项目进行长期规划与扶持,提供发展所需的便利条件与资金人才支持,引导一批高科新型科技公司发展,形成多方位、深发展、全面而又健康的移动互联网产业。

1. 大力发展以旅游业为依托的移动互联网应用试点项目

以"移动互联网促进旅游发展"为基础方针,依据"政府主导、企业主体、市场运作"的原则,围绕"滨海度假、山岳文化、都市农业"旅游资源的开发,重点推进滨海旅游度假型、山岳历史文化型和都市农业休闲型三大产业链的并行发展,进行旅游试点项目的开展更加有利于金普新区旅游业快速发展。通过移动互联网技术,促进旅游业发展,促进大黑山风景区为极核的产业集群发挥其在新区旅游业发展中的轴心作用,以金石滩旅游度假区为极核沿黄海岸线向两侧辐射的东翼滨海休闲度假旅游产业带,以金渤海岸现代服务业发展区为极核沿渤海岸线向两侧辐射的西翼滨海未来城市旅游发展产业带和以大魏家与七顶山、向应、华家、杏树四大片区连接黄、渤两海形成横贯东西的都市休闲农业和乡村旅游产业带的"一心三带"产业布局。进一步增进金石滩国家旅游度假区移动互联网应用,做好旅游业信息获取、旅游交互体验、旅游商业模式变化,加强旅游业信息化、品牌化、网络化、均衡化发展,变更以生产为中心的 B2C 模式为以游客为中心的 C2B 模式。

2. 开放式引导零售、服务业的移动互联网应用

以金普新区大型商业网点为依托,促进零售业移动互联网方向发展,引导金普新玛特购物广场、大商超级市场金普体育场店、麦凯乐开发区店、友谊商店、安盛购物广场、金玛商城、大商新玛特等大型零售网点作为移动互联网试点,开展电子商务平台规划与发展日、引领金普新区区域化电子商务,倡导"同城购"为先导的具有区域化特征的企业电子商务平台,政策上扶持区域特色的行业与产品,形成金普新区区域化的商业圈,促进发展区域经济和地方文化特色。发展基于位置服务,优先扶持拥有高新技术创新性科技公司,针对中韩中日贸易进行电子商务平台发展与规划。

3. 深化制造业移动供应链管理变革

鼓励金普新区电子信息产业、装备制造业、石油化工也、生物医药业引进移动供应链管理理念,推动建设供应链管理平台,优先发展移动通信技术、移动设备、计算机技术、互联网技术,倡导企业对特定关键信息资源进行随时随地管理,推动商业流程优化;鼓励新型产业引进先进移动供应链管理思想,针对采购、制造、配货、销售、逆向物流进行流程深化管理,推出鼓励保障机子,培养一批企业应用高尖人才。

三、实现由"消费互联网"到"产业互联网"的提升

以推动互联网产业为主题,以转变产业发展方式为主线,坚持政府引导和产业发展相结合,应用需求和技术驱动相结合,推进产业互联网发展。"互联网 +"技术推动产业发展,规划主体主要集中在金普新区双 D 港产业园区、农业科技园区、金石滩园区、先进装备制造园区、小窑湾国际商务区等为代表的一批产业园区的互联网产业发展;规划领域集中在互联网产业园区规划与发展、政策扶持、投资招商、人才培育、高科技公司发展、促进生产性服务、建立完善产业园区基础融合、传统与互联网间互助、产业多方主体协作等方面。依据金普产业现状,以现实发展为基础,以政府为引导,以高新技术为新兴增长点,构建健康全面发展的金普产业互联网体系。金普发展产业互联网主要对策任务主要集中在促进生产性服务、建立完善产业园区基础融合、传统与互联网间互助、观念更新等方面。

(一)加速互联网产业园区规划与试点工作,加速产业升级

互联网产业园区的搭建,有利于吸引龙头企业、产业链和产业集群,通过电子商务等手段进一步实现产业集群向"在线产业带"的转型,重点发展产业互联网需要着重推动传统产业与互联网金融结合,从打造在线要素交易融资平台入手,盘活存量资产,用电商和互联网平台推进企业信用信息服务平台建设,在产业园区内最终建立起专业市场投融资体系。

加快大连双 D 港产业园区互联网产业下的建设试点工作,"十三五"期间,规划区继续按照"两步走、两跨越"战略发展路径,深化互联网产业在园区建设与发展的作用,实现互联网推动经济实力大幅度提升,产业结构和空间结构更加优化,资源利用水平更加高效,生态环境质量显著改善。逐步完成实施的新兴产业体系的建设,建立以数字装备制造、芯片制造与 LED 照明、生物医药、软件服务外包为核心的,具有较强竞争优势的四大产业集群,实现地域总产值突破400 亿元,增长率 20%。

加快农业科技发展,在农业科技园区建设一批互联网产业下的农业园区试点工作。重点围绕蔬菜、花卉、籽种培育、设施蔬菜、花卉生产等建设农业科技孵化园服务项目,引进对本地大樱桃、黄桃及畜产品、水产品等优势产业具有带动作用的农产品精深加工的农产品精深加工技术研发孵化园服务项目,重点发展籽种培育、设施蔬菜、花卉苗木、特色水果、健康养殖、农产品加工与物流配送、

休闲观光七大主导服务产业。

加快金石滩园区互联网产业下的旅游试点项目，加快实现互联网产业对各大项目提升，达到早运营早获得经济效益，升级金石滩项目品质和旅游功能，完成与推进大商金石滩商业中心、鲁能商业综合体、华美商务酒店等商业项目建设；以加快形成金石滩旅游特色产品为着力点，推进神秘东方雕塑艺术园、纳帕溪谷温泉旅游综合体、金石葡萄酒庄、蓝莓谷庄园等旅游项目建设。

（二）积极推进生产性服务业发展

鼓励行业在进入繁荣发展时期开展生产性服务业发展，提升企业直接面对众多用户的简单"B－C"模式的突破水平，建立向上衔接生产企业、向下服务终端用户的生产性服务业。生产性服务业的发展水平，是衡量一国经济现代化程度的重要标志。当前，新兴信息网络技术已经渗透和扩散到生产性服务业的各个环节，催生出各种基于互联网的新兴服务业态，并成为互联网经济背景下成长性最高的产业群，在生产性服务业领域引发一系列深刻变革，从技术应用、服务内容、商业模式各方面都对现有的服务业带来巨大的提升。生产性服务业的发展壮大将是下一个重点融合方向。

鼓励金普先进装备制造业园区推进生产性服务业发展，提高以汽车产业园、高端装备制造产业园、生物医药产业园、新能源新材料产业园、企业服务配套产业园为中心的生产性服务业，建设集金融、商贸、信息、服务、文化于一体的区域性综合商务区，继续保持固定资产投资年增长80%的速度，外资年均增长75%，财政预算收入85%的年平均速度，在"十三五"期间从原有三年累计财政5.8亿增加至10亿美元，利用外资4.08亿美元内资30.03亿元提升为7.2亿美元与55亿元左右水平。①

（三）推进传统企业与互联网公司联合互助

在产业互联网初发萌芽阶段，传统互联网要有自身意识的改良，同时互联网企业包括运营商等应去积极主动的引导与帮助传统行业转型，需加强传统企业与互联网公司之间合作。一方面传统行业要借助互联网的力量，从互联网的思维出发，仔细研究互联网环境下产业的走向问题，积极应对在互联网迅速发展下所带来的危机；另一方面需要互联网公司推进传统企业提升变革管理模式。

推进小窑湾国际商务区的发展，尤其是能够服务各产业配套功能，如为大连

---

① 资料来源：金普新区相关部门的工作报告。

保税港区和大窑湾港配套服务，建设港口服务中心、配送中心及商品检验检疫中心、报关报验中心、结算中心等功能的港航服务区；满足政府行政办公和为市民服务的功能，是未来大连新市区行政中心的行政办公区；为其他行业体统金融服务、贸易、会展等功能的中央商务区。

（四）改变企业观念模式，企业、社会、政府多方主体协作

企业思想观念大都还停留在工业化时代，产业互联网化对应的是企业传统技术构架，商业模式及组织方式的变革。各个行业的信息化负责人（CIO）会成为产业互联网化的阻碍者。在互联网普及时代每个企业不再有自己的发电机，而是更加倾向于多方主体协作模式，同时现在的各企业的CIO、首席信息官必须变为首席互联网官。互联网时代下原有信息技术的提供者，设备、软件及服务商都将被产业互联网化时代所挑战。企业最高领导者及社会、政府各个方面进行协作，联合多主体进行资源整合，转变思维观念，着手健全社会法律、规则制度。

四、实现"五维政府"服务全面智能覆盖

以推动公共服务发展为主题，推动互"联网＋"时代"五维政府"发展，以"互联网＋"技术推动方式为主线，坚持政府引导和服务发展相结合，提升金普新区公共服务信息化水平。"互联网＋"公共服务发展主要集中在医疗、交通、电网、社区、电子政务、智慧城市等方面。

（一）智能电网

智能电网（Smart Power Grids），就是电网的智能化，也被称为"电网2.0"，它是建立在集成的、高速双向通信网络的基础上，通过先进的传感和测量技术、先进的设备技术、先进的控制方法以及先进的决策支持系统技术的应用，实现电网的可靠、安全、经济、高效、环境友好和使用安全的目标，其主要特征包括自愈、激励和包括用户、抵御攻击、提供满足21世纪用户需求的电能质量、容许各种不同发电形式的接入、启动电力市场以及资产的优化高效运行。

我国发展智能电网是能源转型的关键。过去的"十二五"是我国智能电网全面建设阶段，在我国十多年来坚持智能电网建设规划的驱动下，我国输配电行业在2015年前将继续保持稳定增长的态势。下一阶段"十三五"，全球输配电设备制造行业仍将以4%的速度稳步增长，随着中国智能电网进入全面建设阶段，到2015年，中国输配电市场的规模将接近3200亿元，2020年则为3600亿元，同

时，将进入智能化、融合化、成套化和海外化转型升级的关键期。

金普新区智能电网发展有以下几方面的系统构建对策。

1. 安全接入平台：解决智能电网中各环节以及经营管理中物资、应急指挥、移动办公的安全接入需求，建立多渠道互动访问入口，提升信息双向交互的安全防护能力，为智能电网主动安全防御体系奠定坚实的基础。

2. 建立海量历史实时数据平台：实现对智能电网的各环节运行和监测中产生的海量历史实时数据的存储、集中、整合、共享和分析，同时对外提供标准统一的访问服务，为智能电网各业务应用提供技术支撑。

3. 建立输变电状态监测系统：通过运用各种传感器技术、广域通信技术和信息处理技术实现对智能电网设备运行状态的实时感知、监视预警、分析诊断和评估预测，支撑设备状态检修，提升电网智能化水平，实现输变电设备状态建筑建材商业计划书。

（二）智能社区

"智能社区"是智能社区论坛对当前所谓的无线城市（Wireless City）、e 化社区等注重宽带基础设施建设的区域概念的整合，对于新建设智能社区应当具备下述条件：该社区能够适应当地经济发展在宽带经济；该社区发展必须承认宽带经济的影响力；该社区应持续致力于创造一个理想的环境，令所有社区居民得以在这个环境中获得一份优质的工作、组建家庭、并有能力抚育后代。在社区居民、企业和政府之间营造一种使用的文化（Culture of Use）；该社区应能在日新月异的经济环境中，维系社区特点与社区传统之间的平衡发展；该社区应不只是强调宽带的基础设施建设，还投入大量的人力、物力进行非技术的努力。在推进金普新区制度完善与鼓励试点工作的同时，积极对现有小区改造升级，加大公共服务服务力度，针对互联网社区升级采用以下具体解决方案。

1. 基于 TCP/IP 通讯协议的建立

除基于 TCP/IP 通讯协议的可视对讲功能外，还有联动报警、情景控制、远程遥控功能建立。数字可视对讲、信息发布。通过管理软件，物业管理者可以编辑如文字、图片、视频、天气等各种信息，实时的将信息发送至业主家中的智能网关上，业主可以通过智能网关提示来浏览中心服务器上的各类信息。

2. 小区商城管理

小区管理软件建立虚拟超市，小区业主通过智能网关就可以浏览各类商品信息。远程监控用户使用计算机网络远程登录家庭网关，实现对家庭环境的实时监控。

3. 设备自检和远程维护

实时查询网关本身信息和与各种外接设备的连接状态，确保设备正常工作；当网关出现故障时，可通过计算机直接登录网关进行故障判断和排除。

4. 社区监控联动

接入社区监控系统，可通过智能终端对房前屋后、社区内停车场等重要地点的安全状况进行监控，让业主更放心。除此以外还有便利服务，如自动叫梯、远程遥控、情景控制、分机拓展。

（三）电子政务

积极推动金普新区电子政务发展，积极推动电子政务在信息社会条件下运用计算机、网络通信等电子技术，推动政府事务数字化、信息化发展，具体有以下对策：

1. 构建社会化媒体下的门户

公共管理部门可以将微博、微信等媒体链接门户网站。只要有公众访问了公共管理部门的门户网站，他就可以把网站上的政务信息分享到自己的社会化媒体上，那么他的好友就可以看到这条信息，如果觉得这条信息有意义，好友还有可能将其进行转发，让更多的人看到。

2. 构建反馈公众意见平台

公共管理部门的门户网站都设有互动平台、便民问答、市长信箱、网上调查等政务功能，还有 BBS 论坛这样的社会化媒体，目的就是能够收集公众的意见和建议，为公众排忧解难，这些都是基于电子政务而产生。

3. 构建网络舆情管理通道

越来越多的政府机关、政府官员在新浪、腾讯、搜狐等门户网站开设官方微博，将其作为发布信息、与民互动交流、为民服务的平台。

4. 构建政务执行监督通道

民众的事实应当落到实处，良好的政务执行监督通道有利于惠民工程的执行，尤其是公开政务执行更加有利于改进民众百姓关心事物。

（四）智慧城市

积极推进金普新区智慧城市发展，推动以新一代信息技术支撑、知识社会创新 2.0 环境下的城市形态，推动金普新区通过物联网、云计算等新一代信息技术以及维基、社交网络、Fab Lab、Living Lab、综合集成法等工具和方法的应用，实现金普新区全面透彻的感知、宽带泛在的互联、智能融合的应用以及以用户创新、开放创新、大众创新、协同创新为特征的可持续创新。

金普智慧城市发展与规划可以从以下几方面进行。

1. 智慧公共服务

建设智慧公共服务和城市管理系统。通过加强就业、医疗、文化、安居等专业性应用系统建设，通过提升城市建设和管理的规范化、精准化和智能化水平，有效促进城市公共资源在全市范围共享，积极推动城市人流、物流、信息流、资金流的协调高效运行，在提升城市运行效率和公共服务水平的同时，推动城市发展转型升级。

2. 智慧社会管理

完善面向公众的公共服务平台建设。建设市民呼叫服务中心建设，拓展服务形式和覆盖面，实现自动语音、传真、电子邮件和人工服务等多种咨询服务方式，逐步开展生产、生活、政策和法律法规等多方面咨询服务。开展司法行政法律帮扶平台、职工维权帮扶平台等专业性公共服务平台建设，着力构建覆盖全面、及时有效、群众满意的服务载体。进一步推进社会保障卡（市民卡）工程建设，整合通用就诊卡、医保卡、农保卡、公交卡、健康档案等功能，逐步实现多领域跨行业的"一卡通"智慧便民服务。

3. 加快推进面向企业的公共服务平台建设

继续完善政府门户网站群、网上审批、信息公开等公共服务平台建设，推进"网上一站式"行政审批及其他公共行政服务，增强信息公开水平，提高网上服务能力；深化企业服务平台建设，加快实施劳动保障业务网上申报办理，逐步推进税务、工商、海关、环保、银行、法院等公共服务事项网上办理；推进中小企业公共服务平台建设，按照"政府扶持、市场化运作、企业受益"的原则，完善服务职能，创新服务手段，为企业提供个性化的定制服务，提高中小企业在产品研发、生产、销售、物流等多个环节的工作效率。

4. 智慧教育文化服务

积极推进智慧教育文化体系建设。建设完善我市教育城域网和校园网工程，推动智慧教育事业发展，重点建设教育综合信息网、网络学校、数字化课件、教学资源库、虚拟图书馆、教学综合管理系统、远程教育系统等资源共享数据库及共享应用平台系统。

5. 智慧健康保障体系建设

重点推进"数字卫生"系统建设。建立卫生服务网络和城市社区卫生服务体系，构建全区域化卫生信息管理为核心的信息平台，促进各医疗卫生单位信息系统之间的沟通和交互。

五、"互联网+"与金普新区产业匹配保障措施

(一)完善互联网产业政策及税收减免制度体系

要认真贯彻落实《大连市信息化建设管理办法》,制定《金普新区管委会投资的信息化建设项目管理办法》,对区内信息化建设项目实行统一的管理,提高资源利用率,确保信息化建设健康有序发展。全区信息化建设项目要由区信息产业局统一规划,统一制定资源开发应用方案,协调联合建设,并按统一的技术规范和标准实施。各部委办局,街道(区)和国有企事业单位由区财政拨款建设的信息应用系统,必须有业务需求书、技术规范书和实施方案,报区信息产业局审核,经专家评审,方可组织实施。加强与相关职能部门协调沟通,明确管理责任,建立起信息产业和信息化建设的规划、统计、分析、指导、监督、检查等管理体系,形成产业发展的有效协调机制,为党工委、管委会在信息产业发展和信息化建设方面的科学决策提供准确信息和参谋意见,保障新区信息产业健康发展和信息化建设有序进行。

(二)设立新区互联网产业发展专项基金

为加快互联网产业发展,电子信息产品制造业、信息服务业的改革,鼓励、扩大重大项目的引进,提高全区信息化建设水平,设立区信息化发展专项资金。专项资金主要用于扶持能够加快信息产业结构调整并迅速形成产业规模,具有广阔市场潜力的项目,对产业发展有明显拉动作用的项目;能够形成自主知识产权和自主创新能力,提高企业核心竞争力的项目;为形成产业集群而实施的信息产业园区公共研发平台建设项目;新开辟的信息化工程项目等。专项资金应有严格的管理使用制度,按照申报、评估、审核、批准、跟踪检查等程序进行,并落实相关部门管理责任,保证资金发挥应有的引导示范、择优扶强的作用。

(三)引进互联网技术提升技术优势

鼓励互联网科技公司发展。通过引入国内外互联网技术,在原有IT产业园区基础进一步发展,推动云计算、大数据、物联网、3D互联网等新技术产业化发展。鼓励企业增加科技投入。通过税收、财政、信贷等方面政策措施,进一步发挥政府的引导作用,形成鼓励企业增加科技投入的激励机制。支持各个行业骨干企业建立企业技术中心,增强研发能力。加强产学研合作。积极推动大连理工

大学等国内外知名大学、科研院所在农业、制造业、旅游业、医疗、汽车、电子信息模具、精密塑料模具和制造信息化等领域开展一系列科技攻关和技术创新，打造一个以市场为导向、企业为主体、高校为支撑的科技合作平台。促进技术交流。积极组织企业举办技术研讨会，通过这些活动切磋交流技术。深入了解模具企业需求，针对特定需求领域，邀请国内外一流的技术专家对企业开展技术培训或讲座，破解企业技术难题。

（四）强化基础设施建设及提升资源配置效率

建设互联网产业基础设施，针对互联网产业规划与试点工作政策要求积极推进设备、仪器等设施完善工作，针对医疗、农业、旅游业做好移动互联网平台建设、设备功能支持，针对物流业、制造业做好信息化设备硬件与软件双重工作，针对交通、社区、电子政务、电力等公共服务做好信息技术引入与公众交互工作。完善基础工作，优化完善现有金普新区设施资源配置，加强各产业园区与城市的水、电、燃气、供热等市政公用设施及配套管网建设，全面提升供给保障能力。新建园区要按照国内外先进园区的经验，根据公众与企业需求特征，高水平配套建设完善、便捷的公共基础设施。

（五）培养人才队伍及引进高尖端科技人才

根据金普新区八项人才政策《高层次人才资助和奖励办法》《鼓励科技领军人才创业创新暂行办法》《人才发展资金管理办法》《鼓励引进高层次海外归国留学人才实施办法》《创新人才选拔培养实施办法》《人才培训项目资助实施办法》《博士后工作管理实施办法》《引进国外智力项目实施办法》积极构建政策体系，不断创新人才吸引、培养机制，打造优良的引才、育才、用才环境。

（六）加深对外交流合作及多主体参与发展

进一步加大对外开放力度，深化国际交流与合作，充分利用金普新区的优势，建立我区和国外的信息化合作机制。统筹国内发展与对外开放，鼓励跨国公司在我区建立研发中心。

第十二章 金普新区战略新兴产业发展要素支撑研究

随着我国市场经济水平的提高，市场竞争也日益激烈，但由于产品和服务的同质化程度高，单纯依靠企业本身的产品和服务已经无法赢得竞争优势，科技和品牌逐步成为企业关注的焦点。近年来我国经济保持高速增长，但发展初期技术水平低，主要依靠粗放型增长模式，导致我国经济发展面临着规模扩张与要素、环境、技术等方面严重的压力与约束，传统的发展模式迫切需要转变。

大连金普新区已将战略新兴产业发展作为区域发展战略的"三个制高点"之一，战略新兴产业体系已初步形成。在改革开放、体制机制创新的国家战略以及新一轮东北振兴的发展机遇面前，金普新区继续占领和拓展战略新兴产业这块高地，无疑是经济发展的战略目标之一。金普新区的战略新兴产业要冲破发展瓶颈，实现跨越式发展，建立战略新兴产业集群并完善其要素支撑体系是关键。具体而言，通过全力打造开放式的资金、技术、人才等要素平台，加强其相互关联与协调发展，加快相关制度建设与体制创新，构建支持金普新区战略新兴产业发展的要素共享系统是当前金普新区发展战略新兴产业的基础性工作。

一、金普新区战略新兴产业现状研究

（一）技术要素现状

建区以来金普新区发明专利申请量为 6324 件，发明专利拥有量为 912 件，其中 2011～2014 年发明专利申报数分别为 1397 件、1697 件、2385 件和 845 件。目前，新区拥有国家级产业基地 7 个；科技研发平台有 52 家，依托各类机构 57 家；科技载体平台 6 家，其中国家级孵化器 2 家，市级孵化器 4 家（见表12-1）；科技服务平台 12 家。2013 年全区共举办科普活动 316 次，其中科普讲座 235 场次、科技下乡 29 次，青少年科技教育活动 35 次、大型主题活动 8 次，新建科普基地 5 个。①

新区现有会计师事务所 4 家、管理咨询公司 20 家、尚无律师事务所。新区科技中介机构从功能上大体可划分为三类：一是直接参与服务对象技术创新过程的机构，即工程技术研究中心，主要由企业内部设立，目前有各种工程技术研究中心家；二是利用技术、管理和市场等方面的知识为创新主体提供咨询服务的机构，包括知识产权代理机构、科技咨询机构等 10 多家；三是主要为科技要素有效流动、合理配置提供服务的机构，包括孵化器 6 个、技术市场 1 个。

新区政府于 2013～2015 年科技创新投入分别为 9967 万元、7994 万元和 7700 万元。政府围绕战略性战略新兴产业，对科技企业进行梯队培育（项目－产品－区高企－国高企），开展区级高新技术企业认定，培育有条件的企业设立研发机构，并鼓励申报区级及以上部门的研发机构认定。

政府鼓励企业建设公共服务平台并给予一定的设备补贴，引导企业与大专院校、科研院所开展合作，建立以企业为组织者的产学研合作机制，引导科技要素和要素积聚；力争加大专项资金对专利申请的资助，完善专利申请奖励机制；设立了科技投融资引导专项资金，重点支持处于创业及成长期的科技型中小企业及孵化器孵化项目，培育有实力的科技企业上市。此外，新区设立了科技创新奖和创办创新论坛，重点进行成果奖励、企业奖励，成果奖励侧重于新产品和新发明，企业奖励侧重于高新技术企业和科技上市企业，创新论坛由科技局和驻区大学共同举办，每年举行一次。

政府鼓励企业建设公共服务平台并给予一定的设备补贴，引导企业与大专院校、科研院所开展合作，建立以企业为组织者的产学研合作机制，引导科技要素和要素积聚；力争加大专项资金对专利申请的资助，完善专利申请奖励机制；设立了科技投融资引导专项资金，重点支持处于创业及成长期的科技型中小企业及孵化器孵化项目，培育有实力的科技企业上市。此外，新区设立了科技创新奖和创办创新论坛，重点进行成果奖励、企业奖励，成果奖励侧重于新产品和新发明，企业奖励侧重于高新技术企业和科技上市企业，创新论坛由科技局和驻区大学共同举办，每年举行一次。

新区政府相继出台《金普新区专利资助管理办法》《金普新区科学技术奖励规定》《金普新区科技企业孵化器认定与管理办法》《金普新区科技计划项目管理办法》《金普新区科技创新平台认定与管理办法》和《金普新区促进战略新兴产业发展的若干政策》等一系列促进科技创新的政策，努力营造良好的科技创业氛围，推动战略新兴产业的发展壮大。

---

① 资料来源：金普新区相关部门的工作报告。

表 12 - 1　　金普新区科技企业孵化器基本情况

序号	孵化器名称	级别	类型	认定时间	建筑面积 (m²)	使用面积 (m²)	收入 (万元)	从业人员	在孵企业	毕业企业	在孵企总收入 (万元)	企业知识产权情况	在孵从业人员	创业导师数
1	大连双 D 港创业孵化中心	国家级	综合	2006. 3	30000	100000	684	30	85	54	17498	326	2325	3
2	大连北方科技企业孵化基地	国家级	综合	2003. 6	6774	6555	173	11	61	73	7737	183	597	6
3	大连市经济技术开发区光伸物业服务公司	市级	专业	2012. 11	40309	77774	973	20	33	28	19129	27	647	5
4	嘉懿瑞泰产业孵化基地	市级	综合	2012. 12	20000	12945	228	7	31	4	—	21	434	—
5	软件大厦	市级	专业	2013	13751	5600	5	9	5	—	5	—	—	—
6	创意大厦	市级	专业	2013	16072	7000	—	—	—	—	—	—	—	—

资料来源：金普新区相关部门的工作报告。

(二) 人才要素现状

2014 年新区企业内共拥有基础型人才 43037 人，其中，企业一般经营管理人员 32000 人，研发人员 37 人，职业技术工人 11000 人；高端型人才 85 人，其中，科技领军人才 3 人，科技创业创新团队核心成员 10 人，海外研发项目团队核心成员 72 人。此外，新区吸纳高校毕业生数量较多，但吸引力有减弱趋势，新区在"十二五"接收毕业生人数见表 12 - 2 所示。

表 12 - 2 　　　　　　**2011 ~ 2014 年接收毕业生数量**　　　　单位：人

年度	本科	硕士	博士	合计
2011	2288	412	95	2795
2012	1878	365	57	2300
2013	1803	480	60	2343
2014	1544	362	33	1939

资料来源：金普新区相关部门的工作报告。

金普新区现有博士后工作站 12 个，国家级博士后工作站 14 个，载体企业 26 家，其中大连富生天然药物开发有限公司于 2006 年设立辽宁省博士后科研基地，2010 年晋升为国家级博士后工作站，海外研发团队项目基地入驻 47 家企业，同时引进国外优秀专家承担两项重大海外研发团队项目，累计招收 19 名博士后；大连光洋科技工程公司博士后工作站累计招收 7 名博士后。

政府已开展金普新区 2014 年度科技领军人才及创新项目申报工作，以期充分发挥高端人才的引领和带动作用。2013 年启动的首批科技领军人才及创新项目的评审工作，吸引包括大连万春药业有限公司的黄岚博士和大连海基生物有限公司周慧君博士两位国家千人计划专家在内的高层次人才来新区进行创业创新。民营企业较多的引进外国专家，2014 年由外国专家引进工程 72 个项目，形成有影响力的海外研发团队。其中，大连德豪光电科技有限公司引进的丹麦 LEN 博士，成功解决了大功率芯片测试关键问题，使行业技术达到国际先进水平，投产后可实现 5 亿元年增销售收入，LEN 博士同年入选年度全市唯一的国家外专"千人计划"；大连盛辉钛业有限公司拥有辽宁省钛合金及制品工程技术研究中心、辽宁省医用钛合金工程研究中心（大连市钛金工程技术中心和辽宁省企业博士后科研基地）研发平台，专注于医疗和航空领域钛合金材料的研发和生产；大连医诺生物有限公司于 2009 年 12 月获批辽宁省海外团队项目。

此外，金普新区于 2011 年 9 月制定出台了《高层次人才资助和奖励办法》《鼓励科技领军人才创业创新暂行办法》《人才发展资金管理办法》《鼓励引进高层次海外归国留学人才实施办法》《创新人才选拔培养实施办法》《人才培训项目资助实施办法》《博士后工作管理实施办法》《引进国外智力项目实施办法》八项人才政策，打造优良的人才引进、培养、使用和激励环境。

（三）金融环境现状

传统产业一般以银行信贷融资为主，辅之以少部分企业发行短融债券，主要依靠间接融资方式满足资金需求；而战略性战略新兴产业宜采取政府补偿基金、政府引导基金、创投基金、风险基金等直接融资为主，商业银行发放贷款等间接融资方式为辅，并在多种融资方式之间设计好风险分担机制。战略性战略新兴产业更需要通过金融创新构建完整的融资模式体系，从而实现战略新兴产业资本市场的良性互动。

截至 2015 年底，金普新区拥有各类银行 116 户；证券公司 3 家，分别是国元证券、宏源证券和大通证券；保险公司 28 户；担保公司 6 家，其名称与注册资本如表 12 - 3 所示；小贷公司 6 家，其名称与注册资本如表 12 - 4 所示；股权投资机构 128 家，注册资本金 17 亿元，包括股权投资基金公司、创业投资公司、风险投资公司、私募基金公司等。这些金融机构在一定程度上满足了企业发展的资金需求，但为战略新兴产业的企业提供的融资模式有待完善。

表 12 - 3 新区担保公司情况

公司名称	注册资本（万元）
大连中北投资担保有限公司	10000
大连金普新区企业信用担保有限公司	3000
大连永昌投资担保有限公司	10000
大连金诚信用担保有限公司	10000
大连华夏信用担保有限责任公司	15000

表 12 - 4 新区小额贷款公司情况

公司名称	注册资本（万元）
大连金州利泰小额贷款有限公司	5000
大连金州中连兴业小额贷款有限责任公司	5000
大连金州融信小额贷款股份有限公司	10000

续表

公司名称	注册资本（万元）
大连金州银海小额贷款有限公司	5000
大连金州广源小额贷款有限公司	6000
大连金州前程小额贷款有限公司	5000

（四）金普新区创新要素状况总结

技术方面，金普新区出台了多项科技创新奖励政策，建立科技交流活动机制，颁布若干促进企业科技创新的政策，为营造科技创新氛围做了有益探索。问题表现为发明专利申请量较高，科技成果转化率有待提高；科技中介机构体系不健全，会计师事务所、律师事务所等中介机构针对战略新兴产业发展的服务作用发挥不明显。另一方面，金普新区政府针对战略新兴产业的专项资金规模较小，促进和引导高新技术研发和产业化的作用有限。现有的科技研发和服务平台，以企业内部性研究机构为主，缺少独立、开放的共享性研发平台，难以满足企业对科技服务的要求。企业与高校、科研院所之间的交流合作方式有待深化，以增强科技成果转化水平，增强企业创新能力。

人才方面，金普新区内劳动力要素丰富，但人才及专业化的人力要素供应不足，尤其是高端人才的需求缺口较大。此外，金普新区政府的政策倾斜及发展环境对高校毕业生的吸引力不强，政府出台的关于引进、培养、使用和激励人才的八项人才政策，仍属于普适性的人才政策，并没有侧重于新区战略新兴产业的发展需求，尚未发挥应有的吸引、激励人才的功效。

资金方面，金普新区内银行、风险投资和担保机构等各类金融机构大多分布在开发区、建成区以及双 D 港产业园区中，而先进装备制造产业园区和登沙河产业园区等其他园区较少甚至完全没有建立金融服务机构，就新区整体而言，金融体系不够完整、企业融资渠道相对单一。目前尚未出台诸如"亏损弥补""倒闭返税"等一系列为战略新兴产业提供宽松的发展环境、减少战略新兴产业发展风险的金融支持政策。

二、金普新区战略新兴产业要素支撑体系构建

（一）指导思想与总体目标

金普新区战略新兴产业要素支撑体系的建设是以充分调动和挖掘金普新区要

素优势，优化金普新区战略新兴产业要素配置，发挥要素基础的最大效用，充分利用政策、法律、市场等外部环境条件，大力促进战略新兴产业发展的技术、人才、资金等核心要素的聚焦，提升金普新区战略新兴产业集群发展水平和战略新兴产业竞争实力为指导思想，满足战略新兴产业集群成长的要素需求，实现战略新兴产业集群的高效可持续发展为总体目标的动态长期性工作。

（二）金普新区战略新兴产业要素支撑体系的内涵

金普新区战略新兴产业集群要素支撑体系是指要素需求方、供给方及相关中介机构等各类主体构成的，在政府与其他市场主体分工协作、共同推动下，依托金普新区要素共享系统运行的，集合战略新兴产业集群建设的所必需的科技、人才、金融等核心要素平台，通过对供需双方要素质量和数量信息的遴选、匹配与对接，高效调配、引进、整合内外部要素以达到保障战略新兴产业集群正常运转和持续成长要求，具有多元性、层次性、动态性和整体性特征的社会系统。

（三）金普新区战略新兴产业要素支撑体系框架设计

1. 要素投入模式

大连市的经济发展形态决定了新区经济要素的政府企业双主导型投入模式。这种要素投入模式下，一方面，政府以资助计划、扶持政策对集群的要素配置施加影响，承担着主要的调控作用，将收集的要素信息整合并传递给集群，同时也制造和吸纳要素，缓解要素的紧缺程度。另一方面集群内部企业根据自身实际情况和要素市场的供需机制，合理安排要素的投入范围和投入力度，两者的结合支撑着战略新兴产业集群的成长与发展。

在技术要素方面，科技局和经发局根据战略新兴产业集群业务领域和发展阶段，定向发布科技成果转化信息，协调成果持有方，帮助需求强烈的企业以较优惠的条件获得科技成果，促成科技成果的产业化。同时，集群内部企业通过自主研发、合作研发以及外购引进等方式获取技术要素，将其投入到企业的生产运营中，提升企业自身和产业集群的竞争实力。

在人才要素方面，教育局和人社局通过对高等院校、职业技校等教育机构的补助以及对相关教育体制改革的政策指导，完善基础性人才的培养体制，引导战略新兴产业集群需要的科技研发人才、专业技术人才、经营管理人才等进入集群、服务集群。负责人才引进的人社局协调、组织高端人才向集群内部输入，提升集群人才素质。而集群内部企业则根据成本预算、人力资本分配模式以及生产运作各环节的实际需要，将可支配人才要素投入到关键环节，最大程度发挥其投入价值。

在金融要素方面，一是财政及专业局将政府专项补助、支持资金投放至战略新兴产业各园区及企业，一定程度上纾解成长型集群的资金难题；二是金融办可综合评估对战略新兴产业集群内企业的资金支持力度，制定相关政策及措施，积极为企业及有关机构进行担保对接，鼓励和引导金融要素输入集群。三是引导社会资本，通过投资补助、基金注资、担保补贴、贷款贴息等，优先支持引入社会资本的项目，发挥社会资本在战略新兴产业集群发展的价值和潜力。集群内部企业则根据资金周转情况、投资需求额度、融资成本等方面信息，将来自不同渠道的资金分别匹配到不同的资金用途，提升集群整体的投入产出效率。

2. 要素支撑体系运作机制基本框架

要素支撑体系运作以高端人才为核心、社会网络为基础，以技术平台、高端人才平台和资金平台构成的要素共享系统为载体，以创新驱动战略为引领，政府市场分工协作，构筑战略新兴产业集群式发展的新优势。在创新创业活动不甚发达阶段，大项目带动和龙头企业建设依然是政府推动战略新兴产业集群发展的着力点，在内核建设上政府制定优惠政策，构建要素平台，促进三类要素向大项目和龙头企业聚焦，在外部环境上，应坚持不懈地加强基础人才培养和创新创业环境建设。另一方面，三类要素的相互吸引、相互作用，又是市场机制作用下利益驱动的结果，大项目、龙头企业的建设和发展，带动产业链条中不可或缺的充满活力的中小企业聚焦，使之成为区域创新的重要力量和创业活动的生力军，中小企业围绕核心企业集群式生长提升了区域创新创业活动水平，增强了战略新兴产业集群的竞争优势。

3. 要素共享系统的构成主体及关系

金普新区要素支撑体系中的要素共享系统由技术、高端人才和资金三个要素交流中心构成。要素共享系统的主体分别为要素信息的供需方、中介机构和监管机构。作为信息需求方，集群内企业将需求信息输入对应的要素交流中心。金融机构、人才市场和科研机构等要素提供方可根据交流中心提供的企业信息决定是否提供相应要素及规模，并将此信息反馈到交流中心中，由企业选择所需的要素，由此缓解企业发展与市场主体间信息不对称的问题。监管机构一是对信息的真实性进行核查和监管，建立约束机制规范系统运作；二是保护供需双方的敏感信息，对系统运行进行监管。中介机构在其中的作用是应供需双方的要求，进行有关方面的专业评估。

三、金普新区战略新兴产业要素支撑体系的建设建议

（一）合理布局产业

金普新区发展战略新兴产业集群要在深化特色产业园区体制机制改革的基础上，统筹规划、明确定位，避免产业交叉。逐步完善和优化战略新兴产业集群的产业链，加强产业集群的配套和协作能力，增强产业集群核心竞争力。战略新兴产业集群建设一是要突现有龙头企业的关键地位，发挥其在产业升级的带动力量。二是要着力引进大项目、大企业，培育明星企业，带动中小企业向战略新兴产业集群聚集，发挥辐射功能，引领中小企业发展。大项目引进要围绕金普新区的优势产业和战略产业，突出重点、合理布局、避免重复建设。

（二）激发产业创新

金普新区政府要加快实施创新驱动发展战略，加大对科技创新的政策扶持，进一步激发产业集群的创新活力。一方面，重点支持以企业为主体的科技创新活动，通过奖励自主创新企业、建设专利技术产业化项目、资助创新型中小企业等，吸引中小企业进入战略新兴产业集群，增强产业集群的活力和创新动力。另一方面，加大对科研院所的支持力度，逐步完善"官－产－学－研"的创新路径，使科研优势与战略性战略新兴产业集群发展相结合，提升科技成果转化效率，为金普新区战略新兴产业集群的创新、创业活动提供强大的驱动力量。

（三）转变投入思路

金普新区战略新兴产业的财政投入应根据战略新兴产业集群化发展模式的特征，对现有战略新兴产业集群进行评估，着力支持战略有定位、生产有能力、产品有市场、发展有潜力、经营有效益、对财政增收有贡献的重点集群发展，减少财政资金高投入、低回报的浪费现象。财政投入向一方面着力支持隶属优势、战略产业、带动性强的龙头企业大项目建设，促进大项目的早竣工、早投产和早见效；另一方面，向具有创新活力，在战略新兴产业链条中占有重要地位的中小企业倾斜，发挥政策性引导资金的功效，为鼓励创业、增强区域创新能力、优化战略新兴产业结构提供政府资金支撑，形成提升财政投入质量、增进财政投入绩效的良性格局。

（四）聚集高端人才

社会要素理论认为人们的社会地位越高，摄取社会要素的机会越多（地位强度理论），人们的社会要素越丰富，工具性行动的结果越理想（社会要素效应理论）。因此，金普新区战略新兴产业集群要素支撑体系建设，重中之重为高端人才的培育、引进和管理工作，完善高端人才的激励机制，落实好金普新区现有大人才政策，利用好高端人才独具特色、不可复制的宝贵价值，充分挖掘高端人才附加的大量社会要素，通过高端人才的聚集带动社会要素的聚集，强化要素支撑体系的主体力量和纽带连接力量，实现以高端人才为纽带社会要素网络各节点的价值最大化，提升要素支撑体系运作的效率。

（五）搭建共享平台

1. 要素共享平台建设理念

（1）共享平台建设方针：要素共享平台的建设要贯彻"整合要素、优化配置、完善体制、提高效率"的方针，充分运用互联网等现代技术，主要对金普新区资金、人才、技术要素进行战略重组和系统优化，促进要素高效配置和综合利用。

（2）共享平台服务范围：面向大连市所有高新技术企业和中介服务机构，重点覆盖金普新区所有高新技术企业和中介服务机构，同时，该要素共享平台网站是对外开放的，大连市外其他地区同样也可以通过网络链接，获得相关信息。

（3）共享平台建设原则：第一，布局全面，统一规划。金普新区要素共享平台的建设要形成从上而下的管理监督体制，对平台建设进行统一布局和规划，以未来重点培育的产业集群为重点，形成服务全区的要素支持体系。

第二，服务为主，持续发展。要素共享平台的建设要坚持以服务为主，共享互利。同时，借鉴国内其他省市服务平台的建设经验，在政府的监管下，逐步走出初期的单纯依靠财政投入的状况，依靠市场驱动，逐步形成成熟的盈利模式，实现平台运营的可持续发展。

第三，集中优势，整合要素。通过政府、中介服务机构、企业之间的通力配合与紧密协作，集中优势，整合要素，形成各主体全面参与，促进要素的共享。

第四，排版清晰，便捷实用。网页设计上，要类别划分清晰，注重视觉效果，讲究编排和布局，特别是对其他信息网站或数据库的链接，整体要突出简洁、实用的效果，并要及时更新信息，积极接收使用者的反馈意见并加以改进。

2. 要素共享平台建设阶段

以信息要素为产品的平台，一方面，为促进金普新区产业集群的发展而服务于金普新区内企业和中介服务机构，属于公共物品；另一方面，信息要素能给企业带来效益，其营利性又具有商品的特点，所以平台的运行不仅需要政府的投入，还需要形成一定的盈利模式，使其稳定、持续的发展。具体建设过程划分为三个阶段。

第一阶段，平台初始建立期，政府职能起主要作用，属于"重建设"期。首先，在平台建设期政府安排一定的财政预算，重投入，重建设，才能使要素共享平台建设完整。其次，要素共享平台的建设涉及政府各个职能部门（如科技局、财政局、经贸局、金融办、人社局等）、各类服务、中介机构（如金融服务机构、人才中介机构、科技招投标机构、技术产权交易机构等），在前期的建设中，政府应该成立专门的协调工作小组，负责各类机构和部门的沟通协调。在前期初步建设成以互联网为载体的要素共享平台，如图 12 - 1 所示。

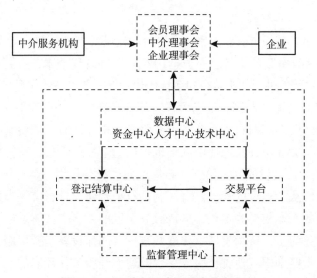

图 12 - 1　金普新区产业要素共享平台

第二阶段，平台自主运行期，政府职能上属于"轻建设、重运行"期。政府逐步减少资金投入，平台运行主要依靠各参与主体通过完善的利益共享机制，实现市场化运作，充分发挥平台自身的"造血"能力，减轻财政负担，实现要素共享平台的可持续发展。在这一阶段，政府应该引导中介机构成立"中介机构理事会"，引导企业成立"企业理事会"，并出资成立第三方或者委托第三方网络管理公司进行运营管理，由第三方设计用户注册费用、信息转让中介费、查询费用（检索、浏览免费）等盈利模式，其交易结转模式如图 12 - 2 所示。

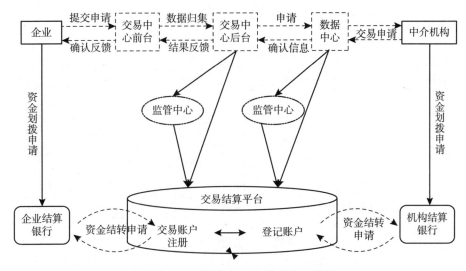

图 12-2　要素共享平台交易资金结转

　　交易账户是企业和机构在交易结算平台开立的用于融资、技术、人才交易业务的资金结算账户。注册登记账户是交易中心为企业和机构在交易结算平台开立的、用于记录其持有的交易信息变动情况的账户。登记账户和交易账户的配套开立保障了平台用户信息的安全性和交易的快捷性。

　　监管中心是完全独立于交易中心的部门，监管中心分别通过交易中心和数据中心对交易结算平台的资金和信息进行确认、核查，不仅保障了交易的合规性，资金流转的安全性，而且具有"隔离墙"的作用，控制了内部风险。

　　第三阶段，平台运营成熟期，政府职能上属于"轻运行、重监督"期。要素共享平台是面向金普新区所有企业的公共产品，不断完善对该平台的监管，是保护相关主体权益的重要保证。建立健全平台监督体系是共享平台规范运作的客观要求，也是其快速、健康发展的重要保证。所以此阶段，政府将平台的运营权限完全交予第三方，其主要职能是监管。具体做法上成立监督管理部门，对定价的合理、涉及机密、维护用户权力等问题进行监督管理，监督管理中心模式如图12-3所示。

　　3. 要素共享平台运行

　　要素对产业集群的成长壮大、竞争力提升都起到不可替代的作用，通过前文分析，制约战略新兴产业集群发展的瓶颈主要为资金、人才和技术要素，在上述建设理念的前提下，我们建议将该要素共享平台细分为资金平台（即下文融资超市服务平台）、人才平台和技术平台。分别汇集这三类要素，解决要素信息不对称的困难，实现"需有所供，供有所求"的双赢局面。

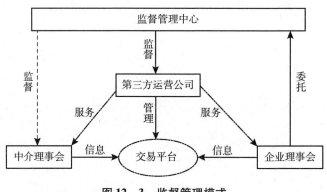

图 12 - 3 监督管理模式

第十三章 金普新区公立医院改革方案

一、金普新区公立医疗服务体系现状

目前，金普新区已经建立起比较完善的由社区卫生服务机构、专科医院和二、三级综合医院组成的医疗服务体系，总体布局和区域分布较为合理。新区共有各级各类医疗卫生机构 572 所（不含大连医科大学附属一院三部），其中综合性医院 9 所、专科医院 9 所、疾病预防控制中心 1 所、卫生监督所 1 所、妇幼保健院 2 所、卫生院 9 所、社区卫生服务中心 10 所、村卫生室和社区卫生服务站152 所（其中村卫生室 136 所）、门诊部及个体诊所 352 所、企事业单位卫生所44 所。其中区属公办医疗卫生机构 25 所，区级医疗机构 8 所，分别是金州区第一人民医院、开发区医院、金州区第二人民医院（坐落在登沙河街道）、金州区第四人民医院、金州区中医院、金州区妇幼保健院、开发区妇幼保健院、金州区口腔医院；疾病预防控制中心 1 所、卫生监督所 1 所、卫生院 9 所，公办社区卫生服务中心 6 所。承担公共卫生服务的单位 25 个，分别是：疾病预防控制中心、卫生监督所、金州区第二人民医院（坐落在登沙河街道）、金州区妇幼保健院、开发区妇幼保健院、金州区第四人民医院；乡镇卫生院 9 所，公办社区卫生服务中心 6 所，民办社区卫生服务中心 4 所。金普新区初步形成了以区级医疗卫生机构为龙头，卫生院（社区卫生服务中心）为枢纽，村卫生室（社区卫生服务站）为基础，民营医疗机构为补充的三级医疗和预防保健网络，为百姓提供融预防、保健、医疗、康复、健康教育为一体的公共卫生和基本医疗服务，基本保障了群众的基本医疗和公共卫生服务需求。

从医疗资源的绝对量来看，金普新区略高于大连市其他区市县，但是由于新区地域面积广、人口基数大、人均占有医疗卫生资源明显低于全市平均水平，特别是大型医疗机构数量和高职称、高学历人才与大连市城区相比仍存在较大差距。主要表现在：

一是公共卫生工作财政保障经费还未完全到位。公共卫生服务的财政保障体系和机制还不完善，公共卫生服务机构的人员经费、工作经费、周转资金等，近几年虽然投入了不少，但由于历史欠账较多，投入的这些经费还不能完全保障公共卫生服务单位的正常工作开展，在一定程度上制约了公共卫生保障能力的全面发挥。

二是公共卫生服务的基础设施建设有待进一步完善。新区部分社区卫生服务中心建设时间比较早，随着目前公共卫生服务工作标准的不断提高、内容的不断增加，这部分社区卫生服务中心（例如，得胜卫生院和大李家卫生院）的基础设施已经成为制约本辖区公共卫生服务工作发展的重要因素之一。

三是医疗机构基础设施和设备仍需加强。部分基层医疗卫生保健机构的医疗设备，只能为居民提供基本医疗保健服务，对于下一步公共卫生服务工作项目的不断细化，许多临床辅助检查，例如生化学实验室检查、影像学检查等一些项目，由于医疗设备陈旧或不全，使部分基本公共卫生服务项目不能更好地开展。

四是院前急救体系建设亟待解决。目前金普新区没有统一、独立的院前医疗急救体系，仅借助金州区第一人民医院和开发区医院的急诊资源完成简单的院前急救任务。新区院前医疗急救救援分配调度盲区大、救援资源设备严重落后老化、救护人员数量严重不足、救援半径过长等问题亟待解决。

五是医疗机构人才缺乏，难以为继。区级医疗卫生机构缺乏缺少高精尖卫生人才及学科带头人，基层医疗机构全科卫生技术人员严重缺乏，队伍建设出现断档现象。

二、金普新区公立医院改革原则目标

《大连金普新区国民经济和社会发展"十三五"规划纲要》中提出，加大公共医疗卫生领域投入，开展卫生服务需求和资源调查，完善卫生资源布局和设置。引进具有国际高端医术和服务水准的医疗机构，鼓励外资和民营医院进入，改扩建现有的区域医疗服务中心，加强区域内基层医疗卫生机构建设，满足新区多层次的医疗服务需求。深化医疗卫生体制改革，探索医疗集团化发展模式，结合新区人口和产业的布局和特点，建立与之相适应的疾病控制、卫生监督、妇幼保健、院前急救和卫生信息体系，完善突发公共卫生事件应急机制。为此，金普新区公立医院应加快制定未来的改革总体思路、改革主要内容和改革参考方案等。

（一）指导思想

深入贯彻落实党的十八大、十八届三中全会精神，按照国务院、辽宁省和大连市的统一部署，坚持医药卫生体制改革的方向，科学制定新区卫生事业发展"十三五"规划；坚持公立医院公益性质和引入市场机制相结合，推进公立医院管理体制改革；以深化医药卫生体制改革为主线，坚持"保基本、强基层、建机制"的原则，采取"政策引导、试点先行，分步实施、稳步推进"的方法，加快推进公立医院改革改制；坚持公立医院公益性质，建立富有活力的市场竞争机制，积极推进政府购买医疗卫生服务，促进公立医院健康发展，构建公益目标明确、布局合理、结构优化、功能完善、富有效率的公立医院服务体系，满足群众多样化的医疗卫生服务需求。形成多元化办医格局，切实缓解群众"看病难、看病贵"的问题，促进新区医疗卫生事业发展。

（二）基本原则

以公立医院改革为突破口，按照上下联动、内增活力、外加推力的原则，破除以药补医、创新体制机制、充分调动医务人员积极性；坚持有利于医疗卫生事业发展的原则，更好地满足不同层次人群的医疗服务需求；坚持公立医院公益性质的原则，引入优质医疗资源，建立产权清晰、权责明确的法人治理结构，增强医院的发展活力和服务能力；坚持依法规范、积极稳妥、平稳过渡的原则，维护国家、医院、职工和投资人的合法利益；坚持创造宽松的政策环境，促使改制医院轻装进入市场、参与市场竞争的原则。

（三）总体目标

坚持国家医药卫生体制改革的方向，坚持医院的公益性质，实行政事分开、管办分开、营利性与非营利性分开。对公立医院的功能和服务进行重新定位，通过产权改革优化医院办医模式、管理体制、运行机制、保障机制。通过改革加快形成多元化办医格局，建立规模适当、结构优化、层次分明、功能完善，具有新区特色的现代医疗服务体系。在"十三五"期间，面向国内外一流的医疗机构和高等院校，引进两所以上高端品牌医院；以现有医疗机构为基础，打造 3~5 个三级甲等综合医院；积极推进卫生资源优化整合，建设一批特色专科医院；大力加强基层基础建设，完善布局合理、标准统一、全面覆盖的社区卫生服务网络。通过改革不断提高医疗服务质量和社会满意度，降低医疗服务成本和医药费用，促进各类医院健康发展，破解医疗水平与区域发展不匹配的矛盾，切实缓解群众

"看病贵、看病难"问题。使新区公共卫生服务达到国内一流水平，成为大连市的医疗副中心和金普新区的医疗服务中心，成为东北地区现代医疗卫生服务的中心之一。

三、金普新区公立医院改革模式的探索

从实践探索的情况进行汇总分析，按照改革力度的大小，金普新区公立医院的改革可参考以下方案。

（一）方案一："政府办医"的模式

1. "政府办医"模式的内涵

"政府办医"就是落实政府办医责任。即，落实政府对公立医院的基本建设和设备购置、重点学科发展、公共卫生服务、符合国家规定的离退休人员费用和政策性亏损补贴等投入政策。政府应该在医院的基本建设、大型设备、人员经费、医疗服务价格等方面投入力度加大，这样才能体现"政府办医责任"及"较好地维护了公立医院公益性"。

中共十八届三中全会发布《中共中央关于全面深化改革若干重大问题的决定》，其中提及"加快公立医院改革，落实政府责任，建立科学的医疗绩效评价机制和适应行业特点的人才培养、人事薪酬制度"。其中"落实政府责任"，就是落实政府办医责任。

金普新区的经济总量和财政税收位于大连市各区市县的前列，经济实力较雄厚。在公立医院建设上，应"坚持以投入换机制，全面落实政府办医责任"，构建科学补偿机制，实现新区医疗卫生事业健康、平稳、科学发展。

2. 金普新区实施"政府办医"的基本原则

坚持政府办医责任为原则，积极推进政府购买卫生医疗服务，维护公立医院的公益性；坚持"保基本、强基层、建机制"的基本原则，破解群众"看病难"；坚持科学补偿机制为原则，破除以药补医机制，破解群众"看病贵"；坚持体制机制创新和治理体系与能力建设为原则，注重治本与治标、整体推进与重点突破的统一，统筹推进管理体制、补偿机制、价格机制、药品采购、人事编制、收入分配、医保制度、监管机制等综合改革，建立起维护公益性、调动积极性、保障可持续的运行新机制；坚持医疗人才队伍为核心的原则，不断提高公立医院医疗卫生服务水平。

3. 主要工作任务

（1）明确公立医院功能定位。金普新区的公立医院是公益二类事业单位，是区域内的医疗卫生中心和农村三级医疗卫生服务网络的龙头以及城乡卫生服务体系的纽带，是金普新区政府向区域内居民提供基本医疗卫生服务的重要载体。承担新区居民的常见病、多发病诊疗，危急重症抢救和疑难疾病转诊，基层医疗卫生机构人员培训指导以及部分公共卫生服务、自然灾害和突发公共卫生事件应急处置等任务。

（2）建立和完善公立医院法人治理结构。新区政府负责组织推进公立医院管理体制改革，新区财政部门代表政府履行出资人职责负责公立医院国有资产监管，新区卫生计生部门负责科学规划公立医院建设发展，建立法人治理结构和现代医院管理制度，落实我区公立医院独立法人地位，按规定行使人事管理、机构设置、内部分配、年度预算执行等自主经营管理权。卫生计生行政部门要履行全行业、属地化管理职责，统一规划，规范准入，强化监管，提升治理能力。

（3）落实政府投入责任。金普新区政府是举办公立医院的主体，要全面落实政府对县级公立医院符合规划的基本建设及大型设备购置、重点学科发展、人才培养、符合国家规定的离退休人员费用、政策性亏损、承担公共卫生任务和紧急救治、支边、支农公共服务等投入政策。落实对中医药的政府投入倾斜政策。

4. 具体工作内容

（1）坚持民生为先导向，提升医疗卫生服务能力。一是进一步加强医疗卫生基础设施建设。特别是要落实好当前的医疗卫生重点项目和卫生惠民工程，努力改善群众的就医环境，提高服务水平。进一步深化医药卫生体制改革，全面推进居民健康卡的发放和应用，继续加快推进中医药事业发展，贯彻落实新的计划生育法律法规，进一步全面普及红十字会应急救护知识。加快中国医科大学附属盛京（大连）妇女儿童医院和大医附属一院新区医疗中心建设。适合将开发区妇幼保健院开展服务的闲置办公楼划拨给开发区妇幼保健院临时使用，以解决该院暂时业务用房问题。将管委会现有的空房划拨给金州区一院和金州区中医院发展使用。

二是积极推进医联体建设。积极推进大连市口腔医院与金州区口腔医院建立医联体。将金州区口腔医院房屋划拨给金州区第四人民医院使用。金州区口腔医院现有人员分流到金州区第一人民医院、金州区中医院、金州区妇幼保健院，来满足金州区口腔医疗卫生的需求。如果金州区第四人民医院扩建了，再将金州区口腔医院房屋划拨给大连市口腔医院使用。推进大连市优质医疗资源下沉，帮助金州区实现医疗质量和水平的整体提升。

三是加强基层医疗卫生机构建设。全面推进乡村卫生服务一体化管理工作，在向应、华家、登沙河、杏树、大魏家、七顶山6个涉农街道启动乡村卫生服务一体化管理试点工作，以村卫生室实施基本药物制度为切入点，在全区逐步全面推行乡村卫生服务一体化管理。

（2）健全补偿机制，落实政府购买服务政策。取消药品加成政策是县级公立医院综合改革的一项重要内容。取消药品加成后，医院收入由服务收费、药品加成收入和政府补助三个渠道改为服务收费和政府补助两个渠道。医院由此减少的合理收入，通过调整医疗技术服务价格和增加政府投入，以及医院加强核算、节约运行成本等多方负担。新区财政部门要会同有关部门制定具体的补偿办法，明确分担比例。一要理顺医疗服务价格。提高诊疗、手术、护理、床位和中医服务等项目价格，降低药品、高值医用耗材和大型设备检查、治疗价格，鼓励医院通过提供优质服务获得合理收入，调动医务人员提高医术和服务水平的积极性。二要充分发挥医疗保险补偿作用。医保基金通过购买服务对医院提供的基本医疗服务予以及时补偿。加快推进按病种付费、按人头付费等支付方式改革，控制医疗费用不合理增长。三要加大财政购买卫生服务实现公益性目标。新区财政要调整支出结构，切实加大对新区公立医院投入。主要包括符合规划的基本建设及大型设备购置、重点学科发展、人才培养、符合国家规定的离退休人员费用、政策性亏损等。

（3）坚持综合改革方向，力争关键环节取得突破。一是制定区级医疗卫生机构高精尖卫生人才及学科带头人员引进政策，进一步加强引进卫生技术队伍人员保障机制，出台工资待遇、福利补贴等具体优惠措施，吸引高级卫生专业技术人才，用政策调配人、用待遇留住人。根据《金普新区机关、事业单位雇员管理的实施意见》精神，在不增加人员编制的情况下，选用劳动合同制医疗人员临时补充基层医疗机构全科卫生技术人员不足的问题。通过公开招聘机关公务员和全额拨款事业单位人员的方式，对因自然减员造成的空编进行补充。对医疗机构空编，招聘学科带头人和全科医生，充实到区直属医疗机构和乡镇卫生院。二是加强基本药物采购配送管理，扩大基本药物覆盖面。积极推进实施《金普新区基本药物集中采购和统一配送实施方案》和《金普新区国家基本药物统一配送企业遴选办法》。在纳入乡村一体化管理的村卫生室实施基本药物制度。确保基本药物实施零差率销售。三是建立医务人员定期培训教育和区级卫生服务机构对口支援农村医疗卫生工作制度，鼓励、吸引优秀卫生技术人员、医学院校毕业生到乡镇卫生机构工作，逐步开展卫生技术人员双向流动工作，提高村级卫生室的综合服务能力，让广大人民群众切实享受到医改带来的实惠。

（4）坚持以投入换机制，全面落实政府办医责任。一是建立完善的公共卫生服务体系财政保障机制，将公共卫生服务机构的基础设施建设、大型设备采购等项目纳入财政预算，逐步改善公共卫生服务单位的条件。对区级医疗机构大型设备购置给予一定的周转金补助，金州区社区卫生服务中心医疗设备购置由区财政拨款全额解决，进一步加大投入力度，加快更新现有公办医疗机构医用设备。二是完善院前急救体系建设。本着"统筹规划、整合资源、合理配置、提高效能"的原则，将 120 院前急救指挥中心进行整合，努力建设一个统一、协调、权威、灵敏、高效的医疗急救体系，打造一条院前与院内急救无缝衔接的绿色通道，满足群众对急救医疗需求。在现有院前医疗急救资源的基础上成立金普新区院前医疗急救指挥中心。指挥中心设在金州区第一人民医院，按照地理位置及救援半径要求，下设金州区第一人民医院、大连经济技术开发区医院、大连金石滩医院、金州区第二人民医院、金普新区七顶山卫生院 5 个网点。三是根据国家相关的公共卫生服务体系建设标准，进一步加强区疾病预防控制中心和卫生监督所的建设，加大财政投入力度，使房屋设施、仪器设备的配备达到规范化建设标准要求，以增强疾病预防控制机构有效应对突发公共卫生事件的能力，提高卫生监督的执法能力和水平。

（二）方案二：区域性医联体改革模式

卫生部首次明确鼓励医联体的发展是在 2013 年 1 月的全国卫生工作会议上，卫生部部长陈竺在报告中提出：控制大型公立医院单体规模扩张，鼓励探索通过医疗服务联合体等形式，从 2013 年就将在全国推行医联体模式，使医疗领域金字塔式的就医格局在中国形成为主流。这对各地进行医联体方式改革的探讨起到了重要的导向作用。国内最早的医联体网络是华西医院的网络系统，是涵盖了中西部 12 省、自治区、直辖市的区域协同平台。同时，其他各省市也都在探讨这一模式的应用问题，并且做出了一些有意义的尝试和创新。构建医联体可以促进医疗资源的合理配置、提高利用效率、规范就诊秩序、避免医院盲目扩张；形成以大型公立医院的技术力量带动基层医疗卫生机构能力提升和共同发展，推动分级诊疗的格局；同时在医联体构建过程中，可以使相关政策和管理制度更为完善。因此，新型医联体的构建是今后医改的方向之一，是推进公立医院改革的重要内容，是建立一种新型医疗卫生服务体系的前瞻性探索。金普新区建立区域性医疗联合体，有利于对新区医疗服务体系进行充分整合创新、优化医疗资源配置。

1. 金普新区医疗联合体组建的基本原则及目标

（1）基本原则。一是要有利于金普新区居民就诊医疗和健康水平提高。医联体作为新的医疗保障制度，就是要通过建立医联体，使辖区居民通过体系就诊，实现首诊在社区，康复在社区的要求，在医联体内各医疗机构就诊可享受更多便利。医联体的建立模式应把提高辖区居民健康水平作为始终目标，优化服务流程，有效解决运行中的困难和问题。使更多的居民享受到顺畅的医联体保障和服务，使居民能够未病早防、有病早治、就近就医、方便照顾。

二是要符合区域医疗规划布局要求。金普新区卫生与人口计划生育局应按属地管理、全行业管理和卫生资源配置宏观管理的原则，有序、有规划建立辖区内的医联体。医联体的建立，要以辖区居民为基本服务对象，实现医联体地域内居民医疗服务的全覆盖。

三是要有利于各成员单位发挥各自资源优势进行开放式联合。医联体要根据社区居民就医需求重点，医联体内的核心医院要在技术上发挥带头作用，把加强社区医疗机构学科建设和人才培养作为长期的任务目标，调动医务人员工作的积极性，有效提高社区医疗机构的服务水平和能力；其他医疗机构应发挥各自优势，逐步实现预约方便、检查互认、上下转诊顺畅，医疗资源得到有效统筹的要求。

（2）医联体组建的总体目标。整合金普新区内的医疗资源，构建由 1 个或 2 个区域内的核心医院与其他二级医院、社区卫生服务中心组成的一个医疗联合体。建立和形成基层首诊、双向转诊、急慢分治、上下联动的诊疗模式和格局。实现医联体区域内基层医疗机构社区居民首诊率不断上升，核心医院或二级医院的社区居民首诊率逐年下降，逐步形成首诊在社区、康复在社区、预约在社区、慢病用药在社区的就医的良性格局。

（3）医联体内成员单位划分为"核心医院"和"合作医院"。核心医院必须是金普新区内专业人才充足、综合医疗实力强大、专科分级齐全、设备先进、独立进行全面的科研教学、管理先进高效的公益性公立性区域性"龙头"医院。

核心医院负责建立全科医学科或会诊中心等管理部门，负责与合作医院有效对接及辖区病人的接、转诊等管理工作；组织制定体系内各项工作制度，完善双向转诊、重点专科对口扶持、区域信息联网、绿色通道等工作机制；探索统筹协调体系内各医疗机构床位的使用和管理；有效做好医务人员的上下交流和出诊工作；可根据情况建立一体化管理机制，确保医疗服务顺畅高效；做好工作信息、数据收集、汇总等其他工作，及时向辖区主管部门报送；负责重症和疑难杂症的治疗。

合作医院负责按职能分工做好体系内相应的医疗工作；积极协助核心医院开展医联体的各项工作；主动完成本单位在医联体中承担的相应职能；研究医联体工作中各类问题的解决办法；负责一般常见病、多发病的治疗。

医联体内各成员单位可保持独立的医疗业务管理，也可以采取统一的医疗质量控制和患者安全管理控制标准等，各成员单位原则上应承担相应的医疗责任。

2. 金普新区公立医院"医联体"改革基本步骤

由金普新区政府主导，成立"医联体"领导小组，相关部门通力协作，采取"试点先行、逐步完善、逐步推广"的思路分步推进，同时运行机制的保障措施必须配套跟进。积极探索在金普新区范围内组建医联体，通过组建医联体，探索补偿机制、治理机制和运行机制等改革，强化以病人为中心的服务理念，推行健康管理、预约服务和临床路径管理等服务手段的创新，促进公立医疗机构强化公益性质；通过组建医联体，在各级医疗机构之间建立统筹协调和分工合作机制，逐步实现基层首诊、分级诊疗、双向转诊，共享医疗资源，有效控制费用，减少浪费，提高医疗服务体系的整体运作效率；通过组建医联体，提高基层医疗机构的技术水平与能力建设，加强上级医疗机构对基层医疗机构的技术指导和人员培训，提高基层医疗机构特别是社区卫生服务机构的服务能力。同时，依据医疗服务需求，在社区卫生服务机构合理配置住院和日间照料床位，加大医疗设备投入，提高硬件水平，促使居民就医回归。具体内容如下：

（1）维持行政隶属与资产隶属关系不变。考虑到改革推进的难度，在新区内医疗联合体的构建过程中可以实施"四个不变"，即各医疗机构独立法人地位不变、资产隶属关系不变、财政投入渠道不变、机构功能定位不变。联合体内各医疗机构的日常经费按照原有途径拨付，从政府财政获得的预算资金，由联合体统筹安排使用。符合区域卫生规划的基建和大型设备的配置，由政府财政按照协商确定的比例分别投入。医疗机构的存量资产和增量资产，由区国资管理部门授权联合体统一管理，按投资来源分别计入相应国资部门，并接受授权双方监督。

（2）加强基层医院和社区服务中心制度与功能建设。一是建立社区首诊与转诊相结合的机制。依据常住地就近选择一家定点社区卫生服务中心，居民每年和社区服务中心签订一次首诊协议，只有签订了首诊协议的居民才能享受全民基本医疗保险或新农合医疗待遇；社区卫生服务中心首诊后不能诊治的疾病，根据情况转诊到县级或地市级专科或综合医院，并及时开具转诊证明并联系相应医院。二是建立社区卫生服务的监督和评估机制。居民定期通过网络投票评价定点的社区服务中心或转诊的医疗结构，对服务过程中的细节进行评价，及时反馈，促使社区卫生服务机构改善服务态度、提高业务水平并正确及时转诊。相关部门应以居民与社区卫生服务机构签订的协议作为拨款的重要考核指标，对不达标的社区卫生服务中心及时责令其整改或关闭。三是建立医院－全科医生培训基地－社区联动培训机制。各综合性医院要建立全科医生培训基地，招收定向培养全科医生，培养合格分配到各个社区服务中心工作，然后每年进行多次短期新知识培训，促使知识不断更新；加强社区卫生服务中心人员培训，对没有参加全科医生培训的医生实行轮训机制，使得他们逐渐达到全科医生的标准，经过轮训考核不合格者，逐步实行社区卫生服务机构人员的淘汰机制。四是加强社区卫生服务中心的健康管理与教育。健康管理使社区卫生中心的服务功能进一步完善，使得预防保健在基层可以完成。社区公共卫生人员主动地上门服务于健康或亚健康人群，并建立健康档案，动态跟踪辖区居民的健康状况和主要健康问题，分析影响居民健康的主要危险因素，对居民进行针对性的宣传、教育、指导与干预，并及时推荐到相应专科医生诊治。定期请三级医院专家到社区进行不同方式的健康教育与宣传，为居民开健康处方，从而实现早预防、早保健。

（3）加强智慧医疗平台建设。建立区域医疗联合体内的健康信息档案平台，可以融入最先进的物联网技术，实现患者与医务人员、医疗机构、医疗设备之间的动态互动。通过建立一套智慧的医疗信息网络平台，既可以缩短患者的诊疗时间，还可以节约支付的医疗费用，患者还可以享受安全、便利、优质的诊疗服务。

（4）加强新区核心医院的建设。能够带动和托管新区内其他医院的核心医院，必须是本地区专业人才充足、综合医疗实力强大、专科分级齐全、设备先进、独立进行全面的科研教学、管理先进高效的公益性公立性区域性"龙头"医院。核心医院的建设必须以政府为主导，保障其公益性，由董事会统一决策管理和监督，加大财政投入以配套基本建设与设备购置，人员的基本待遇由政府全额支付，绩效根据医疗业绩实行按劳取酬，由医疗劳务费开支。从总体上促进三级医疗保健建设，降低医疗成本，减少医疗保险费用，降低政府投入，减轻病人的医疗负担，破解看病难、看病贵的难题。

（5）破解双向转诊制度的难点。构建医疗联合体，双向转诊是关键。因不同级别医院的资产管理、行政隶属、人事管理、医疗保险支付等相关配套政策和各个医院的利益等方面的矛盾，为保障医疗联合体医院之间组织规范、运作协调、结构稳定，必须落实好双向转诊制度，构建双向转诊激励与约束机制。

首先，制定政策与制度。出台双向转诊政策法规，确保双向转诊有政策措施；建立双向转诊数字化的考核指标与量化标准，加强对双向转诊各方的考核；制定双向转诊过程中的医疗质量保障制度；制定双向转诊的转诊指征，建立基于临床路径的病种转诊标准；制定转诊信息沟通制度。

其次，拿出切实的鼓励措施。对双向转诊开展较好的医院和社区卫生服务机构给予一定的经济奖励；改革现有的医疗保险支付方式，以临床路径为基础实行分段测算分段付费，将患者急性期住院发生的费用支付给上级医院，康复期的发生费用付给社区卫生服务中心，这样上级医院即使治疗了康复期的病人也不能拿到收入；医保费用的支付与医院和社区双向转诊的考核结果挂钩等。

再次，注意引导和宣传。加大力度宣传社区卫生服务中心，逐步转变居民的就医观念，引导居民小病进社区。

最后，政府倡导并督导双向转诊工作的实施。政府必须强有力地肩负起监管、主导、保障和协调等方面的重任，各级政府主动倡导并督促相关部门共同制定推动社区首诊和双向转诊工作的纲领性政策。逐步建立稳定、科学、合理的社区基本医疗和公共卫生服务的经费投入机制和稳定的筹资渠道，并及时对经费的投入和政策的落实情况进行跟踪与考核。

3. 金普新区医疗联合体模式的构建

可以在金普新区内实现由核心医院（如金州第一医院）或者核心医院（如金州第一医院和金州区中医院或开发区医院）引领若干家二级医院（N）加上社区服务中心（M），构成一个完整的服务网络，形成一种相对紧密的纵向医联体模式。在保持各自独立法人前提下，将"人、财、物"交由核心医院管理，形成"1 + N + M"或"2 + N + M"的区域医疗协作体模式（如图 13 – 1 所示）。

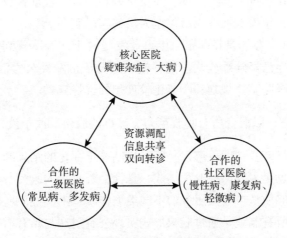

图 13 – 1　金普新区医疗协作体模式

新区"医联体"内所有公立医院的"人、财、物"可以实行统筹管理，在核心医院和合作医院之间，形成利益共同体和责任共同体，利于实现优质医疗资源合理流动。实现医联体内"资源共享、双向转诊、预约诊疗、技术扶持、人才柔性流动、康复治疗"六大功能。医联体内要实现五个统一。一是统一功能定位。医联体统筹规划各医疗机构的功能定位和学科布局。强化医联体内学科间的优势互补与分工协作。核心医院承担疑难危重病人的诊疗、会诊等工作，负责学科对口扶持、人员带教培训、急诊急救绿色通道等工作，成员单位承担常见病诊疗和基本公共卫生服务。二是统一业务管理。各成员单位的办公、业务、群团、人事管理、财务、医保、信息管理、医疗质量服务与管理体系建设、科研教学、药事管理、安全保卫、总务后勤等均由统一的行政职能部门负责。医联体内实行财务统一管理，所属各医疗机构财务独立核算，医联体按照现行医院财务、会计制度规定建立内部结算规则。三是统一资源配置。医联体统一人员招聘、培训等人事管理，人员实行柔性流动，上级医院的医务人员到下级医院进行技术指导、开展诊疗服务或者兼任学科带头人，基层医疗机构的医务人员进入上级医院进行进修和培训。医联体探索组建统一的后勤服务平台和医疗设备、药品、耗材等医用物资的统一采购平台。四是统一信息平台。医联体统筹规划、统一设计信息系统，建立统一的挂号收费、药品物资、健康档案、病历、检测终端、双向转诊及预约诊疗等终端，开展检验检查结果共享互认、预约诊疗、双向转诊、会诊、疑难病例讨论、转检、继续教育等院际协作服务，推动资源共享，优化服务流程。五是统一绩效考核。医联体率先探索推行成本核算和绩效工资制度。根据工作岗位与绩效统一考核，统一奖惩兑现。注重责权利一致，根据各成员单位资金来源及经济收支情况，统筹兼顾各成员单位人员的实际利益。

"医疗联合体"概念是在国家卫生事业发展"十二五"规划实施中提出，目前上海、广州等地已经陆续建立。这种模式适合于区域性公立医院的综合改革，是金普新区公立医院整体规划和改革比较理想的选择模式。

（三）方案三：以混合所有制改革为突破口的股份制改革模式

公立医院进行产权制度改革，是医疗体制改革深化的结果和必然，医院的股份制改造是重要也是主要产权改革模式，是社会资金投入医疗行业的又一重要途径。股份制是能够使从事公共服务的不同类型资本、不同性质所有权相互融合的唯一方式；混合所有制就是通过股权形式实现公有财产与私有财产聚合运作的最基本也是唯一的方式。通过引进社会资本举办医院增加医院数量和对公立医院进行股权改革盘活医院存量，可以有效弥补国家医疗卫生投资不足，引入竞争机制，增加和激活医疗卫生资源。党的十八届三中全会对"国有资本、集体资本、非公有资本等交叉持股、相互融合的混合所有制经济,是基本经济制度的重要实现形式"予以肯定和支持。金普新区公立医院可以大胆借鉴国有企业股份制的成功经验,加快医院的改革和发展。公立医院改制,必须遵守一定的原则,按照规定的基本程序进行。改制完成后,医院要制定相应的治理结构,完善分配制度以及人事制度。

此种改革模式是通过资产重组和改制,形成股份制医院,实现医院与政府的主次分离,把公立医院组建为独立核算、自主经营、自负盈亏、自我约束和自我发展的独立法人实体。它实现的是两个层次的两权分离,即第一层次的资产所有权和法人所有权的两权分离和第二层次的法人所有权和经营权的两权分离。

股份制是一种由社会各有关方面按一定法规、程序自愿入股、自主盈亏、自担风险的经济形式,根据按组成形式可分为无限责任、有限责任、股份有限责任;按其股份发行形式可分为上市股和不上市股,即公开发行和不公开发行股份等。股份制医院可以是混合所有制经济,即国有资本、集体资本和非公有资本形式;也可以是单一的经济形式所组成。按公司化运作,建立独立法人制度。公立医院股份制改革一般实行国有资本与非公有资本的混合所有制经济,成立有限责任公司。

1. 金普新区公立医院股份制改革主要内容

(1)改革公立医院管理体制。第一,设立金普新区公立医院管理中心,为管委会直属事业单位,探索法定机构管理运行模式。其主要职责是代表区政府统一履行举办公立医院的职责,监管公立医院人、财、物等运行,推进公立医院体制机制创新,提升医疗服务质量和水平。出台医管中心管理办法等相关制度,明确医管中心的功能定位,清晰界定其与卫生行政部门等政府相关部门的关系,保障其规范运作。第二,组建公立医院管理中心理事会。主要负责医管中心重大事项决策,监督其规范运作。理事会的具体职责是审议公立医院资源优化配置方案、改革发展计划、基本管理制度、年度预算、运营管理目标、绩效评估结果、公立医院主要负责人人选和领导班子成员任职资格等事项。第三,成立公立医院监事会。各公立医院成立由医院职工代表、人大代表、政协委员、纪委监察代表组成的医院监事会,对医院的管理和运行情况进行监督。充分发挥医院党委的政治核心和职工代表大会的民主管理与监督作用,实施院务公开,推进医院民主管理。第四,实行院长负责制。取消医疗机构行政级别,推行职员制,医院原有领导干部的行政级别和工资标准实行档案管理。实行理事会领导下的院长负责制,院长对理事会负责。院长拥有医院的经营管理和人事管理权限,通过民主程序决定医院内设业务机构,自主招聘员工、设置专业技术岗位、确定薪酬分配办法、决定非资产性的经费支出。院长按照维护公益性的要求行使职权，确保医院严格执行国家法律法规和政策，承担社会责任。第五，理顺医管中心与卫生行政部门的事权关系。卫生人口计生局要切实转变职能，着力加强医疗卫生全行业监管职责，对所有医疗卫生机构实行统一规划、统一标准、统一准入、统一监管。医管中心及其所属医院依法接受卫生行政部门的行业监管，配合开展公共卫生服务等工作。在突发性事故和公共卫生事件的医疗救护方面，卫生行政部门负责统筹调度，医管中心及所属医院服从安排。在公共卫生服务方面，卫生行政部门负责制订公共卫生服务计划，建立购买服务机制，对不宜或不能通过市场机制提供的公共卫生服务，可以指定公立医院承担，并给予相应经费补偿。

（2）积极推进公立医院产权制度改革。通过公立医疗机构产权改革，鼓励、支持和引导各类资本发展医疗卫生事业，形成投资主体多元化、投资方式多样化的办医格局，建立有序竞争机制，提高医疗服务质量和效率、优化医疗服务流程、降低医疗服务价格、提高医疗资源使用效率，满足群众多层次的医疗需求。

改制重组模式。突破公立医院产权制度改革，鼓励各类社会资本，以多种方式参与公立医院改制重组。按照保留存量、引进增量、增资扩股的模式，实行股份制办院，调动经营者和广大医务工作者的积极性，建立自主经营、自主管理、自我发展、自负盈亏的独立法人。

医院之间资源整合共享模式。鼓励各级各类医院探索以资本、技术、管理为纽带，通过合作、托管、重组等方式，建立松散型或紧密型的医疗集团，促进医疗资源合理配置。

通过公立医疗机构产权改革，鼓励、支持和引导各类资本发展医疗卫生事业，形成投资主体多元化、投资方式多样化的办医格局，建立有序竞争机制，提高医疗服务质量和效率、优化医疗服务流程、降低医疗服务价格、提高医疗资源使用效率，满足群众多层次的医疗需求。

2. 股份制模式的具体做法

对医院原有资产进行评估后，募集企业法人或个人投资入股，形成企业法人与国家共同投资的股份制民营医院。目前，我国实行的多是这种形式的股份制改造，即由国家股和法人股构成医院全部的股份。如宿迁市政府和南京鼓楼医院、金陵药业三方合作，实现了资本、技术、管理、市场的有机结合，成立了南京鼓楼医院集团宿迁市人民医院有限公司，推行"资本＋技术＋市场"改革理念，引入政府和民营资本参股，创新了一种新的模式。国有上市公司南京金陵药业集团持出资人民币 7000 万元，持有公司 63% 的股份，宿迁市政府保留 27% 的股份，南京鼓楼医院通过技术和管理入股，持 10% 的股份，医院院长由三方成立的董事会委派。新的股份制医院坚持以人为本，在用人机制、薪酬体系、经营管理等各个方面进行了大胆变革与尝试，使医院的服务水平、医疗质量、医疗效率、就医环境、员工精神面貌等都发生了脱胎换骨的变化，推动了医院可持续发展。股份制改革模式如图 13－2 所示。

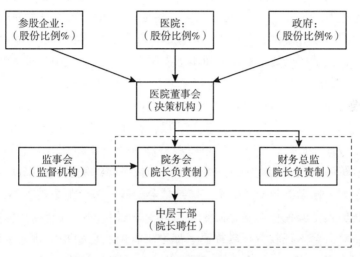

图 13－2　股份制改革模式

股份制改革模式是公立医院改革一种有效途径。公立医院改革是我国医改的重点，也是最难突破的坚冰，"管办分开"是公立医院改革的主要组成部分。宿迁市人民医院改制之所以能够成功，首先得益于当地市委、市政府"管办分开"思路的指引，政府转变职能，在医疗领域只当好"裁判员""教练员"，不当"运动员"，为医院的改制与发展提供了基础。同时，政府支持和参与医院改制全过程，对于创新机制、引入和发挥大城市优质医疗资源优势，帮扶欠发达地区医疗事业发展是医院改制成功的关键。政府、医院和企业集中发挥三方资源优势，根据现代医院法人治理结构的要求，成立董事会、监事会和医院管理机构，各家医院提供了大量的人力、技术和管理支持，企业运用了现代企业管理制度，实行了财务总监制度，推动了医院的科学发展。三方优势资源整合形成合力，缺一不可。实践证明，这种改制是一种积极、有效的公立医院改革的途径，为金普新区的公立医院改革提供了借鉴。

3. 金普新区公立医院股份制改革的设想

（1）公立医院股份制的基本原则。首先，公立医院都是由政府相关部门出资建立，在其发展过程中，政府对其也进行了财政拨款投资，其资产属于国有资产，可能还存在集体资产，有些应该增值，有些只能保值，有些则只能成为社会的福利。因此，金普新区政府在对公立医院进行股份制改革之前，必须对医院现有资产进行全面、公正、科学、规范的评估，准确测算出国有资产所占的比例，真正做到产权明晰。在制定医院收益分配方案时，必须要考虑到国有资产所创造的收益，实现国有资产的保值与增值。这既能体现国有资产在股份制医院中的主导地位，也是股份制医院正确处理国家、集体、个人之间利益关系的需要。其次，公立医院应该借鉴国有企业进行产权制度改革所取得的成功经验，对医院进行产权改革，鼓励社会资本和民间资本进入医疗领域。为吸引这些闲置资本，所以在进行股份制改革时，必须严格确定投资主体，明晰产权，将投资额纳入医院的分配模式，使得投资者可以获得相应的投资回报。所以，在保证国有资产保值或增值的基础上，投资者也有了相应的回报，这样才有足够的吸引力，保持投资者的投资积极性。最后，公立医院进行股份制改造要兼顾社会效益与经济效益。公立医院改革的目的是拓宽医院融资渠道，加快医院的发展，提高医院在医疗市场上的竞争力，提高医院服务效率，满足社会的基本医疗服务需求等，而不是改变医院治病救人、救死扶伤的办院宗旨，以谋取自身的经济利益作为唯一目标。若是如此，势必会出现收费标准提高、加重患者的经济负担的现象。因果循环，最终导致病人流失，经济效益无法实现。因此，金普新区进行公立医院改革要兼顾社会效益和经济效益，努力提高自身的服务质量和水平，在保证患者基本医疗服务需求的情况下，进一步强化医院管理，控制医疗成本，以社会效益带动经济效益，达到双赢的效果。

（2）金普新区公立医院股份制改革基本步骤。医院进行股份制改革，应该遵循基本步骤，逐步完成医院的产权改革，使得改革有序进行。改革基本步骤可归纳为五步：成立领导小组、资产评估、股权设置与募集资金、产权登记、制定管理体制。

①成立领导小组。医院进行股份制改革涉及政府和医院两个组织层面，其中应以政府为主导，医院为主体，建立改革领导小组，负责改革的相关事宜。因为公立医院是国有资产，政府享有相应的权利，为了保证国有资产的保值，政府有义务承担改革重任。此外，医院改革的相关政策的制定、资产评估、建立法人治理结构、其他相关制度的改革都要在政府的组织与监督下完成。改革的对象是医院，相关利益群体主要涉及医院职工，医院必须在改革过程中做好宣传员，保证人心稳定；医院还要做好其他各项准备工作，配合改革的实施。

政府的职责包括：收集详细资料制定改革方案、委托有权威的资产评估单位对医院的现有全部资产进行评估、在股份制改革过程中发挥监督作用、协调改革过程中可能出现的问题。

卫生行政部门的职能包括：监督管理国有资产在医院的运作、对改制后的医院进行行业监督、协助解决医院与其他相关者产生的矛盾。

医院的职责包括：在医院职工中做好宣传员和稳定人心工作、配合资产评估工作、组建医院的法人治理结构、协调处理改革过程中可能出现的问题。

②资产评估。资产评估是由具有专门技术和法定资格的评估人员，根据相关法律、行政法规以及股份制改造的特定目的，以资产的现状为基础，参照当前技术和经济状况，运用科学的方法，模拟市场对某一时间点的医院资产的价格进行评估和判断，同时还须对负债进行评估，最后以书面报告的形式表现出来。评估的内容包括：医院医疗设备、建筑物及在建工程、土地、无形资产、流动资产及投资。为了保证资产评估过程与结果的客观公正，保障相关利益者的利益，应当选择一个优秀的资产评估中介机构对医院的资产进行评估。再者，在评估前或评估时，可以选择一些与该评估机构无关的专家，对其拟采用的评估方法与过程进行评价或监督等。

③股权设置与资金募集。在公立医院的基础上进行股份制改革，国有资产不退出，这样既可以保证政府对医院的宏观管理，还可以适度分担投资者的风险，降低资金募集的难度。

目前，我国国有大中型医院转制而成的股份制医院，股权设置一般分为三种情况：a. 对医院现有总资产进行评估之后，将其作为国家股入股，并占总股份的大部分，其余小部分股份由医院职工自愿购买；b. 对医院现有总资产进行评估之后，募集企业法人投资入股，并占总股份的大部分，形成企业法人与国家共同投资的股份制医院；c. 在对医院总资产评估后折价入股为国家股，并只收内部职工入股和向社会个人募集资金。

④产权登记。产权登记主要适用于国有资产。为了保障国有资产不流失，有关法律规定，国有资产入股的，应该予以登记，主要包括开办产权登记、变更产权登记、注销产权登记和产权登记年度检查等四项内容。国有资产产权登记由国有资产管理部门代表国家负责办理，并依法确认国家对国有资产的所有权和医院对国有资产的占有、使用、收益和经营等权利。

⑤股份制医院的管理体制。公立医院在完成股份制改革之后成为股份制医院，根据《中华人民共和国公司法》和有关法律的规定，必须构建股份制管理的体制，包括实行股东大会、董事会、监事会管理体制以及董事会领导下的院长负责制。

（四）方案四："一院一策"多元化改革模式

1. "一院一策"的内涵

"一院一策"是指各公立医院根据金普新区公立医院改革试点的统一规划及医院自身发展实际情况，坚持公立医院公益性质和引入市场机制相结合，选定符合自身背景及实际发展需要的多元化改革模式。

2. 金普新区"一院一策"多元化改革的基本步骤

①基本思想。由金普新区政府主导，卫生主管部门通力协作，坚持"政策引导、试点先行，医院自愿、一院一策，分步实施、稳步推进"，加快推进新区公立医院改革改制，完善法人治理结构，落实公立医院法人主体地位。支持社会资本参与新区公立医院改制重组。优先选择并支持具有办医经验、社会信誉好的社会资本通过合作、兼并、收购等多种形式，参与新区公立医院改制重组。允许社会资本在金普新区举办各级各类医疗机构，逐步提高社会办医疗机构的比重。

②基本原则。公立医院改革目的是通过引入社会资本，盘活公立医院资产存量，形成投资主体多元化，以解决社会成员"看病难、看病贵"的问题。金普新区公立医院在选择改制模式时，要综合考虑以下问题。一是要确保公共卫生服务由政府提供，具体由当地保留的公立医院负责。对于保留的公立医院，可以选择接受品牌医院托管的方式。二是要符合金普新区卫生发展规划。由于新区内的公立医院尚不能满足当地的基本医疗服务的需求，因此建议通过托管、集团化、股份制改造等模式，建立投资主体多元化的办医格局。三是要有利于三级医疗服务体系的构建。对于规模较小、长期亏损、承担公共服务能力较弱的乡镇医院，可以选择拍卖的方式；对于服务范围较大、有一定技术含量但设备落后、资金不足的医院，可以选择股份合作制；对于医疗技术先进、设备齐全但发展空间受限的大型品牌医院，可以选择组建医院集团的方式。四是对部分医疗服务机构进行分类改制。例如：精神病医疗服务分为治疗、康复和托管等，即重症精神病人首先得到治疗，待精神症状消失后，进行康复治疗。康复和疗养等应采用多种方式，可引入社会资本参与医院建设分院。对于妇幼保健院等具有履行公共卫生职能的医疗机构，可以保留其妇幼保健等公益部门，其余医疗部门可以由社会资本举办。

③多元化改革模式的选择。从我国公立医院改革的实践来看，组建集团模式，是在不改变公立医院所有制的基础上，实现管办分离，改革比较缓和；托管经营模式利用委托代理的方式分离了公立医疗机构经营权；股份合作制模式则力图在经营权和所有权层面同时寻求变革与突破；产权转让模式市场化最为彻底。新区各家医疗机构在选择改革模式时，充分考虑自身改革的背景，包括医院的规

模、经营状况、医院的功能和承担的任务以及当地卫生发展布局等。新区公立医院可以选择和借鉴的改革模式如表13-1所示。

表 13-1　　　　　　　各地公立医院改革背景和模式选择的比较

比较项目	镇江	无锡	瓦房店	宿迁
对应模式	医疗集团模式	托管经营模式	股份合作制模式	产权部分转让
医院规模	大型综合医院牵头	品牌医疗集团或大型知名医院为受托方，委托方多为二级医院	县级中小型医疗机构	地级市综合性医院
经营状况	尚未建立现代化的医院管理制度	委托方医院病员不足，医疗资源浪费	医院生存困难，大部分医院床位利用率不到一半	资金短缺、设备陈旧
医院的功能	各类医疗卫生服务	各类医疗卫生服务	基本医疗服务	公共卫生服务
改革动机	进一步拓展空间，办"大医院"	品牌、技术的植入	减轻财政负担，提高医院人员的积极性	盘活国有资产存量

④鼓励和引导社会资本参与公立医院改革。金普新区应进一步开放医疗服务市场。允许社会资本在新区内举办各级各类医疗机构，逐步提高社会办医疗机构的比重。新区需要新建医疗机构时，优先安排社会资本进入。

对于符合新区政府支持方向的社会办医疗机构实行鼓励政策。鼓励社会资本举办非营利性医疗机构；鼓励社会资本在新的大型人口聚居区举办医疗机构；鼓励社会资本举办康复、护理、中医、中西医结合和民族医医院；鼓励社会资本举办拥有高新技术和专科优势的医疗机构；鼓励社会资本捐资举办医疗机构或对非营利性医疗机构进行捐赠。

支持社会资本参与新区公立医院改制重组。优先选择并支持具有办医经验、社会信誉好的社会资本通过合作、兼并、收购等多种形式，参与新区公立医院改制重组。公立医院改制重组要按照事业单位改革有关规定，防止国有资产流失，维护医务人员合法权益。政府相关部门要在严格执行国有资产处置监督管理相关规定的同时，为社会资本参与公立医疗机构改制重组提供指导与服务。

四、金普新区公立医院体制改革配套保障

1. 加强组织领导

强化医药卫生体制改革领导小组负责新区公立医院综合改革的领导工作，卫

生与人口计划生育局应按照职责分工，完善配套政策，加强对改革的指导、监督和评价；各级公立医院综合改革的推动工作，积极配合新区有关部门，加强指导和监督检查，形成推进改革的工作合力；金普新区政府要加强对综合改革工作的领导，制定改革任务具体分工方案和相关配套政策，细化任务分解，落实牵头部门和进度安排，明确时间表、路线图，切实抓好组织实施。在改革方案制定过程中，要认真调查研究，科学规划，确保改制工作的顺利进行。注意改制过程中阻力和问题，积极寻求解决问题的方法，维护社会稳定。

2. 明确公立医院改革的功能定位

新区内公立医院应是公益二类事业单位，是区域内的医疗卫生中心和农村三级医疗卫生服务网络的龙头以及城乡卫生服务体系的纽带，是政府向新区居民提供基本医疗卫生服务的重要载体。承担新区居民的常见病、多发病诊疗，危急重症抢救和疑难疾病转诊，基层医疗卫生机构人员培训指导以及部分公共卫生服务、自然灾害和突发公共卫生事件应急处置等任务。

3. 建立和完善公立医院法人治理结构

政府应组织推进新区公立医院管理体制改革，区财政部门代表政府履行出资人职责负责新区公立医院国有资产监管，新区卫生计生部门负责科学规划新区公立医院建设发展，建立法人治理结构和现代医院管理制度，落实新区公立医院独立法人地位，按规定行使人事管理、机构设置、内部分配、年度预算执行等自主经营管理权。卫生计生行政部门要履行全行业、属地化管理职责，统一规划，规范准入，强化监管，提升治理能力。

落实支持和引导社会资本办医政策。完善社会办医在土地、投融资、财税、价格、产业政策等方面的鼓励政策，优先支持社会资本举办非营利性医疗机构，支持社会资本投向资源稀缺及满足多元需求服务领域。支持社会资本举办的医疗机构提升服务能力。非公立医疗机构医疗服务价格实行市场调节价。研究公立医院资源丰富的县（市）推进公立医院改制政策，鼓励有条件的地方探索多种形式引入社会资本。

4. 改革公立医院运行机制

建立以理事会为核心的"三会一层"（理事会、监事会、职工代表大会、管理层）法人治理结构。完善医院财务管理制度。全面推行医院全成本核算，强化医院风险经营意识，加强医院财务监管，严格预算和收支管理。落实和完善财务内控制度、内部和外部审计制度。

落实院长负责制。完善公立医院院长选拔任用制度，实行院长负责制。建立并完善院长任期目标管理责任制和问责制。完善院长激励和约束机制，严禁将院长收入与医院的经济收入直接挂钩。加强院长管理能力培训，探索建立院长任职资格管理制度。

健全医院内部决策执行机制。严格执行重大事项决策、重要干部任免、重要项目安排、大额资金使用必须经集体讨论做出决定的制度。完善以安全、质量和效率为中心的管理制度，加强成本核算，建立健全成本责任制度，强化成本控制意识，切实采取措施堵浪费、增效益。健全内部控制制度，建立健全医院财务审计和医院院长经济责任审计制度。实施院务公开，发挥职工代表大会的作用，加强民主决策，推进民主管理。

5. 推动分级诊疗制度建设

完善新区公立医院与基层医疗机构、城市医院分工协作机制，综合运用医疗、医保、价格等手段，逐步建立基层首诊、分级诊疗、双向转诊制度。充分发挥医保的杠杆作用，拉大不同级别定点医院报销比例差别，支付政策进一步向基层倾斜。建立公立医院与基层医疗卫生机构之间便捷、畅通的转诊转院通道，公立医院要为基层转诊患者提供优先就诊、优先检查、优先住院等便利。力争2020年底实现新区内就诊率达到90%左右的目标。

6. 深化医院人事制度改革

深化人事分配制度改革，健全和完善全员聘用制。推行岗位设置和岗位聘任管理制度，完善以岗位绩效工资制度为核心的分配机制，绩效工资不封顶。进一步推行"院长年薪制"和"专家年薪制"，完善考核管理办法。

落实公立医院用人自主权，新进人员实行公开招聘。优化人员结构，按标准合理配置医师、护士、药师和技术人员、管理人员以及必要的后勤保障人员。重新核定各级各类公立医院的床位和人员编制，加强主要承担公共卫生职能的公立医院人员配置。卫生专业技术岗位设置不低于单位岗位总数的80%。全面推行聘用制度和岗位管理制度。对于急需的专业人才应适当简化招聘程序，提供更为优惠的岗位设置政策。改革职称评定办法，落实向基层倾斜政策。

在公立医院改革中人员安置处理方面，要重点解决好以下几个问题。

（1）确定安置范围。改制基准日之前的在职在编职工和已由单位办理内退的在编职工，即"老人"。编制"老人"名册，由人事相关部门确认备案。除"老人"之外的均为"新人"。

（2）明确安置原则。按照"新人新办法，老人老办法"的原则，保留所有"老人"事业单位身份和事业单位退休待遇。改制基准日以前离退休的职工和"老人"纳入事业单位社保统一管理，进入事业单位社会统筹。所有"老人"档案工资按照事业单位工作人员工资标准随国家政策的调整而调整。所有"老人"

在改制后可在同类事业单位流动。在编在岗"老人"个人薪酬水平不低于改制前的水平，并与全区事业单位工资增长速度保持同步。若国家关于企业与事业单位保险待遇政策调整，按照现行政策执行。"新人"全部按照合同聘用制由医院自行管理。对需要使用事业编制的三级甲等医院，可以参照盛京医院模式进行处理。改制以后招聘的职工，按照《劳动法》《劳动合同法》和国家社会保障制度的相关规定参加社会保险。

（3）安置办法。所有参与改制单位必须全部留用现有"老人"，按所从事专业对口聘用，不得解聘；离退休年龄不足5年（含5年）的，可不参加竞争上岗直接聘用，也可采取"5030"原则，提前退休；自愿申请调出的，医院应积极协助其办理相关手续，准予调出；个人提出辞职的，按照现行政策规定执行；长期病休的人员，可申请劳动能力鉴定，符合病退条件的，医院给予办理病退手续；不符合病退条件的，安排其适当工作；未尽事宜，按现行人事管理政策执行。

7. 推进医药分开，完善补偿机制

改变医疗机构过度依赖药品销售收入维持运转的局面，执行国家基本药物制度，逐步取消药品加成，增设药事服务费，调整技术服务收费标准，将药事服务费纳入医保报销范围。将对医院的补偿逐步改为服务收费和财政补助两个渠道，降低医院收入中的药品收入比例，通过增加医疗服务收入和政府投入等途径补偿医院由此减少的收入。

公立医院要通过调整医疗服务价格、增加财政补助和医院节约运行成本等办法解决。调整医疗服务价格补偿要达到80%左右，医院通过内部挖潜分担5%左右，15%左右由各级财政补偿解决。充分发挥医疗保险补偿作用，医保基金通过购买服务对医院提供的基本医疗服务予以及时补偿，缩小医保基金政策内报销比例与实际报销比例的差距。

8. 完善医院改革配套政策

改制医院注册登记时，可自行选择营利性或非营利性经营性质，并到相关部门办理相关手续。改制后的医院，可依照程序申请医学重点学科建设项目、医疗特色专科项目和卫生科研立项。经评审确定为医学重点学科建设项目和科研立项的，政府给予相应的经费支持，并对取得突出成果的予以奖励。改制后的医院对医疗救助对象给予救治的，经审核后由政府给予补助。改制后的医院新增固定资产投资按投资额度给予相应财政奖励，用于医院添置医疗设备和改善医疗服务设施。离休人员增加的政策性费用由财政全额承担。

9. 积极推进政府购买医疗卫生服务

按照医改"保基本、强基层、建机制"的要求，金普新区政府应该持续加大在医疗卫生方面的投入，增加购买医疗卫生服务的支出，以满足群众的需求。通过政府购买医疗卫生服务服务的方式，解决新区内中低层收入群体的基本医疗和公共卫生服务的需求，这将是推动医疗卫生事业改革的有力举措。

区财政、卫生计生部门要加强对政府购买医疗卫生服务项目的绩效管理，建立健全由购买主体（区卫生行政管理部门、财政局）、服务对象（原则上为基层医疗卫生机构，如乡镇卫生院及村卫生室、城市社区卫生服务中心及服务站等；同时，根据工作需要兼顾县级公共卫生机构，并鼓励民营医疗卫生机构积极参与服务供给）及第三方专业机构组成的综合性评审机制。通过科学合理的评价指标体系，全面客观衡量购买医疗卫生服务项目的经济效益和社会效益。要建立激励约束机制，充分发挥财政资金使用绩效，提高政府购买医疗卫生服务质量，促进政府医疗卫生各项投入政策有效落实。

10. 进一步加快民营医院发展

坚持"平等、公正、规范、有序"的原则，鼓励多种形式、多种渠道投资兴办医院。鼓励社会资本兴办具有较高水平、较大规模的综合医院，优先鼓励兴办新区门类短缺的专科医院，民营医院的设置与管理与公立医院享有同等待遇。

第一，鼓励社会资本投资兴办各类医院。一是鼓励社会组织或个人投资开办二级以上专科医院、综合性医院以及护理院、老年病医院、康复医院等特色医院。二是鼓励社会资本在城市新区以及医疗资源相对薄弱的农村、城乡结合部开办医院。三是在金融、税收等方面给予民营医院必要的扶持，金融机构要积极为民营医院的开办提供贷款便利，鼓励民营医院以股权融资、项目融资等方式筹集发展资金。四是税务机关根据国家有关规定对民营医院提供的医疗服务给予税收减免，并建立与民营医院医疗质量、诚信服务考核相关联的税收财政返还政策。

第二，拓宽民营医院业务发展空间。一是将符合条件的民营医院纳入城镇职工基本医疗保险、城镇居民基本医疗保险和新型农村合作医疗的定点医院范围，将符合条件的民营医院纳入急救网络医院范围。二是民营医院参与政府组织的应对重大灾害、事故、疫情等突发公共卫生事件处置，政府可采取购买服务等方式给予补偿。三是民营医院在科研立项、人员职称评定、进修培训及评先表彰等方面，享有与公立医院同等待遇。四是民营医院按规定申请配置甲类和乙类大型医用设备，应优先给予审批。

第三，实施促进民营医院发展的人才公共服务政策。一是完善政府人才公共服务体系，建立方便民营医院聘用工作人员的服务机制。二是民营医院引进、聘用的各类人才，在人事代理、社会保险代理、大学生就业手续办理、人事档案管理等方面享有与公立医院同等待遇。三是公立医院在职人员通过辞职等多种方式流动到民营医院工作的，所在单位及卫生行政部门应予以支持，并按规定给予办理执业变更手续。

11. 加强宣传引导

新区政府和卫生主管部门要坚持正确的舆论方向，大力宣传实施方案的目标、任务和措施，调动广大医护人员参与改革的积极性、主动性，争取广大人民群众和社会各界的理解和支持；要加强各单位和各部门的沟通与协调，密切协作配合，创造性地落实各项改革任务；在工作中不断积累改革经验，及时总结和宣传改革的成果，充分调动各方面的积极性、主动性、创造性，为深化新区医疗卫生体制改革营造良好的社会和舆论环境。

附录一

辽宁省人民政府关于建设沈大国家
自主创新示范区的实施意见

各市人民政府，省政府各厅委、各直属机构：

为贯彻落实党中央、国务院关于全面振兴东北地区等老工业基地的战略部署，深入实施创新驱动发展战略，着力增强内生发展活力和动力，更好地支撑引领全省经济转型升级。现就建设沈大国家自主创新示范区（以下简称沈大示范区）提出以下实施意见。

一、抢抓机遇，引领辽宁振兴发展

（一）重要意义。建设沈大示范区是党中央、国务院着眼实施创新驱动发展战略作出的一项重要决策，对破解老工业基地发展"瓶颈"、促进经济转型升级、加快辽宁振兴发展具有重要作用。各地区、各有关部门要深刻认识建设沈大示范区的重大意义，增强责任感、使命感和紧迫感，加快推进沈大示范区建设。沈阳、大连市政府要切实担负起主体责任，着眼于适应和引领"新常态"，认真按照《国务院关于同意沈大国家高新区建设国家自主创新示范区的批复》要求，凝聚各方面智慧和力量，健全有利于创新驱动发展的体制机制，大力推进沈大示范区建设，确保取得预期成效。

（二）总体要求。全面贯彻党的十八大和十八届三中、四中、五中全会精神，牢固树立和贯彻落实创新、协调、绿色、开放、共享的新发展理念，落实习近平总书记关于东北振兴系列重要指示精神，顺应新一轮科技革命、产业变革和"互联网＋"的发展趋势，把"四个着力"贯穿始终，坚持"四个驱动"共同发力，充分发挥沈阳、大连科教人才和企业创新能力优势，以提升区域自主创新能力为核心，坚持围绕产业链、部署创新链、完善资金链、强化人才链，充分发挥创新驱动发展的引领示范作用和创新政策的先行先试作用，大力发展创新型经济，打造大众创业、万众创新的"沃土",加快形成以创新为主要引领和支撑的经济体系和发展模式,为东北老工业基地增添内生发展活力和动力。

(三)发展思路。以推进沈大示范区创新发展为着力点和突破口,大力营造有利于创新的良好条件,充分发挥沈大示范区创新驱动发展的引领作用,辐射带动关联产业发展,着力打造沈大高新技术产业经济带,以点带面扩大辐射示范效应,支撑引领全省经济健康发展。

——两核驱动:通过建设沈大示范区,充分发挥沈阳、大连市的创新优势,大力推进体制机制创新和政策先行先试,进一步强化其在沈阳经济区和沿海经济带的示范作用,将其打造成为辽宁结构调整的创新驱动源泉。

——一带支撑:沈大高速沿线交通四通八达,产业关联度高,通过建设沈大示范区,大力发展高新技术产业,辐射带动关联产业,着力打造沈大高新技术产业经济带。

——多点辐射:将全省省级以上高新区作为沈大示范区的辐射区,实现创新资源在核心区、辐射区之间互联互通,形成多点创新转化的生动局面。

(四)主要目标。到2020年,努力把沈大示范区建设成为东北亚地区科技创新创业中心,建设成为东北老工业基地高端装备研发制造集聚区、转型升级引领区、创新创业生态区、开放创新先导区。产业结构不断优化,新兴产业快速发展,自主知识产权产品占比不断增加,可持续发展能力不断增强,研发经费支出占地区生产总值比重达到3%,高端装备制造业销售收入占装备制造业比重达到30%,服务业占地区生产总值比重达到55%以上。

二、凝聚重点,实施创新驱动发展战略

(五)推进以装备制造业为重点的传统优势产业转型升级。深入实施《中国制造2025辽宁行动纲要》,立足沈大示范区现有创新资源和产业基础,瞄准高端化、智能化发展方向,集中力量抓好高档数控机床、船舶和海洋工程装备、航空装备、能源装备等体现辽宁优势、引领未来发展的先进装备制造业,力求在关键技术、核心零部件和重大装备三个层次实现全面突破,形成一批在国内具有广泛影响力、国际具有较高知名度的企业集团和具有独特技术优势的"专、精、特、新"生产企业;推进信息化与工业化深度融合,深化信息技术在传统产业中的集成应用,通过提高企业研发、生产、管理、服务等环节的信息化管控水平,提升工业产品信息技术含量和附加值,推动工业产品向价值链高端跨越,带动产业链上下游企业发展;在示范区内建设"制造业创新中心",使之成为装备制造业技

术发展的战略智库、共性关键技术的策源地、高水平研发机构的共同体、高科技企业的孵化中心、专业技术人才的聚集高地，成为具有推广示范效用的装备制造业创新驱动中心（牵头单位：沈阳市政府、大连市政府，配合单位：省发展改革委、省工业和信息化委、省科技厅、中科院沈阳分院）。

（六）培育发展与传统工业互为支撑的新兴产业。加快培育机器人产业，依托沈阳新松机器人、沈阳自动化所、大连四达高技术发展有限公司、大连三垒机器股份有限公司等企业和科研院所的产业和科技基础，加快工业机器人、洁净机器人、航空机器人、移动机器人、特种机器人的开发和产业化进程，推进机器人数字化车间、机器人智能制造体验中心和国家级机器人检测中心建设，支持高性能控制器、伺服电机、驱动器等核心技术研发和产业化，打造全国最大的机器人研发和制造基地。大力发展新一代信息技术产业，以沈阳、大连重点产业集群为依托，以东北区域超算中心、大连华信云计算中心等数据中心为支撑，全面优化产业布局，重点围绕云计算、大数据、物联网、网络安全、工业软件、电子信息核心技术等领域，加强关键信息技术自主创新和整体技术集成创新，积极培育发展新的经济增长点，全面提升新一代信息技术产业的创新能力。培育壮大新材料产业，面向装备制造、汽车、飞机、船舶等对新材料的需求，大力发展国家重大工程急需配套新材料、钢铁和石化产业升级换代新材料及未来新兴产业关键新材料，推动沈阳材料国家实验室建设，着力破解金属材料工业发展技术等难题，促进一批新材料高新技术产业跨越发展，培育一批新材料战略新兴产业集群和区域特色产业（牵头单位：沈阳市政府、大连市政府，配合单位：省发展改革委、省工业和信息化委、省科技厅、中科院沈阳分院）。

（七）构建具有区域特色的新型产业技术创新体系。建设产业共性技术创新平台，注重发挥国家科研机构"国家队"领头羊作用和高等院校的基础作用，在先进装备制造、新材料、信息技术、生物医药、节能环保等领域组建产业共性技术创新平台，着力打造一批从基础研究、技术开发、工程化研究到产业化的全链条、贯通式创新平台，把科教优势转化为产业优势，把创新成果变成实实在在的产业活动。建设产业专业技术创新平台，以领军型企业为主体，与高等院校、科研院所共同组建研发实体机构，重点推进重型成套装备、高端轴承、核电起重设备等专业技术创新平台建设，开展先进装备优化设计、性能驱动协同设计等一批关键共性技术研究，实现高端数控机床、新一代飞机、高性能压缩机组等重大装备核心共性技术研发突破，并获一批核心技术专利，努力实现企业技术需求与科技研发无缝对接。建设产业技术创新综合服务平台，鼓励高等院校、科研院所、金融机构等组建一批为科技企业提供产业技术创新综合服务平台，提供研究开发、技术转移、创业孵化、科技金融、知识产权、科技咨询、检验检测等服务（牵头单位：沈阳市政府、大连市政府，配合单位：省发展改革委、省工业和信息化委、省教育厅、省科技厅、中科院沈阳分院）。

（八）营造鼓励创新创业的良好生态环境。大力推进众创空间建设，支持行业领军企业、创业投资机构等社会力量，充分利用示范区内重点园区、科技企业孵化器、大学科技园、创业（孵化）基地、大学生创业基地等各类创新创业要素，开展市场化、专业化、集成化、网络化的创新创业服务。激活中小微企业创新活力，开展"创新券"工作，通过后补助方式，支持科技型中小微企业加强产学研合作，积极主动购买科技服务，推动一批科技型小微企业实现跨越式发展，形成一支发展速度快、创新活力强的企业生力军，推动辽宁企业在数量、规模、水平和效益等方面实现整体攀升（牵头单位：沈阳市政府、大连市政府，配合单位：省发展改革委、省教育厅、省人力资源社会保障厅、省科技厅）。

（九）增强金融服务优质科技企业的能力。支持沈大示范区深化科技金融创新服务示范区建设，逐步构建服务多元化、金融产品多样化、产品和服务搭配合理、市场化运作的综合性科技金融服务体系。加快发展科技金融专营机构，积极争取沈大示范区开展投贷联动试点，推动国有大型银行、城商行开展投贷联动业务。重点支持设立科技支行，支持有条件的保险公司设立科技保险分公司或科技保险事业部。鼓励融资租赁、小额贷款公司、融资担保机构加大对科技创新的融资支持。鼓励建立专业化科技金融服务和考核体系，推动金融机构创新科技金融产品。建立科技风险补偿机制，积极发挥财政资金引导作用，鼓励银行、保险、融资担保等金融机构合作，共同分担科技信贷风险。推动科技企业通过资本市场直接融资，鼓励有条件的科技企业上市融资或挂牌新三板。加强辽宁股权交易中心与全省高新区的合作，为科技企业提供融资支持、金融咨询、业务培训等全方位、综合性金融服务，支持科技企业在辽宁股权交易中心挂牌、融资。引导创业风险投资机构、天使投资机构投资我省优质科技企业（牵头单位：省政府金融办，配合单位：省科技厅、辽宁银监局、大连银监局、辽宁证监局、大连证监局、辽宁保监局、大连保监局）。

（十）集聚创新智力打造"人才特区"。着力培养高层次领军人才，坚持把人才资源开发贯穿沈大示范区建设始终，支持示范区制订科技人才发展规划和高层次人才特殊支持计划，鼓励示范区内企业与高等院校、科研院所合作建立创新实践基地和高层次人才培养基地，在示范区内建设研发产业园，吸引高层次人才就业创业。加大创新人才引进力度，充分利用大连高新区"中国海外学子创业周"平台，支持示范区实行更加开放的创新人才吸引政策，进一步加大"招才引智""筑巢引凤"力度,吸引更多海外创新人才和团队到示范区开展创新创业活动,积极引进国内外自主创新能力强的高层次人才、科技领军人才和产业重点领域发展需要的工程技术人才。推动示范区完善人才激励机制,建立更为灵活的人才管理机制,打通人才流动、使用、发挥作用中的体制机制障碍,营造有利于科技人才发展的制度环境。拓展人才双向流动机制,允许科技创新人才在高等院校、科研院所和企业间双向兼职,鼓励科技人才利用科技成果创办科技型企业。支持高校围绕示范区重点产业发展培养专业人才(牵头单位:沈阳市政府、大连市政府,配合单位:省人力资源社会保障厅、省教育厅、省科技厅)。

(十一)构建大开放、大合作的协同创新格局。建设东北亚开放合作先导区,主动融入国家"一带一路"建设,不断深化环渤海地区合作,依托自身科技资源,承接京津冀经济圈建设中的产业转移和高新技术辐射,鼓励和支持示范区的创新要素向周边扩散,构建区域协同创新网络,实现优势互补、资源互动,促进区域经济转型升级。大力推动"中国制造"走出去,鼓励示范区内有实力装备制造企业在境外建立产业基地和工业园区,形成一批具有国际竞争力和市场开拓能力的骨干企业,鼓励企业间以产业联盟方式,在境外开展成套工程项目承包,建立境外研发中心、营销网络和区域营销中心,在全球范围内开展资源配置和价值链整合。推进央地合作和军民互动发展,充分利用央企在技术、资金、市场、人才等方面优势,在示范区内高起点、高水平、高质量的规划一批重点央地合作项目,推进央企与地方政府共建产业园区,推进军民良性互动,大力发展军民两用技术和军民结合产业,争取在航空航天等领域取得较大科技进步,支持在示范区内设立军民融合发展示范园区(牵头单位:沈阳市、大连市政府,配合单位:省发展改革委、省工业和信息化委)。

三、创新体制机制,激发创新活力

(十二)推动全面深化改革。推进沈大示范区科技体制改革与经济社会等领域改革同步发力,探索系统性、整体性、协同性创新模式,破解创新体系"孤岛现象",解决创新要素"碎片化"分散问题,实现科技创新的"聚变"和"裂变"效应。深化科技管理体制改革,健全技术创新市场导向机制,完善科技计划支撑体系和科技资源配置模式,充分发挥市场对技术研发方向、路线选择、各类创新要素配置的导向作用。深化沈大示范区宏观管理体制改革,建立协同创新机制,推广政府和社会资本合作模式,突破行政管理体制的"制度性障碍"。深化国有企业改革,创新体制机制,支持国有企业在沈大示范区内发展混合所有制经济，支持国有企业员工到示范区创新创业，切实打通国有企业、传统产业和创新资源之间的互动通道（牵头单位：沈阳市政府、大连市政府、省科技厅，配合单位：省发展改革委、省财政厅）。

（十三）建立产学研合作的顺畅机制。贯彻落实《国务院关于实施〈中华人民共和国促进科技成果转化法〉若干规定的通知》精神，加快形成企业主导、利益共享、风险共担的产学研长效合作机制，最大限度地实现科研成果市场价值，打通科技与经济结合的通道，促进大众创业、万众创新，推进经济提质增效升级。支持以重大创新平台、国家重点工程为依托，以骨干企业为主体，以利益为纽带，建设多种形式、满足多种需求的产业技术创新战略联盟。创新省内外协同创新机制建设，鼓励通过技术引进、联合研发、资源共享等手段，与省内外和国内外的一流科研机构、知名校院、跨国公司进行实质性合作，促进重大科技的联合攻关，不断提高引进消化吸收再创新能力。推动沈大示范区与中国科学院、中国工程院、清华大学、北京大学等"两院十校"建立长期稳定的合作关系，建立完善合作交流机制（牵头单位：省科技厅、沈阳市政府、大连市政府，配合单位：省发展改革委、省教育厅、省政府驻北京办事处、省政府驻上海办事处、中科院沈阳分院）。

（十四）大力营造鼓励创新的政策环境。率先落实好国家向全国推广的中关村6条政策，包括科研项目经费管理改革、非上市股份转让、科技成果使用处置和收益管理、扩大税前加计扣除范围、股权和分红激励、职工教育经费税前扣除等相关政策及其配套措施。积极落实4项推向全国的国家自主创新示范区税收政策，包括股权奖励个人所得税政策、有限合伙制创业投资企业法人合伙人企业所得税政策、技术转让所得企业所得税政策、企业转增股本个人所得税政策。加强政策创新和集成使用，形成协同配套的创新政策法规体系，营造鼓励创新创业的良好氛围，最大限度地推动区域内创新企业成长、创新人才集聚、创新要素流动、创新业态发展的便利化。积极研究提出并向国家争取适合于东北地区在沈大示范区先行先试的政策（牵头单位：省科技厅、沈阳市政府、大连市政府，配合单位：省沈大国家自主创新示范区建设领导小组各成员单位）。

四、统筹协调，全面推进示范区建设

（十五）建立工作机制。省政府设立辽宁省沈大国家自主创新示范区建设领导小组，加强组织领导和统筹协调，建立完善沟通协同推进机制，高度重视规划引导，更好地凝聚各部门和两市的智慧和资源，合力推动示范区又好又快发展。

沈阳、大连两市政府作为建设主体，要建立相应的组织领导和工作推进服务机构，完善各自建设规划和方案，形成上下联动、统一高效的工作机制（牵头单位：省科技厅，配合单位：沈阳市政府、大连市政府）。

（十六）建立考核评价机制。建立高新区考核评价制度，突出集聚创新要素、增加科技投入、提升创新能力、孵化中小企业、培育发展战略性新兴产业等内容，引导沈大示范区更大力度地推进创新和提升效益。省有关部门和沈阳、大连市政府要按照任务分工和要求，结合实际制定具体推进方案和措施，确保示范区建设各项部署要求落到实处（牵头单位：省科技厅，配合单位：省沈大国家自主创新示范区建设领导小组各成员单位）。

（十七）加大支持力度。在优化整合相关资金的基础上，省政府和沈阳、大连市政府进一步加大科技创新投入。省政府鼓励省产业（创业）投资引导基金吸引社会资本支持沈大示范区重大科技成果转化和产业项目发展。沈大示范区每年新增财力应主要用于科技创新。根据沈大示范区建设成效，并结合财力可能，省、市财政给予示范区一定奖励补助（牵头单位：沈阳市政府、大连市政府，配合单位：省发展改革委、省科技厅、省财政厅）。

（十八）辐射带动全省高新区快速发展。按照"两核驱动、一带支撑、多点辐射"的发展思路，全省高新区要结合各自发展需要，主动融入沈大示范区建设，接受沈大示范区辐射，承接示范区的技术转移和产业转移，先行先试示范区各类政策措施，促进高新区转型升级，形成以沈大示范区为中心，以沈大高新技术产业带为支撑，全省高新区持续快速发展的新格局（牵头单位：各市政府，配合单位：省科技厅）。

辽宁省人民政府
2016 年 7 月 17 日

沈阳市沈大国家自主创新示范区建设三年行动计划（2016～2018 年）

为高起点、高质量地做好国家自主创新示范区的全面创建工作，根据《国务院关于同意沈大国家高新区建设国家自主创新示范区的批复》精神，结合我市实际，特制订本行动计划。

一、总体思路

（一）指导思想

充分认识在创新驱动发展和东北振兴战略背景下，国家赋予沈阳自主创新示范区建设的重大意义和历史使命，全面贯彻落实科学发展观，以大力提升自主创新能力为中心任务，以解放思想，更新观念，转变工作方式为先导，以系统推进体制机制创新为动力，全面实施"沈阳－中国 2025 智造谷"建设战略，打造特色鲜明、国内领先、国际一流的科技园区，建设具有国际影响力的制造业创新中心。到 2018 年，基本实现打造"高端装备研发制造集聚区、转型升级引领区、创新创业生态区、开放创新先导区"的目标。

（二）功能定位

一是创新体系建设与高端产业集聚发展的核心区，为区域产业升级、发展方式转换提供创新引领。吸纳、集聚、整合科技与产业资源，加强政产学研金紧密结合，相互贯通，开放协作，强力促进技术创新、成果转化和高端产业的集群化发展，使自主创新示范区成为科技资源与高端产业密集度最高、创新活跃度最强、发展质量最优、速度最快的高科技与高端产业功能区，成为带动区域发展的主引擎。

二是体制机制创新的先行区，为化解制约老工业基地振兴的体制机制障碍发挥破冰引路作用。把体制机制创新作为增强创新活力、吸引力和核心竞争力的基础性工程，放到示范区建设工作的首位。从思想观念、工作方法、政策体系、管理体系、知识产权保护到科技金融创新等，进行全方位、多领域的体制机制创新探索，走出"东北现象"的体制机制困局，树立典范。

三是"大众创业万众创新"的引领区，为推动"新常态"下区域经济发展增添新动力。打造三好街创新创业示范区，努力为大众创业、万众创新提供多方位、多层次、多渠道的创新创业服务，吸引各类人才向示范区集聚流动，共同打造基础设施环境一流、创新文化浓郁、创业激情与灵感竞相迸发的创新创业基地。

四是实施创新驱动战略的先导区，为东北振兴战略实施提供示范引领与战略支撑。努力在发挥创新体系核心区功能、推动开放合作的区域协同创新网络建设上，在特色产业集群打造上，在经济发展的速度、规模和质量上，在体制机制活力的释放上等诸多方面不断创新突破，形成在自身快速做大、做强、做优的同时，同步提升区域发展的辐射力、影响力、推动力，成为启动老工业基地振兴的重要枢纽。

二、总体目标

（一）三年规划目标

到 2018 年，示范区将达到下列目标：

创新投入：R&D 投入占 GDP 的比例达到 3%。

创新载体建设：建立 30 个能为产业发展提供支撑的创新服务平台；新增众创空间、孵化器面积 50 万平方米，总面积达到 120 万平方米。

创新成果：新增专利申请 6000 项，其中发明专利申请 3000 项以上，万人发明专利 15 件以上；新认定高新技术企业 50 家以上；突破 30 项具有重大支撑和引领作用的关键核心技术，培育出一批拥有自主知识产权的拳头产品。

创新人才：集聚大专以上各类科技人才 5 万人。其中，中高级人才达到 2 万人，海外归国留学人员达到 5000 人，国内领军人才达到 80 人。

创新产业：引进和培育科技创新型企业 500 家；营业总收入达到 2000 亿元，工业总产值达到 800 亿元，高新技术产业规模达到 600 亿元，高新技术产品产值占规模以上工业总产值比重达到 65%，高端装备制造业销售收入占装备制造业比重达到 30% 以上，服务业占地区生产总值的比重达到 45% 以上。

创新环境：建成三好街、国际软件园等一批创新创业示范基地，高新技术产业集群领先优势突出，"沈阳－中国2025智造谷"的战略品牌形象基本树立，示范区建设取得重大进展，初步实现创新驱动发展。

（二）三年滚动目标

2016年，辽宁科技大市场等各级各类创新平台建设全面启动；创新创业服务与政策体系基本建立，人才环境进一步优化；科技金融试点工作全面展开；主导产业集群全面推进；开放创新取得新成效；行政审批制度改革全面完成。

2017年，各类创新平台和创新中心加快建设；创新创业政策全面落实，政策促进效果显现；协同创新格局初步形成，并涌现出一批科技和产业化成果；主导产业加速发展；国有企业改革基本完成；多层次资本市场和科技投融资平台作用明显。

2018年，科技成果转化机制顺畅高效；国家级制造业创新中心获批，沈阳材料国家实验室建设取得阶段性成果；创新创业环境实现质的飞跃，建成三好街、锦联、国际软件园等创新环境优良、创新体系完善、创新要素集聚、创新产业快速发展的创新创业示范基地，成为沈阳经济区大众创业，万众创新的引领区和核心区；高新技术产业集群领先优势突出，带动作用明显，"沈阳－中国2025智造谷"的战略品牌形象基本树立；国家自主创新示范区建设取得初步成效。

三、重点任务

全面贯彻落实《中共中央国务院关于全面振兴东北地区等老工业基地的若干意见》，按照示范区建设与全面创新改革试验相结合，解放思想、勇于创新、全面统筹、重点突破、问题导向，务求实效的总体原则和三年规划目标要求，对2016～2018年示范区建设的重点工作及阶段性目标计划安排如下。

（一）推进以装备制造业为重点的传统工业转型升级

进一步巩固沈阳高新区发展高新技术产业的主体地位，以推动两化深度融合和东北老工业基地产业转型升级为目标，立足现有创新资源和产业基础，以完善产业发展体系为主线，加快建设"沈阳—中国2025智造谷"。

主要任务：

1. 优先发展机器人、IC装备产业。以建设机器人产业园、IC装备产业园为支撑，优先发展机器人、IC装备两大代表性、标志性、战略性产业，努力抢占各自产业技术创新与市场竞争中的国内主导与国际先进地位，使其成为引领产业体系新格局、新发展的先导和龙头。

2. 全力推动民用航空、数字医疗、新材料等高端制造业。以民用航空产业园、数字医疗产业园、新材料产业园等建设为支撑，全力推动民用航空、数字医疗、新材料、数控机床智能核心零部件等高端制造业加速升级壮大，使其成为产业体系整体建设与特色发展的核心与主体。

阶段目标：

2016 年，全面启动机器人产业园建设，新松智慧产业园全面竣工投产。IC 装备产业方面及拓荆、富创精密等重点项目二期工程启动建设。

2017 年，数字医疗产业园一期基本建成，拓荆、富创精密二期等一批重点项目全面竣工，庞巴迪 Q400 等一批重大项目力争落地。

2018 年，机器人产业园建设初具规模，引进一批龙头骨干企业及产业链配套企业，初步建成具有国际影响力的机器人产业基地。IC 装备产业园新引进 5 个以上国际先进水平的高端人才和创新创业团队，填补 3 项以上 IC 装备及零部件关键制造技术和生产工艺国内空白，建成国内领先的 IC 装备产业基地。

（二）培育发展与传统工业互为支撑的新兴产业

不断完善产业政策体系，聚焦发展新一代信息技术、生物医药、电子商务、健康养老和新能源汽车等新兴产业，建设具有国际竞争力的产业体系，推进信息化与工业化的深度融合，加大用信息技术改造提升传统产业的力度，增强区域的融合带动作用。

主要任务：

3. 积极发展新一代信息技术产业和现代服务业。以建设大数据与云计算产业园、互联网＋产业园（国际软件园）、电子商务产业园、会展商贸产业园及现代服务业集聚区等为支撑，积极助推新一代信息技术产业和现代服务业的大发展、快发展，使其成为带动产业体系腾飞的两翼和助推产业升级的两大引擎。

4. 促进生物医药、新能源汽车和现代建筑产业发展。以建设生物医药产业园、健康养老产业园（眼产业园）、现代建筑产业园、新能源汽车产业园等为支撑，合力促进生物医药、新能源汽车和现代建筑产业的竞争发展，使其成为产业体系建设不断丰富、全面壮大的重要扩张领域及快速增长极。

5. 加快文化创意和工业设计产业发展。积极促进文化与科技融合，以建设东北建筑设计创意产业园、"7212" 工业设计产业园、沈阳清华启迪科技创新产业园等为支撑，打造提升工业产品附加值的网络文化产业集群，使其成为以文化科技融合新业态为代表的新经济产业集聚区。

6. 大力促进科技金融新业态发展。建设东北亚金融总部基地，鼓励支持金融机构利用互联网开展创新服务，探索完善金融机构间的合作模式，构建全方位创业金融服务体系。

阶段目标：

2016年，大数据与云计算产业园、新能源汽车产业园、健康养老产业园、文化创意和工业设计产业园、会展商贸产业园全面启动建设，互联网+产业园、电子商务产业园、现代建筑产业园加速发展。

2017年，推进东北亚互联网金融总部基地建设，各重点产业园区引进一批龙头骨干企业及产业链配套企业，园区规模不断壮大。

2018年，促进大数据资源的应用和产业的积聚发展，打造东北领先的新一代信息技术产业基地。电子商务产业园实现跨越式发展，打造全国领先的示范基地。围绕相关产业，引进一批龙头骨干企业，建设一批重点产业项目，不断壮大产业规模，成为国内领先的产业基地。

（三）构建具有区域特色的新兴产业技术创新体系

围绕解决创新能力不强，创新动力不足、创新环节衔接不畅等问题，着力打造一批从基础研究、技术开发、高端工程化研究到产业化的全链条、贯通式技术创新平台，为高端产业发展提供有力技术支撑，建设东北地区科技创新中心和有国际影响力的制造业创新中心。

主要任务：

7. 建立沈阳材料国家实验室。探索实现基地、人才和项目结合，科学、技术和工程相结合的新机制，打造世界级材料研发高地。

8. 打造国家级制造业创新中心。加快推进中科院沈阳机器人与智能制造创新研究院建设，并与东北大学、新松机器人联合打造国家级制造业创新中心。

9. 建立沈阳工业技术创新研究院。创新运营模式，推动省市区共建沈阳工业技术创新研究院，打造先进制造全产业链的技术创新平台。

10. 建立沈阳创新创业研究院。实行"三个联动"模式，引进"五大领域"专家，建立人才智库，联合清华大学、东北大学、中科院（沈阳）分院等科研机构，通过设立产业联盟及产业联盟运行基金，实现产业的快速升级与最优整合。

11. 建立沈阳军民融合创新研究院。进一步建立健全高校、科研院所、企业、政府的协同创新机制，依托东北大学在冶金技术、新材料研发、电子信息等方面的基础优势，建立沈阳军民融合创新研究院，推进新技术、高技术产业在军民融合领域高速发展。

12. 建设国家技术转移（东北）中心。依托沈阳技术产权交易市场，整合科技成果创新资源，聚集技术转移、知识产权等专业化服务机构，通过政府引导、市场化运作，打造以产权交易、投融资服务、企业孵化等为一体的综合服务平台。组建辽宁成果转化与技术转移企业联盟，制定市场导向的企业联盟激励政策，充分发挥市场企业在吸纳科技成果转化中的关键作用。

13. 国家东北专利协同审查中心。积极争取国家专利局在沈阳高新区设立东北专利协同审查中心，不断提升专利申报、专利保护、专利交易等服务质量和效率。

14. 建设智慧大厦（大数据平台）。以沈阳城市公用集团有限公司为投资主体，建设沈阳智慧大厦。该项目作为智慧城市的重要组成部分，将成为沈阳智慧城市建设的展示和示范窗口。同时，将建成区域大数据服务平台，进行区域大数据资源的管理、激活、挖掘和运营，通过感知、采集、交换、挖掘、分析城市基础数据，搭建大数据应用与服务平台，以实现移动门户、市民卡、时空云、特色数据定制、精准营销、跨领域的数据融合、工业大数据、虚拟制造、供应链重组与整合等方面的应用，并根据市场需求对局部数据进行深度挖掘和开发，抢占市场先机，成为行业领导者。

15. 建立工业互联网研究中心。推进工业互联网的行业标准和体系架构制定。组建"沈阳工业互联网产业联盟"，凝集各方力量和智慧共建辽宁智能制造及服务数字化平台。开展汽车及零部件、机器人和输变电成套装备制造业等行业的应用示范。形成工业互联网带动传统工业转型升级的首创模式和成功经验，在推进信息化与工业化深度融合方面为老工业基地再振兴提供示范。

16. 建立一批专业创新中心。（1）依托沈抚新城汽车配套产业园，加快建设沈阳米拉国际汽车研发与检测中心，成为国家级汽车产业科技创新研发平台。（2）依托沈阳眼产业基地，建设生物医药和医疗设备创新中心。（3）依托沈阳IC装备产业园，建设IC装备创新中心。（4）围绕大数据、"互联网＋"等新兴产业创建一批专业技术创新中心。

17. 建立一批技术创新战略联盟。支持以骨干企业为依托建立机器人、IC装备、数字医疗、生物医药、大数据、民用航空、新能源汽车、电子商务、工业设计、互联网金融等一批高端产业技术创新战略联盟。

阶段目标：

2016年，沈阳机器人与智能制造创新研究院一期基本建成，完成沈阳工业技术创新研究院建设方案，完成沈阳材料国家实验室建设方案。组建工业互联网研究中心，沈阳创新创业研究院、沈阳军民融合创新研究院启动建设。

2017 年，各类创新平台和创新中心加快建设。各级各类技术创新联盟相继成立，并形成一批协同创新的科技和产业化成果。

2018 年，各类创新平台全面建成，"政产学研金"相结合的全链条、贯通式科技创新体系基本建成。推进国家级制造业创新中心、沈阳材料国家实验室建设。

（四）营造鼓励创新创业的良好生态环境

健全鼓励创新创业激励和保障机制。以打造"众创空间"为抓手，推动科技型小微企业创新创业，并实现跨越式发展。形成活跃的"大众创业、万众创新"良好局面。围绕创新链完善资金链，促进科技和金融结合，创新金融服务科技的方式和途径，引导银行等金融机构加大对科技企业的信贷支持，形成较为完善的科技金融服务体系，加快建设科技金融示范区。

主要任务：

18. 建立创新创业服务体系。（1）组建众创空间服务队伍，建立完善的服务体系。（2）政府通过投资、联建或购买服务，建立一批公共技术研发、转化、试验、辅导等创新创业服务平台。（3）深化科技保险创新试点，建立知识产权、股权质押融资风险补偿机制。鼓励金融机构加大对企业创新创业活动的信贷支持。

19. 建立创新创业示范基地。依托清华启迪、东网科技、北大创业训练营等资源，以沈阳创业创新大厦为核心，强化三好众创空间、盖恩星云国际创客中心等创业创新孵化基地建设，打造创业创新、成果转化、人才智力聚集的创客大街，形成具有纵深辐射效应及产业引导作用的三好街创新创业示范基地。

20. 大力推进专业众创空间建设。支持行业领军企业、高校、科研院所、创业投资机构等社会力量，构建一批专业化、市场化众创空间。

21. 构建创新创业保险机制。探索建立政府主导、社会参与的创业保险机构，按照相关政策扶持与企业化运作结合的方式，为符合条件的创新创业申请者提供相应保险。保险机构收益主要来源于约定的对创业者成功后的盈利分成或股权分享等。

22. 设立科技与产业发展基金。（1）由省、市、区共同参与，设立创新创业投资引导基金，通过扶持商业性创业投资企业的设立与发展，引导社会资金对初创期企业进行投资。（2）设立"母基金"，吸引企业、银行、保险、社保、投资等各类金融机构共同出资，建立科技产业股权投资基金，不断加大对科技产业和战略性新兴产业的资金支持。

23. 加强多层次资本市场建设。（1）推动科技企业在主板、中小板、创业板上市融资，推动科技企业在新三板、辽宁股权交易中心、沈阳联合产权交易所挂牌融资，做大做强。（2）对在多层次资本市场完成上市、挂牌、发债、资产证券化融资的科技企业给予补贴。

24. 建立科技投融资综合服务平台。（1）建立创投、信贷、债券、担保、保险等有机结合的科技投融资综合服务平台。（2）省、市共同引导金融资本采用"信用＋担保"的组合方式，助力示范区科技中小型企业发展。（3）推动资本市场小额再融资加速发展，探索建立互联网金融服务平台，协助有资质的机构申请股权众筹牌照。

阶段目标：

2016 年，创新创业服务保障体系基本建立，各类众创空间加快建设，初步建立多层次资本市场和科技投融资综合服务平台。

2017 年，专业化、市场化众创空间形成一定规模，知识产权、股权质押融资风险补偿机制建立，设立创业投资引导基金和科技产业股权投资基金。

2018 年，形成活跃的大众创业、万众创新局面，各类孵化器、众创空间、加速器等孵化面积达 200 万平方米。建成三好创新创业示范基地，建立起完善的科技金融服务体系，金融对科技的支撑作用得到充分发挥。

（五）集聚创新智力打造"人才管理改革试验区"

围绕解决人才激励不足、机制不活、环境不优等问题，坚持引进和培养相结合，不断创新人才引进机制、完善人才激励政策，优化人才培养机制，加快构建创新型人才高地。

主要任务：

25. 创新人才引进机制。（1）支持驻沈企业、高校、科研院所直接引进创新人才。（2）通过建立沈阳智库、设立域外研发机构等方式，柔性引进创新人才。（3）依托国家"千人计划"、"万人计划"、中科院"百人计划"、教育部"长江学者奖励计划"等人才计划，制订实施沈阳人才计划。（4）进一步发挥欧美同学会·中国留学人员联谊会、千人计划沈阳行等合作交流平台的作用，推动创新人才向沈阳聚集。

26. 完善人才激励政策体系。（1）鼓励在沈高校和企业引进国外优质教育资源和教学模式，建立独立学院或合作办学，加快培养国际化的创新人才。（2）鼓励在沈高校与企业联合成立智能机器人、工业设计等独立学院，创新办学模式。（3）积极发展双元教育，制定实施我市双元制教育方案，不断深化国家装备制造业职业教育沈阳试验区改革，逐步建立校企联合培养的制造业技能人才培养体系。（4）进一步深化校企合作、产教融合，培育崇尚实业、重视工匠的新时期沈阳工业文化。

27. 优化人才培养机制。（1）设立人才专项资金，为各类人才创新创业、子女入学、家属安置、住房医疗等提供保障和服务。（2）逐步提高各类人才的收入水平。（3）给予高层次人才及团队开展创新创业普惠制资助，建立股权、期权等中长期激励机制。（4）为外籍人才提供出入境和居留便利。（5）允许我市企业按照国家有关规定，在税前抵扣为引进海外高层次人才所作的支出。

阶段目标：

2016 年，人才激励政策体系全面建立，基本形成创新人才引进、培育与激励机制。

2017 年，各级各类人才政策得到全面落实，机器人学院开始招生，形成人才集聚的良好态势。

2018 年，一批高层次人才在浑南区加速集聚，各类人才满足创新驱动发展需要，成为东北创新人才高地。

（六）构建大开放大合作的协同创新格局

围绕破解开放程度不够、开放环境不优、区域合作程度不强等问题，实行全方位的开放措施，充分利用一切可以利用的科技成果和各类创新资源，扩大科技交流合作范围，主动融入全球科技创新和经济发展体系。

主要任务：

28. 构筑开放创新合作平台。（1）协调我省有关部门，加速推进国家批准设立沈阳综合保税区新 B 区。（2）协调我省有关部门加快推进在示范区设立国家自由贸易试验区和跨境电子商务综合试验区。（3）争取国家批准在示范区开展国家移动电子商务金融科技服务创新试点，促进电子商务与传统产业的融合发展。（4）依托浑南国家电子商务示范基地，以德国 SAP 公司为主体，建设全球供应链采购交易平台、东北－全球供应链交易综合服务区（基地）和 SAP 产业互联网创新基地。

29. 探索对外科技创新合作机制。（1）吸引国内外科技研发机构设立研发中心，支持高校、科研院所、企业合作共建，开展技术攻关，支持探索在境外设立研发基地，建设中韩（沈阳）协同科技创新中心。（2）加强与日、韩、俄等周边国家及欧美等发达国家务实合作，推动合作机制及平台建设。（3）搭建企业在研发、技术标准、知识产权、跨国并购等方面的合作与交易平台。（4）加强与对接京津冀经济区、长江经济带和港澳台地区在科技研发和成果转化等方面的合作，建设产业合作与创新转化平台。

30. 开展军民融合创新示范区建设。以空港经济区和沈抚工业园区为依托，高标准规划，进一步整合区域军民融合资源，打造军民融合创新示范区。建设飞机大部件集成基地，申报国家民用飞机总装基地，全力推进庞巴迪总装、国产大飞机总装中心落户；培育建设航空零部件制造产业园区，实现航空配套制造集群式发展；创建国家临空经济示范区，推进临空经济跨越式发展；积极推进黎明航发和燃气轮机项目落地建设。

31. 推进与央企协同发展。研究融合发展的政策，支持共建一批产业园区。围绕示范区主导产业，主动加强与央企的沟通与联系，积极跟踪争取国家政策支持，制定示范区政策措施，吸引央企进区，以设立区域总部、共建研发平台及产业园区等方式合作发展。

阶段目标：

2016年，力争沈阳综保区新B区、跨境电子商务综合试验区获批。

2017年，沈阳综保区新B区、跨境电子商务综合试验区建设成效初显。

2018年，沈阳综保区新B区、跨境电子商务综合试验区成为区域对外开放新窗口，促进区域开放型创新、产业体系的形成，区域对外开放环境整体优化。

四、重大举措

（一）推动全面深化改革

围绕破解行政干预过多、服务效能不高、市场活力不足等问题，深入推进行政体制改革和体制机制创新，切实把政府职能由注重行政审批彻底转到加强行政监管和提供公共服务上来，努力建设服务型政府。

主要措施：

32. 推进行政管理体制改革。根据示范区的实际需要，不断创新政府管理体制机制，进一步优化行政管理架构，进一步理顺功能区与职能部门关系，全面提高工作效率。

33. 推进干部人事制度改革。支持示范区在编制管理、管理体制及运行机制改革等方面进行先行先试。

34. 推进行政审批及商事制度改革。（1）实行行政审批清单制，组建行政审批服务局、建设联动审批平台，最大限度提高审批效率。（2）简化事前审批，加强过程监管，由事前审批向事后监管转化，探索新型批管衔接模式，建立内容监管与过程监管相结合、审批监管与事后监管相结合、运行监管与廉政监管相结合的一体化效能监管体系。（3）深入推进商事制度改革，激发市场内在活力。围绕进一步降低市场准入"门槛"、简化市场退出程序及加强市场主体、市场活动监管管理等方面进行改革，优化营商环境，进一步放开放活市场。

35. 取消各类项目建设保证金。协调我省有关部门争取在示范区内取消农民工工资保证金，进一步完善工资与考勤双卡管理制度。取消建设工程社会保障费、安全文明生产措施费等各类工程项目建设保证金，代之以诚信考核及监督服务。

36. 加快示范区信用体系建设。整合各类信用评价资源，加快建立区内企业信用等级库，将其作为享受便捷行政审批服务及企业政府贷款担保、贴息等优惠政策的重要依据，并以此为突破口，全面搭建信用体系平台，推动全区信用体系建设。

37. 争取省给予管理权限和财税分成支持。（1）争取省人大立法，制定出台沈大国家自主创新示范区条例，对示范区的管理体制、规划建设、产业发展、科技创新、金融服务、人才支撑、开放合作、法制环境等做出规定。（2）将项目审批、用地、财政、金融等省级经济管理权限下放到示范区。

阶段目标：

2016 年，行政管理体制改革、行政审批制度改革基本完成。

2017 年，干部人事制度改革和行政管理体制改革和行政审批制度改革初见成效，行政效率大幅提高。示范区信用体系初步建立。

2018 年，创新型政府管理制度基本形成，智慧城区建设基本完成，政府服务能力全面提升。

（二）建立产学研合作的顺畅机制

围绕科技成果转化渠道不畅，科技成果转化机制不健全等问题，着力探索企业主导、利益共享、风险共担、产学研合作的长效创新和科技成果转化有效机制。

主要举措：

38. 创建辽宁科技大市场。国家、省、市、示范区共同建设集科技研发、成果交易、技术交流、金融服务于一体的科技服务大市场，建设成为全国具有较强影响力的东北区域科技资源集聚中心和科技成果转化核心支撑平台。

39. 建立知识产权资本化交易制度。试点开展知识产权质押、保险等业务，积极探索开展知识产权信托交易、证券化交易，完善相关配套制度，加快知识产权向资本转化的速度，提升知识产权转化效率和质量。

40. 建立科技人才股权激励机制。（1）争取国家、省支持，在示范区设立股权激励代持专项资金，支持企业、高等院校、科研院所采取科技成果入（折）股、股权奖励、科技成果收益分成等方式，对做出贡献的科研人员和管理人员给予股权和分红权激励。（2）探索建立企业股票期权激励制度，激励企业核心技术人员、高层管理人员创新创业，企业核心技术人员、高层管理人员达成业绩、服务年限等企业设定条件后，可按照约定价格购入对应权益。

41. 进一步扩大和深化与高校及科研院所的合作。加强与高校及科研院所沟通联系，建立"院地合作"机制，广泛开展"院地合作"，吸引院校科技成果在示范区转化。

阶段目标：

2016 年，辽宁科技大市场一期基本建成。

2017 年，探索对科研、管理人员建立股权和分红权激励等制度，试点开展知识产权资本化交易制度。

2018 年，促进科技成果转化机制全面建立，科技成果转化激励机制成效明显。

（三）大力营造鼓励创新的政策环境

着力制定出台创新创业政策，搭建科技创新政策支撑体系，积极争取国家、省创新创业政策支持，全面创建激励创新创业的良好软环境。

主要任务：

42. 制定出台示范区创新创业政策。围绕优化创新环境、搭建创新体系、鼓励企业创新、促进成果转化等方面制定出台示范区创新创业政策。

43. 全面落实国家自主创新示范区等相关政策。协调我省相关部门全面落实以北京中关村"1+6+4"为核心内容的国家自主创新示范区政策，以及国家、省新近出台的鼓励创新创业政策。

44. 争取上级支持科研人才创新创业政策。（1）示范区高校和科研院所科技成果和知识产权使用、处置、分配不再审批或备案。（2）示范区高校和科研院所科技成果转化收益，分配给研发团队和转化贡献人员的比例不低于70%。（3）允许示范区高校和科研院所的科研人员用科技成果入股、知识产权入股、创业投资入股、创办企业，兼职从事科技成果转化和产业化活动。

45. 优化产业发展环境。（1）制定出台符合示范区产业特色和发展实际以及科学规范、针对性强的产业发展扶持政策。（2）积极争取我省有关部门制定专门政策，力争各类科技产业专项扶持资金省级按不低于 20% 比例投向示范区。（3）获得国家级产业基金股权投资的企业，争取基金应以不低于 20% 的溢价跟进。（4）对承担国家科技重大专项的单位，按照国家计划下达要求，积极争取我省给予足额配套资金支持。（5）积极争取把企业在测试、中试、验证环节中的自制测试样机、中试样机等纳入固定资产投资补贴范围，固投部分补助由按发票审核改为按时间节点的实际支出审核。（6）积极争取国家、省允许示范区参照商品房开发建设模式，建立工业厂房预售制度，允许按揭贷款，对已建工业厂房实行分割办证。

阶段目标：

2016 年，推进中关村"1 + 6 + 4"及国家相关创新创业政策落实，示范区各类创新创业政策体系基本建立，争取国家、省支持工作取得阶段性成果。

2017 年，争取国家、省各项创新创业政策得到基本落实，企业发展环境明显改善，国企改革基本完成，中关村"1 + 6 + 4"境及国家相关创新创业政策、土地政策全面落实。

2018 年，各级各类创新创业政策实施效果显著，政策环境不断完善，发展环境进一步优化。

五、保障措施

（一）大力加强组织领导与统筹协调

全面落实建设沈大国家自主创新示范区的总体战略部署，迅速形成举全市之力推进沈阳自主创新示范区创建的强大工作态势。全面强化领导，及时调动资源，排解难点，高效率地解决各种问题，定期检查督促重点工作落实的进度、质量。积极主动地与省和国家的相应部门建立紧密顺畅的沟通机制，上下对口部门建立密切联系，形成强大的整体推动力。

（二）加强制度保障与政策导向机制

一是争取我省以地方立法的形式出台自主创新示范区条例，对示范区的发展定位、管理体制、管理权限、支持政策、考核办法等做出系统规定，为示范区的建设发展提供有力的法制化保障。二是制定示范区建设发展规划，明确相关职能部门的责任，出台支持国家自主创新示范区建设的相关政策。三是针对示范区重点考核创新体系建设、科技进步、辐射带动能力等创新能力相关指标，引导示范区集中精力抓好创新能力建设。四是结合区域实际需要和国家东北振兴战略，积极争取针对性强、具体明确的国家层面先行先试政策。

（三）构建科学高效的示范区管理体制

一是适应自主创新示范区建设发展要求，对行政管理体制架构进行必要的调整，进一步理顺和强化科技产业创新管理服务职能。二是争取对示范区相关职能赋予必要的审批管理权限。三是实行高度灵活的用人机制，打造一支专业素质高、富于创新激情和奉献精神的干部队伍。

（四）完善政策生成及其实施机制

结合研究吸纳中关村、武汉东湖等示范区试点政策，加强各级、各类扶持政策与自主创新示范区建设的衔接，使扶持政策有效地向示范区倾斜，实现政策聚焦，效果放大。通过科技大市场等综合服务平台，方便示范区中的企业和创新创业者就地了解和获得各种政策支持。探索成立示范区建设发展（创新驱动战略）研究院，围绕创新驱动战略、科技园区建设实践与理论、政策法规体系建设、科技与产业发展战略及规划等进行系统性、持续性、针对性的跟踪分析研究，为高水平、高效率、高效益推进示范区建设提供强有力的智力支持与保障。

（五）定向整合资源，加大投入力度

一是整合示范区内政府所属资产，集中支持创新创业载体建设；二是争取和制定有效政策，引导和支持科研院所、大专院校迁移或在科研教学设施新建时，在选择中试基地、实验项目、协作单位时，尽可能向自主创新示范区集聚；三是争取各级政府的科技与产业扶持资金、人才奖励资金、科技金融引导资金等，在同等条件下优先支持自主创新示范区的产业、企业或项目，形成明确的集聚导向。

（六）大力推动社会共建

引导鼓励全市党政机关团体和组织，把支持"大众创业万众创新"等部门业务工作与示范区建设紧密联系起来，尽可能把相关工作或活动的触角、载体、影响等向示范区延伸，形成上下结合、内外结合的生动局面。

（七）系统强化日常保障

一是大力加强对示范区建设的意义、各项重大举措及进展等方面的全方位宣传力度，切实增强全市上下关心、支持和投身示范区建设的热情和责任感，为示范区建设营造更加有利的整体氛围；二是建立专项目标责任考核机制，科学合理制定考核目标，及时对示范区创建与创新改革试验情况进行总结、评估，定期对工作进展情况进行跟踪督办，为示范区建设快速推进提供重要保障。

附录三

大连市人民政府关于加快推进大连国家自主创新示范区建设的实施意见

各区市县人民政府，各先导区管委会，市政府各有关部门，各有关单位：

为贯彻落实全国科技创新大会精神和党中央、国务院关于新一轮东北振兴的战略部署，深入实施创新驱动发展战略，按照《国务院关于同意沈大国家高新区建设国家自主创新示范区的批复》和《辽宁省人民政府关于建设沈大国家自主创新示范区的实施意见》要求，现就建设大连国家自主创新示范区（以下简称"自创区"）提出如下实施意见。

一、总体要求

（一）发展思路。深入贯彻创新、协调、绿色、开放、共享的发展理念，紧紧抓住全球新一轮科技革命和产业变革带来的重大机遇，坚持问题导向、企业主体、以人为本、开放合作的原则，以建设东北亚地区科技创新创业中心为目标，以破除体制机制障碍为突破口，以政策先行先试为契机，全力构建以高新区和金普新区为核心、以大连生态科技创新城等重点创新基地和百家众创空间为支撑的创新创业空间格局与产业布局，带动更多创新区域发展，完成国务院明确的各项试点示范任务。

（二）发展目标。力争到 2020 年，在平台建设、合作创新、股权激励、科技金融、人才培育、产学研用结合、创新创业服务体系建设、科研项目与经费管理、知识产权保护与运用等方面取得一批重大成果和可复制推广的政策经验，中关村自主创新政策得到全面推广和落实。实现产业结构持续优化、战略性新兴产业加快成长、综合创新能力进入国内同类区域前列。研发经费支出占地区生产总值的比重达到 3.5%，高端装备制造业销售收入占装备制造业比重达到 30%，服务业占地区生产总值的比重达到 55% 以上。将自创区打造成高端装备研发制造集聚区、转型升级引领区、创新创业生态区、开放创新先导区，为建设成为创新型城市和东北亚地区科技创新创业中心奠定坚实基础。（责任单位：高新区管委会、金普新区管委会）

二、重点任务

（三）依靠自主创新引领转型升级。

围绕优势产业实施重点研发计划。要在新一代信息技术、集成电路、智能制造、储能电池、新能源、新材料、生物医药等市政府明确支持的重点产业和自创区的优势产业领域开展重点、难点技术联合攻关，发挥好企业在技术研发方面的主体作用，积极推进产学研结合。鼓励企业、高校和科研院所承接、参与国家科技重大专项和重点研发计划相关课题。力争每年产生100项高价值核心专利（责任单位：市科技局、市发展改革委、市经信委、金普新区管委会、高新区管委会）。

积极推动原始创新和颠覆性创新。发挥高校、科研院所在原始创新方面的潜能，支持与我市经济、社会发展密切相关领域的基础研究、应用研究、前沿技术研究，支持我市科技人员申请和参与国家自然科学基金项目。密切关注新兴领域和未知领域的新技术，支持颠覆性技术的研究，为大连市新兴产业发展奠定基础（责任单位：市科技局、金普新区管委会、高新区管委会）。

建设一批高水平研发平台和科学基础设施。支持中科院大连化物所牵头，整合我市及国内外相应科学资源，力争在自创区建设国家能源实验室（责任单位：高新区管委会、市科技局）。

支持我市建设具有国际领先水平的国家大科学装置（责任单位：市发展改革委、市科技局、高新区管委会）。

重点打造辽宁重大装备制造协同创新中心，推动大连理工大学装备制造、能源化工、新材料等领域科研创新，支持建设高性能精微制造国家重点实验室。发挥大连海事大学在海洋领域的技术优势，重点建设海工装备、智能船舶等5个专业创新中心。在重点领域，通过产学研合作，建设10个产学研高端产业技术创新联盟和60个创新研发平台。依托中科院大连化物所、大连理工大学、大连海事大学等高校科研院所，开展高校院所与自创区全面对接，构建区校创新一体化体系，推动研究机构、创新创业服务圈和产业承接区的有效衔接，逐步形成具有区域影响力的科学城或科技资源中心（责任单位：市科技局、市经信委、金普新区管委会、高新区管委会）。

建设和完善科技成果转化平台。运用市场机制和政策激励，促进高校和科研院所成果本地转化和产业化，带动传统企业转型升级。在自创区建设全市性技术交易市场和知识产权交易所，建设 6 个国家技术转移示范机构，建立中科院和 985 大学科技成果转化基地。到 2018 年，自创区技术交易额达到 160 亿元（责任单位：市科技局、金普新区管委会、高新区管委会）。

（四）进一步聚集高端装备等创新产业。

打造一批产学研用结合的产业园区。全面落实《中国制造 2025 大连行动计划》。在集成电路领域建立制造业创新中心，打造国内重要的集成电路产业基地，到 2018 年集成电路设计企业达到 50 家以上，全行业实现产值 300 亿元以上。力争在储能技术领域建立制造业创新中心，加快推进储能技术与装备的产业化和推广应用，到 2018 年储能及相关产业实现产值超过 100 亿元（责任单位：市经信委、市发展改革委、市科技局、金普新区管委会、高新区管委会）。

重点建设智能装备技术创新中心，打造航空航天产业创新中心、七贤岭工业级 3D 打印产业园和金普新区智能制造装备、通用航空、海洋装备制造等特色产业园，加速推进装备制造业向智能化、网络化、服务化和价值链高端延伸（责任单位：高新区管委会、金普新区管委会、市发展改革委、市经信委、市科技局）。

支持建设军民融合技术研发基地和产业化基地（责任单位：市发展改革委、市经信委、市科技局、金普新区管委会、高新区管委会）。

全面实施"IT＋"战略，积极发展科技服务业。推进大数据、云计算、电子商务、物联网、文化创意等领域的研发，争取设立国家互联网大数据中心大连分中心和国家"一带一路"大数据中心东北亚分中心，建设"华为·英特仿真服务云"，加快形成新兴产业集群。积极推进软件和服务外包企业在扩大规模的同时，不断增加中高端业务的比重（责任单位：高新区管委会、金普新区管委会、市经信委、市科技局）。

瞄准科技服务业的高端环节，吸纳全球科技服务业高端资源，构建从研发孵化到综合技术服务、工业设计和技术产品交易的高端服务产业体系（责任单位：高新区管委会、金普新区管委会、市科技局）。

分层级培育一批企业创新主体。进一步完善支持中小企业创业发展的政府引导性的产业基金制度。实施"种苗"计划、"育龙"计划和"华腾"计划，根据企业发展阶段，分层次引导扶持，培育一大批科技创新龙头企业。到 2018 年，培育和引进科技创新型企业 2000 家，新认定国家级高新技术企业和技术先进型服务企业 200 家，实现高新技术产业产值 600 亿元（责任单位：高新区管委会、金普新区管委会、市经信委、市科技局）。

（五）营造创新创业良好生态环境。

大力支持科技创业活动。推动"苗圃－孵化器－加速器－产业化基地"四级企业孵化体系建设。到 2018 年，新增科技企业孵化器、加速器面积 50 万平方米。举办多种形式的创新创业大赛，实施"科技创业进校园""科技创业导师伴你行"等一系列计划，创建有大连特色的科技创业服务品牌。吸引国际一流企业的高水平人才来自创区创业。探索国有企业孵化一批多种所有制的科技创新企业。鼓励现有企业围绕新开发技术和产品创建新型科技公司（责任单位：高新区管委会、金普新区管委会、市科技局）。

完善综合性、专业性科技服务平台。以"科技指南针"平台为载体，坚持线上线下结合和科技资源开放共享，完善科技创业服务体系。利用 3～5 年时间，整合各类高校、科研院所、中介服务机构、金融机构超过 500 家，服务于 5000 家以上的科技企业（责任单位：市科技局、金普新区管委会、高新区管委会）。

进一步汇聚各类人才。深入实施大连"星海英才计划"、科技人才创业支持计划，充分运用"中国海外学子创业周"的平台作用，吸引更多海内外高端人才到大连干事创业。创新科学家公寓管理模式，规划建设人才大厦（责任单位：高新区管委会、金普新区管委会、市科技局、市人社局）。积极为海内外人才落户自创区创造便利条件，妥善解决子女就学问题。继续实施并不断完善"5＋22"人才政策，用政策促进人才聚集和人才发展。到 2018 年，国内领军人才达到 100 人，海外归国留学人员达到 1 万人，中高级人才达到 6 万人，大专以上各类人才 20 万人（责任单位：市委组织部、市教育局、市科技局、市人社局、金普新区管委会、高新区管委会）。加强知识产权运用和保护。全面实施知识产权强市战略，设立大连专利奖，实施专利质押贷款贴息、专利保险补贴、发明专利资助等资金扶持政策（责任单位：市知识产权局、市财政局、市金融局、人民银行大连中支、大连银监局、大连保监局）。

设立知识产权保护中心和维权受理中心，推行知识产权集群管理，创建国家级知识产权密集型产业集聚区和知识产权密集型产业产品示范基地。加大对集成电路、储能技术等重点领域的知识产权服务和保护力度。未来 3 年，新增发明专利申请 2000 项以上（责任单位：高新区管委会、金普新区管委会、市知识产权局、市检察院）。

支持和引导企业积极参与行业标准、国家标准和国际标准制定，形成有自主知识产权的技术和标准（责任单位：市质监局、金普新区管委会、高新区管委会）。

加快科技与金融深度融合。争取国家金融监管部门支持，在自创区设立民营银行，建立灵活的运作、考核和分配机制，探索与科技创新企业发展需要相适应的银行信贷产品，开展针对科技型中小企业的金融服务创新（责任单位：市金融局、市科技局、金普新区管委会、高新区管委会、大连银监局）。

在自创区建设一站式科技金融服务中心，探索建设互联网科技金融服务运营平台（责任单位：高新区管委会、金普新区管委会）支持银行业金融机构与创业投资、股权投资机构实现投贷联动，为企业创新活动提供股权和债权相结合的融资服务。鼓励保险公司在自创区开展保险业务，支持保险公司创新科技保险产品，完善出口信用保险功能，提高保险中介服务质量，加大对科技人员保险服务力度，完善科技保险财政支持政策，进一步拓宽保险服务领域（责任单位：大连银监局、市科技局、市金融局、金普新区管委会、高新区管委会、人民银行大连中支、大连证监局、大连保监局）。

（六）构建开放创新大格局。

大力发展国际科技合作基地。主动融入国家"一带一路"战略，与有关国家和地区共建合作园、互设分基地等。利用"中以国家高科技产业合作基地"，通过国家创投中以基金运作，引进国内外高新技术企业。设立中韩技术创新产业园，到 2018 年引进创新型企业 100 家以上。发挥海外留学人员在国际科技合作方面的积极作用，建立国外科技成果转化并落户自创区的绩效奖励制度，吸引史太白基金会等国际性科技成果转化组织落户自创区。利用"走出去"产业互联网平台，推动大连优势及富裕产能和装备制造能力与国际市场有效对接。（责任单位：高新区管委会、金普新区管委会、市发展改革委、市科技局、市外经贸局）加强国内科技合作与交流。建立与中科院及各研究所、国内一流大学的稳定合作渠道。积极吸引国内一流科研机构或其派出机构落户自创区。鼓励高校、科研机构采取设立研发中心、技术入股、技术转让等多种形式参与我市产业园区建设。支持国内一流科技企业在自创区设立全球研发中心和实验室（责任单位：市科技局、金普新区管委会、高新区管委会）。

三、保障措施

（七）建立符合创新规律的政府管理制度。

进一步推进简政放权。坚持市场导向，以互联网思维创新政府管理和服务模式，减少政府对企业创新活动的行政干预。积极试行负面清单制度，完善事中事后监管，深化商事制度、"多规合一"等改革，进一步完善配套监管措施。系统性清除各行政机关可能阻碍企业创新的现行限制条件和政策（责任单位：市编委办、市发展改革委、市科技局、市国土房屋局、市环保局、市规划局、市外经贸局、市国税局、市地税局、市工商局、金普新区管委会、高新区管委会）。

改革政府创新投入管理方式。坚持科技创新和体制机制创新"双轮驱动"，着力构建创新活动政府扶持机制、科技投入统筹联动机制、新型产业技术研发转化机制、知识产权资本化交易机制、科研项目经费管理机制、科技创新成果评价机制等，建立产学研用互促互动、市场配置资源与政府政策引导有机结合、科技与金融深度融合、成果有效转化的新机制新模式（责任单位：市科技局、市财政局）。

（八）完善科技公共投入资金体系。

设立科技创新基金。重点支持高校、科研院所、新型科研机构、企业研发中心开展原始创新、集成创新和引进吸收再创新。鼓励和支持高校科研院所科技成果向企业转移。对科技贷款提供风险补偿。对转化科技成果做出突出贡献的企业、科研机构、高校院所和科技中介服务机构实施绩效奖励。形成科学合理的基金项目受理、评审、评估、验收制度。建立透明的科技资金网上管理平台，实行科技报告制度（责任单位：市科技局、市财政局）。

设立科技创新重大专项和科技基础建设资金。围绕我市及自创区确定的重点产业开展一批重大关键技术攻关，加快研制一批重大创新产品。对取得国家科技重大专项和重点研发计划项目给予配套支持（责任单位：市科技局、市财政局）。

支持在大连建设国家实验室和国家重大科学基础平台。支持中科院等国家级科研机构在我市建立分支机构和实验基地。支持研发平台、科技成果转化平台和科技综合服务平台建设发展（责任单位：市科技局、市发展改革委、市财政局）。

（九）建立健全科技政策保障体系。

探索出台一批在自创区内先行先试的政策。实施普惠性的企业研发投入后补助政策。对于规模以上企业向税务部门备案并申报企业所得税优惠的研发项目经费，按照一定比例由市、区两级予以财政补助（责任单位：市科技局、市财政局、市国税局、市地税局、金普新区管委会、高新区管委会）。

对于中小微科技型企业实行市、区两级配套的科技创新券制度（责任单位：市科技局、市财政局、金普新区管委会高新区管委会）。

在自创区公办高校科研院所进行科技成果转化分配制度改革试点，试行科技成果形成一定期限后由科技人员自行处置等政策。积极研究并向国家、省争取适合于在自创区先行先试的政策（责任单位：市科技局、市教育局、市财政局、金普新区管委会、高新区管委会）。

推广和落实北京中关村自主创新政策。积极落实好非上市股份转让（责任单位：市金融局、市科技局、金普新区管委会、高新区管委会）。

职工教育经费税前扣除、股权和分红激励等政策。与税务部门积极协调，落实股权奖励个人所得税政策、有限合伙制创业投资企业法人合伙人企业所得税政策、技术转让所得企业所得税政策、企业转增股本个人所得税政策等（责任单位：市地税局、市科技局、市国税局、金普新区管委会、高新区管委会）。

（十）加强对自创区建设工作的领导。

建立自创区建设的组织机构。成立由市政府主要领导担任组长的市国家自主创新示范区建设领导小组。定期召开领导小组会议，研究自创区建设工作中的重大问题和政策措施。制订自创区建设工作三年行动计划和实施意见的任务分解。由各项任务责任单位编制具体的工作方案，出台相关配套政策措施（责任单位：市国家自主创新示范区建设领导小组成员单位）。

改革自创区考核制度，按照国家对自创区的要求和自创区的任务设立考核标准，综合评价自创区发展情况（责任单位：市科技局、市发展改革委、市经信委、市人社局、市服务业委、市统计局）。完善国有企业创新发展评价制度（责任单位：市国资委、市科技局）。

加强自创区建设工作的宣传，营造有利于创新、创业的舆论氛围（责任单位：市委宣传部、市国家自主创新示范区建设领导小组成员单位）。充分发挥国家自主创新示范区、自贸试验区及开放型经济新体制综合试点试验区等的叠加和联动优势，打造若干创新集聚区（责任单位：高新区管委会、金普新区管委会、市科技局、市外经贸局）。

编制自创区发展规划。由市政府主管部门和自创区编制《大连国家自主创新示范区发展规划纲要（2016~2025年）》，重点明确未来10年的总体目标、功能定位、发展重点、区域布局。按照"两区、双核、多点辐射"的原则，编制《大连国家自主创新示范区空间发展规划（2016~2025）》，做好国家自主创新示范区区域调整和空间规划（责任单位：市科技局、市国土房屋局、市规划局、金普新区管委会、高新区管委会）。

大连市人民政府

2016年11月2日

参 考 文 献

［1］王胜男．古典经济增长理论对现代宏观经济学的影响［J］．商场现代化，2008（32）：391.

［2］张晓莉．科技体制创新与西部经济发展研究［D］．西北大学，2011（5）：12-13.

［3］鲁继通．京津冀区域科技创新效应与机制研究［D］．首都经贸大学，2016（5）：19.

［4］樊在虎．浙江省海洋科技体制创新研究［D］．浙江海洋学院，2013（5）：12.

［5］杨竹清．重庆旅游产业集群发展研究［D］．重庆工商大学，2010（6）：10-11.

［6］王燕．区域经济发展的自主创新理论研究［D］．东北师范大学，2007（6）：21-22.

［7］王娜．熊彼特创新理论评析［D］．河北经贸大学，2016（5）：7-8.

［8］杨大伟．自主创新理论研究——构建中国特色国家创新体系［D］．西南财经大学，2008（5）：21-22.

［9］张晓莉．科技体制创新与西部经济发展研究［D］．西北大学，2011（5）：14-16.

［10］周勇，葛沪飞．苏南国家自主创新示范区创新指数分析及其产业发展研究［M］．东南大学出版社，2015（12）：48-49.

［11］陈强．创新融资思路，破解中小企业"融资难"——科技型中小企业与创投企业共赢策略分析［J］．金融视线，2012（5）：105-106.

［12］陈杰英．科技型中小企业融资问题研究［J］．企业与银行，2012（8）：81-84.

［13］陆铭．创新科技与金融结合方式完善科技中小企业投融资体系——对上海浦东新区科技金融体制改革的经验总结（下）［J］．华东科技，2014（5）：50-51.

［14］廖凤华．科技金融创新的探索和思考［J］．西南金融，2012（1）：57-

58.

[15] 刘芸，朱瑞博．我国科技金融发展的困境、制度障碍与政策创新取向 [J]．福建论坛（人文社会科学版），2014（1）：56-63.

[16] 束兰根，原二军．以体制机制创新构建科技金融服务新体系 [J]．新金融，2012（6）：20-23.

[17] 李俊霞．科技与金融合作的国际比较及启示 [J]．宏观经济管理，2013（5）：86-87.

[18] 李军峰．高校科技创新人才战略实施机制探析 [J]．中国高校科技，2012（3）：34-37.

[19] 赵海军．高校大学生科技创新教育现状与对策研究 [J]．当代教育科学，2013（9）：63-64.

[20] 王艺，薛宪方．高校科技人才创新激励制度探析 [J]．中国高校科技，2013（5）：25-26.

[21] 韩影，等．提升地方高校科技创新能力的思考与实践——以沈阳工业大学为例 [J]．现代教育管理，2012（2）：48-51.

[22] 冯海燕．高校科研团队创新能力绩效考核管理研究 [J]．科研管理，2015（1）：54-62.

[23] 史红兵，等．如何让组建和运行科技创新团队 [J]．中国高校科技，2011（9）：18-20.

[24] 姜立．烟草企业创新人才激励机制研究 [J]．特区经济，2013（8）：153-155.

[25] 朱良华．广西北部湾经济区企业科技创新人才激励问题研究——基于产权激励视角 [J]．广西社会科学，2011（8）：41-44.

[26] 陈燕羽，等．非营利性科研机构科技人才激励机制探讨——以中国热带农业科学院热带生物技术研究所为例 [J]．农业科技管理，2011（4）：93-96.

[27] 孙锐．构建与国际接轨的人才创新体制机制环境 [J]．中国人才，2014（5）：54-55.

[28] 李莎．基于科技资源共享平台构建的几个关键问题探讨 [J]．科技管理研究，2013（21）：155-158.

[29] 韩红．提高辽宁科技创新平台共享开放水平的对策 [J]．中国经贸导刊，2011（23）：42-43.

[30] 闫健．高校科技创新平台的建设与运行机制研究 [J]．实验室研究与探索，2012（7）：376-379.

［31］陈兆夏，阎燕，吉东风，李俊龙．共享实验平台建设的实践与思考［J］．实验室研究与探索，2012（10）：408－410．

［32］邵天宇．科技成果产业化工作问题与建议［J］．中国高校科技，2011（7）：56－57．

［33］邱晓燕，郭铁成．科技成果转化问题的实质及其解决［J］．科学管理研究，2013（12）：21－24．

［34］宋清．科技型创业企业孵化资源配置效率实证研究［J］．中国科技论坛，2013（10）：87－92．

［35］张芬，姚金凤．高职院校大学生创业孵化基地的建设［J］．教育与职业，2012（17）：80－82．

［36］薛传会．论高等学校的协同创新战略［J］．当代教育科学，2012（7）：29－31．

［37］陈振娇，时良瑞．推进产学研协同创新的思路［J］．宏观经济管理，2015（4）：32－34．

［38］唐阳．关于高校开展协同创新的思考［J］．中国高校科技，2012（7）：14－16．

［39］沈云慈．产学研协同创新风险分担机制研究——基于贝叶斯网络法［J］．中国高教研究，2014（6）：73－78．

［40］林莉，李佳馨等．面向协同创新的行业划转院校科技资源优化配置研究［J］．现代教育管理，2015（7）：66－71．

［41］韩影，等．地方院校产学研合作的定位、模式与对策［J］．现代教育管理，2012（11）：52－55．

［42］谈力，陈宇山．广东新型研发机构的建设模式研究及建议［J］．科研管理研究，2015（20）：45－49．

［43］程金亮，曾繁华，许合先．企业"实验室经济"发展现状及路径优化研究［J］．科技进步与对策，2014（7）：79－83．

［44］张俊桂，吴圣龙．深化高校科研体制机制改革创新的思考［J］．黑龙江高教研究，2015（10）：57－59．

［45］陈兴荣．坚持管理创新，推进高小康二级事业科学发展［J］．科技管理研究，2011（22）：95－98．

［46］韩锦标．创新高校科研管理体制的路径浅析［J］．中国高校科技与产业，2011（04）：36－37．

［47］樊轶侠．我国中央科技投入管体体制改革的思路与建议［J］．中国财

政，2011（21）：57 – 58.

［48］李海涛，徐磊. 对高校科研经费管理体制及运行机制的思考［J］. 会计之友，2013（4）：109 – 111.

［49］张明喜. 我国财政科技经费管理改革：未来的挑战［J］. 科技进步与对策，2014（16）：118 – 122.

［50］李雄诒，李新杰. 我国升级自然科学基金管理体制研究［J］. 科学学与科学技术管理，2011（3）：16 – 20.

［51］康旭东，等. 美国西北大学科技管理模式与机制的分析及启示［J］. 研究与发展管理，2014（5）：106 – 112.

［52］刘嘉，甄树宁，等. 日本科研机构体系研究及启示［J］. 中国高校科技，2012（11）：15 – 16.

［53］汪怿. 上海建设全球科技创新中心的人才问题［J］. 上海经济研究，2015（4）：113 – 122.

［54］郭松，葛明义. 通过中德科技合作，探索科研体制机制［J］. 自然辩证法研究，2014（6）：68 – 73.

［55］李栋亮. 广东创建国家自主创新示范区初探［J］. 科技管理研究，2012（13）.

［56］战炳磊，方建中. 苏南自主创新示范区建设的内在逻辑与路径选择［J］. 科技进步与对策，2013（1）：31 – 32.

［57］倪祥玉. 天津滨海高新区建设国家自主创新示范区研究［J］. 港口经济，2014（12）：24 – 25.

［58］辜胜阻，王敏. 国家创新示范区的功能定位与制度安排［J］. 中国科技论坛，2011（9）：16 – 17.

［59］代利娟，张毅. 武汉东湖国家自主创新示范区科技金融创新研究［J］. 科技管理研究，2013（6）：26 – 28.

［60］中华人民共和国国务院. 国家中长期科学和技术发展规划纲要（2006 ~ 2020 年）［Z］. 国务院公报，2006（9）：7 – 37.

［61］高雪莲. 战略新兴产业国内外研究综述——基于战略新兴产业和战略新兴产业集群的视角［J］. 郑州轻工业学院学报，201415（4）：36 – 42.

［62］李歆. 战略新兴产业值得关注［J］. 卓越理财，2013（3）：68 – 69.

［63］王延伟. 战略新兴产业动态战略研究［D］. 哈尔滨：哈尔滨工程大学，2013.

［64］李晓华，吕铁. 战略性战略新兴产业的特征与政策导向研究［J］. 宏

观经济研究，2010（9）：20－26.

[65] 陈月生. 我国经济发展方式转变与战略性战略新兴产业的发展 [J]. 天津大学学报，2011（5）：217－221.

[66] 张争云. 产业集群竞争优势研究 [D]. 北京：北京工业大学，2005.

[67] 袁剑. 我国产业集群竞争优势研究 [D]. 天津：天津大学，2009.

[68] 金镭. 产业集群的形成和演化机制研究 [D]. 沈阳：辽宁工程技术大学，2006.

[69] 高全顺. 产业集群的分类研究 [D]. 南昌：江西师范大学，2008.

[70] 吴义杰，何健. 产业集群的演化过程及形成机制 [J]. 社会科学，2010（9）：183－184.

[71] 王雪娟. 西部产业集群形成与发展中政府作用研究研究 [D]. 兰州：西北师范大学，2007.

[72] 吴宣恭. 企业集群的优势及形成机理 [J]. 经济纵横，2002（11）：3－4.

[73] 黄珍. 产业集群及其竞争优势的研究 [D]. 北京：对外经济贸易大学，2003.

[74] 杨昌明，江荣华，查道林，李丹阳，等. 产业集群要素支持力评价 [M]. 武汉：中国地质大学出版社，2008：27－29.

[75] 杨昌明，等. 产业集群要素支持评价 [M]. 武汉：中国地质大学出版社，2008：21－35.

[76] 张平. 基于要素配置的武汉光谷产业集群发展研究 [D]. 武汉：华中科技大学，2004.

[77] 王运生. 构建政府与市场的均衡机制 [J]. 理论与现代化，2000（6）：42－43.

[78] 申晓梅. 西部跨越式发展中政府与市场关系新论 [M]. 北京：中央编译出版社，2006：108－122.

[79] 刘琳，孙源. 政府与市场和谐互动关系探微 [J]. 商业时代，2013（4）：14－15.

[80] 胡建国. 论"强市场、强政府"模式下政府与市场关系的重构 [J]. 重庆广播电视大学学报，2014（1）：51－54.

[81] 高雪莲. 互联网促进集群优势形成的动力机制研究——兼论高科技企业的知识传播与创新 [J]. 华东经济管理，2009（5）：151－154.

[82] 靳云丽，刘斯敖. 新经济下传统产业集群的结构性风险分析 [J]. 经

济论坛，2007（6）：7 – 9.

　　［83］汪明峰，李健. 互联网、产业集群与全球生产网络——新的信息和通信技术对产业空间组织的影响［J］. 人文地理，2009（2）：17 – 22.

　　［84］陈联钟. 工商大数据服务福建省产业集群建设研究［D］. 福州：福建农林大学，2014.

　　［85］杨文利. 大数据有望拉动中关村万亿级产业［N］. 中国高新技术产业导报，2014 – 02 – 24（A05）.

　　［86］Porter E. Clusters and new economics of competition［J］. Harvard Business Review，1998（11）：20 – 25.

　　［87］Molina – Morales F. X. European Industrial Distriets：Influence of Geographic Concentration on Performance of the Firm［J］. Journal of Intemational Management，2001（7）：277 – 294.